整体健康金字塔

AllyCare Wellness Pyramid

朱立军　编著
马　梁　编辑助理

广州新华出版发行集团
广州出版社

图书在版编目（CIP）数据

整体健康金字塔/朱立军编著. —广州：广州出版社，2018.7
ISBN 978-7-5462-2802-0

Ⅰ.①整… Ⅱ.①朱… Ⅲ.①健身运动—研究 Ⅳ.①G883

中国版本图书馆CIP数据核字（2018）第144023号

书　　名　整体健康金字塔
　　　　　Zhengti Jiankang Jinzita
编 著 者　朱立军
出版发行　广州出版社
　　　　　（地址：广州市天河区天润路87号9楼、10楼
　　　　　邮政编码：510635　　网址：www.gzcbs.com.cn）
责任编辑　杨朋云
责任校对　李少芳　蒋美秀　黄焕姗　龚莉莎
印刷单位　广州市快美印务有限公司
　　　　　（地址：广州市白云区广从五路410号1楼）
规　　格　787毫米×1092毫米　1/16
印　　张　23.25
字　　数　500千
版　　次　2018年7月第1版
印　　次　2018年7月第1次
书　　号　ISBN 978-7-5462-2802-0
定　　价　178.00元

献给

我的母校第四军医大学

我的工作单位南方医科大学南方医院

愿景

▲100万个读者，带动数百万个家庭一同健身，共同构建整体健康金字塔

使命

▲指导健身教练升维进阶，成为体能教练、功能训练师或者健康管理师

▲解决90%腰酸背痛，预防80%运动损伤

▲帮个人提高生命质量，延长职业黄金期

▲助单位增加工作效率，减少人力成本

价值主张

▲“人类惧怕时间，而时间惧怕金字塔。”整体健康金字塔帮助您战胜时间

口号

▲50岁，您可以成为爷爷奶奶，但是您不可以成为老头老太太！

▲从今天开始构建您的整体健康金字塔，40岁开始不晚，30岁行动不早

开篇寄语

生道以长

天宇恢宏，推熵道大一统；
地上建筑，有金字塔屹立；
人体健康，需从五维而治。
乾行不息，追求人体熵减；
坤德厚载，确保健康商增；
泰化笑果，践行丰盈人生。

题目取自《黄帝内经·素问·移精变气论》，为新书作此寄语，2018年1月，于广州。

序一　以动养健，从亚健康走向健康

当静心回到医学的原点，重温医学的原理时，我们就会明白：每一种疾病的发生并不是孤立的，它的发生过程和结局其实都与我们的日常生活、习惯、自然环境和社会有着密切的关系。人们，包括医生和民众，也包括政策决定者，都渐渐地、自觉或不自觉地忘却了医学的初心，致使医学路径偏向了另一个方向——专注于科学治疗多于自然疗法，医学发展越来越走向“固执”。事实上，健康、亚健康或病态的形成都与个人行为、社会等因素有着密切的关系。

做一个好医生固然不容易，做一个伟大的医生就更加难。公元前300多年，中国的神医扁鹊说：“上工治未病。”而被认为是现代医学之父的19世纪的加拿大医学家、教育家威廉·奥斯勒则说：“好的医生治疗疾病，而伟大的医生治疗得病的患者。”中国宋朝大文豪欧阳修也说：“以自然之道养自然之身。”他们所说的共同道理就是，疾病的发病规律与生物体之间是一个有机的整体；作为一名医生，必须把疾病发生的普遍规律与具体病患相结合，强调整体的预防、治疗与康复。朱立军医生是一名骨科医生，长期从事临床的治疗工作，积累了大量的临床经验。他与诸多大医们一样，在医技成熟、医案到达一定积累之后，都会心生感叹：能治的病并不多，不用药治的病并不少。

当前，医学分科越来越细，把患者分割成支离破碎的零件，但是人们对于如此分割也表现得很无奈！尤其在中国，医改这么多年，“病却越治越多”，无非有两种解释：“假多”，无效看病的多了，看病的思维出现偏差；“真多”，预防的工作少了，依赖现代科学技术的辅助多了。

值得庆幸的是，预防、治疗、康复一体化的整合医疗体系已经重新推出。随着互联网技术的应用，数字医疗凸显出巨大的潜力，传统的思维观念正在发生改变，更加个性化的防治成为可能。前人走的路无法回头，后人走的路就要学会选择。

为了更好地表达本书作者对“整体健康金字塔”的思维观，我想间接引用克利夫兰功能医学中心主任海曼博士与克利夫兰CEO（首席执行官）格罗夫博士的一段对话，让大家在了解现代医院所面临的变革的同时，再思考一下医院的功能与定位。

海曼博士说：“你不会想让我去你那里的。如果你让我去，我会告诉你，你们做的很多是错的，对病人有害。我做的事会让你的医院空掉50%，会大量减少住院人数和病人看医生的次数，你认为你能接受这种情况吗？”然而，格罗夫博士的回答却很坚定：“是的，我做好了这样的准备，因为我看到那是医学必须要去的方向。”

为什么作为世界一流的医学中心的CEO会认同功能医学专家的这种判断？因为，我们把问题想复杂了。

我不是传统保守主义者，我非常认同科学技术的进步，很多先进技术比传统技术精准得多，但是很多疾病完全可以通过传统手法和哲学思维去思考和解决。我们不要忘记，西方医学奠基人希波克拉底除了著名的“行医誓言”之外，还有一句经典——“运动是医药”。希波克拉底著名的“体液学说”就是认为人体是由血液、黏液、黄胆汁、黑胆汁这4种体液组成，并且疾病正是由这些体液的不平衡引起的，而体液的失调又是外界因素影响的结果。有哪些外界因素会造成体液失调呢？希波克拉底首先讲到的是自然环境对人体健康的影响。他认为，土壤、气候、风向、水源、水质、饮食习惯、生活方式等都会对人体健康产生影响。而作为一种生活方式，运动既是防止与纠正疾病、促进疾病康复的药，也是最好的（医治）方法。

本人的实践就是最好的证明。作为一位已过花甲之年的“老人”，我从没有觉得自己老，因为我有一副承载灵魂和心态的好体格。作为一名医者，我非常明白“运动是医药”的道理。从减少不良生活习惯开始，从减肥开始。药，是为懒人生产的；医，是无可奈何的选择。运动固然是最好的“药”，但其效果不仅仅是减肥这么简单，它可以提升心肺功能和运动系统的功能，也可调节全身的神经、体液和免疫系统，使人的机体一直处于平衡状态。我身高176厘米，两年前体重93千克，经过两年多持续的急速行走运动，偶尔也跑一个半程马拉松，现在体重一直处于80～82千克。不仅减重了，既没有“三高”，也没有“痛不欲生”的痛风。更让很多人羡慕的是，我也没有严格控制饮食，顺其自然、随心所欲、无须戒口。更重要的是，运动使我保持包容、随和、亲善、向上的心态。

序，无非是给读者推荐作者的理念，也是作序者的价值取向。此序不能涵盖本书所提倡的所有，也不可成为所有读者的“金科玉律”，只是说明“整体健康金字塔”在个人、社会中的意义，希望能让读者坚持一个信念：做好自己，健康永远陪伴你！

原广东省卫计委巡视员
原广东省卫生厅副厅长
原广东省保健局局长 廖新波
广东省创投协会大健康投融资俱乐部执行主席

序 二

当我们仰望星空，感受生命灿烂的美妙时刻，怎能不感谢大自然给予我们的美好生活。人生最大的幸福是开开心心地过好每一天，而面对生活的潮起潮落、跌宕起伏，健康才是生命的源动力。你即便有一万种能力，甚至可以征服世界，但如果失去了健康动力，一切只能是空谈。“人，一生可以干很多蠢事，但最蠢的事，就是忽视健康”，“年轻时放弃健康获取财富，年老时放弃一切财富去恢复健康”。健康如此重要，而健康到底是什么呢？健康不仅仅是身体上的无病，也包括正确的健康管理和健康观念。

朱立军教授做了几十年的骨科医生，他体会到，手术并不能解决一切健康问题，甚至还可能产生新的麻烦，比如，麻醉意外有可能危及生命，手术部位感染会造成残障，深静脉血栓形成和肺栓塞通常是致命的。

带着这些疑惑和困扰，朱立军教授做了深入思考。为什么有的人在运动中容易受伤，而另一些人不容易受伤？运动损伤都是意外吗？偶然之中有没有必然的联系？有没有科学的运动方法，可以减少运动损伤？有的人过了中年就成了医院的常客，有的人到了耄耋之年还能游历世界，健康如此不公平的背后有什么秘密？为什么有的人刚过而立之年就开始受到膝关节髌骨软化、颈椎病、腰骶疼痛的困扰，甚至需要手术治疗，而有的人鹤发童颜依然身手灵活，产生这种差别的原因是什么？有没有方法可以让人减缓颈椎、腰椎和关节的老化，让疼痛不再普遍，还可以避免一些手术？东晋葛洪在《抱朴子》曰：“我命在我，不在天。”“治身养性，务谨其细，不可以小益为不平而不修，不可以小损为无伤而不防。”都谈到自我健康管理的意识。如何正确地自我管理健康而不走弯路？朱立军教授经过潜心研究和深入思考，提出了自己的真知灼见。他从骨科、运动医学、功能康复训练的多学科经验出发，建立了整体健康的金字塔理论，用该理论指导科学的健康管理，提升整体健康水平，做到不战而屈人之“病”。

整体健康金字塔理论使我们对健康管理的认识提升到新的高度。人体就像奔驰的汽车，而汽车是一个由数以万计零部件组成的机电混合复杂系统，零部件性能、材料结构强度等元素共同决定了汽车的性能和质量，但是汽车最终的寿命取决于零件组装成整车后的匹配性能。只有通过合理的驾驶和保养，汽车才能够对抗不同铺装路面、恶劣自然环境、长途高速运行带来的考验，就像我们只有保持锻炼才不会经常腰酸背痛，可以在生活和工作中如同开法拉利兜风一样轻松惬意。

朱立军教授综合健康维护的理论提出了六层金字塔模式。第一层金字塔，良好的生活方式（多元思维模式、呼吸模式、饮食模式、休息模式）。体现了古人养性之道，“莫久行、久坐、久卧、久视、久听”（《养生要录》［宋］蒲虔贯）。第二层金字塔，治疗伤病、缓解疼痛、 纠正姿态。体现了古人养身之道，“措身失理，亡之于微，积微成损，积损成衰”（《养生论》［三国］ 嵇康）。第三层金字塔，纠正生命的动力链条，体现了古人治系之道，“以不伤为本”（《抱朴子》［东晋］葛洪）。第四层金字塔，认真、科学运动功能的训练。体现了古人治身之道，“治身养性，务谨其细，不可以小益为不平而不修，不可以小损为无伤而不防”(《抱朴子》［东晋］葛洪）。第五层金字塔，运动表现训练，挑战身体极限。体现了古人综合之道，“琴医心，花医肝，香医脾，石医肾，泉医肺，剑医胆”（《幽梦续影》［清］朱锡绶）。第六层金字塔，运动专项的技能和战术训练，成为运动健将。体现了古人健身终极之道，“力拔山兮气盖世”(《垓下歌》［秦］项羽)。“气”既源于人的先天禀赋，又赖于后天的培养，而朱立军教授整体健康的金字塔理论更是将我们健康之气提升到一个极致的状态。

朱立军教授深刻剖析了人体成败兴亡的经过，得出健康盛衰在人不在天，“劳健可以兴体，逸豫可以亡身”，“祸患常积于忽微，而智勇多困于所溺”的教训和结论。议论透辟，思想深刻，总结和揭示了人体的“盛衰之理”。人生最大的财富是希望，人生最大的资本是健康，人生最大的幸福是快乐，人生最大的幸运是平安！而运动是健康的源泉，科学运动是健康的法宝，健商是健康的保证。

本书通过细致的论述阐明是自己“创造”了自身每一个疾病，掌握了自己的身体，也就掌握了自己的健康，给身体提供足够的“能量”就会彻底改变自己的生活，通常需要在心灵、心理意识、精神灵魂、智力、肉体5个方面下功夫，即五维而治。健康的体型和身心能增加性感、自信心，获得别人的好感，达成与周围的人和环境和谐共处，这对我们管理好自己的健康生活，让自己活得轻松自在，有着重要的现实意义。

健康也来自精神外化，从容淡定、纯美谦逊正是金字塔理论核心的外在表现，这就是我们常说的“腹有诗书气自华”。这种“诗意”素养来自人文底蕴，包括人文积淀、人文情怀和健康情趣。“谁道人生无再少？门前流水尚能西！休将白发唱黄鸡。”（《浣溪沙》［北宋］苏轼）都说岁月流逝，如江水东流一去不返，然而也有意外，眼前就有溪水西回，又何必为年华老大徒然伤悲？这正是管理好健康的意义所在。

“但愿苍生俱饱暖，不辞辛苦出山林。”（《咏煤炭》［明］于谦）健康之曲大家共吟唱，感受健康韵律之美，读出健康的句读之意，感受健康的弦外之音，获取健康的意境之美。希望本书跨越古今，打破时空，将独一无二的健康理念、智慧、气度和神韵奉献给大家，让心与心更近，让情与情相融，达到“我见康健多妩媚，料健康见我应如是”的境界。

全国政协委员
中华医学会理事
解放军306医院院长
神经外科专家
顾建文

序　三

受邀为本书作序，深感荣幸。

给自己的健康投资是关键的（人生选项）。近100年来，我们的生存跨度（即自然寿命）延长得非常之多，而我们的健康跨度（即健康寿命）却基本没有增加。在人们变老的过程中，我们需要建立一套更加可持续的模式来保持肌肉骨骼系统乃至全身的健康，这也是这本书的写作目的之一。

这是一步一步渐进的过程，需要（健康工作者为健康追求者）提供高价值、低风险的可选方案。正如世界卫生组织要求的，这些方案应该能够促进人的独立功能和生活自理能力。而我们的现代生活方式却造成了残疾和伤病的发生。这本书代表着这样一个愿景——开启一场转变（转变我们的生活方式，从带来残疾和伤病的生活方式转变到促进健康、拥有良好功能和独立自理的生活方式）。

我们（很多健康问题的根源是）吃得太多（尤其是高度加工的食物），又动得太少。形成新习惯、改变（不健康）行为的心理状态，至少与新的医学科技一样重要。在上游环节（即预防环节）制定策略，让生活方式的转变更容易一些，也同样重要。例如，开辟一些无机动车的区域，在低收入区域增加公园的面积，让儿童更容易参加体育训练，让老人更容易接触到一些团体性的健身活动，等等。

在中国，久坐不动这一现代生活方式造成的危机和世界上其他任何地方一样严重。但是，（中国还有）一个主要的缺陷是缺乏具有大学博士学位的规范健康和执行专家——物理治疗师和美式整脊师。衷心希望这本书，通过勾画一幅我们要怎么做才能改善生命质量的蓝图，能够启发一些顶层设计和改革。在遏制这场日趋严重的生活方式造成的健康灾难中，中国要想成为领导者，这些顶层设计和改革是必需的。

（作者译）

附：英文原序

An honor to be asked.

Investing in one’s health is crucial. Our life span has increased dramatically in the last 100 years, but health span has hardly budged. As our populations age creating a more sustainable approach to maintaining musculoskeletal integrity is the aim of this book.

This requires a step by step process providing high-value options with minimal downside risk. As the W.H.O. has mandated these should promote independent functioning and autonomy. Our modern lifestyles promote disability and disease. This book represents a vision to begin a transformation.

We eat too much (in particular processed foods) and move too little. The psychology of changing behavior by forming new habits is at least as important as new medical technology. At least as vital are developing upstream strategies that make lifestyle shifts easier. For instance, the creation of no-car zones. Increased park space in low-income settings. Greater access to physical education for children and group fitness for older persons.

In China the modern inactivity crisis is as serious as anywhere else. But, the major handicap is the absence of the benchmark health and performance specialist with a University Doctor level degree-the Physicsl Therapist and Chiropractor. Hopefully, this book by painting a picture of what is required to improve the quality of life will inspire political changes needed to make China a leader in stemming this rising tide.

Craig Liebenson，D. C.

洛杉矶脊柱和运动医学诊所创始人

注：Craig Liebenson, D.C.是世界著名的康复师、功能训练专家、医学专家，服务客户既有普通健康追求者也有职业运动员。他出身于美式整脊师，但兼收并蓄的治学精神让他跨界成为集大成者，赢得本书作者的钦佩，受邀后于百忙中欣然为本书作序。

前　言

做了几十年的外科医生之后，我发现手术并不能解决一切问题，而且还可能产生新的问题，比如，

■ 麻醉意外有可能危及生命

■ 手术部位感染，带来一场灾难

■ 深静脉血栓和肺栓塞形成，可能是致命的

■ 手术没有效果或者效果不理想

带着这些疑惑和担心，我在工作之余逐渐去上游思考一些元问题：

■ 为什么有的人在运动中容易受伤，而另一些人不容易受伤？受伤都是意外吗？偶然之中有没有必然的联系？有没有一些方法，可以减少这些运动损伤？

■ 有的人过了中年就成了医院的常客，有的人到了晚年还在环游世界，健康如此不公平的背后有什么秘密？为什么有的人到了一定年纪，膝关节老化严重、颈椎病或者腰骶疼痛，甚至需要手术才能治疗，而有的人没有那么严重？产生差别的原因是什么？有没有方法让人可以减缓颈椎、腰椎和关节的老化，让疼痛不再普遍，还可以避免一些手术？

■ 久坐、不喜欢运动的人，会产生腰酸背痛、精力不够用、“三高”甚至“四高”等问题，而喜欢运动的人又容易受伤。到底要不要运动？应该如何破解这个窘境了呢？

受到一个骨科医生的知识结构和工作环境的限制，要想解决这些问题并不是那么容易。有一年滑雪，我摔伤了膝关节，造成胫骨平台骨折，亲身经历了手术治疗、术后康复和恢复运动功能的训练后，我逐步解答了上述问题。

以前，我拥有3种主动身份：

■ 骨科和运动医学医生

■ 运动康复研究者

■ 体能训练和功能训练研究者

这次运动造成的伤害又给了我3种被动身份：

■ 骨科病人——手术前、中、后期的病人经历，是骨科医生无法体验的

■ 康复病人——体会了康复过程的起伏和艰难

- 功能训练受训者——跟各级别教练训练，体会训练高手的高明和强大

这6种身份让我拥有了一个独特的机会，从6个角度来研究人体的肌肉骨骼运动系统和健康管理。还充分利用自己的语言优势——我跟国内外诸多专业人士和高手学习交流，收集最新出版、最权威的书籍，进行潜心研读，积极践行。站在巨人的肩膀上，解开了我的困惑，上述元问题有了很好的答案，取得了很圆满的结果：

- 人必须要运动，但是要科学地运动。正确的运动可以避免大部分“意外”损伤——其实没那么多的意外，看似偶然其实是必然
- 建立“整体健康金字塔”健康管理模式，指导从普通人、运动爱好者乃至职业运动员，既能够预防伤病也能够提高运动表现
- 50=20+30，作为整体健康金字塔模式的第一个受益人，我在50岁的时候拥有了比二十几岁时还好的体形，精力充沛，相当于30岁的体力。也希望更多的人跟我一样，成为等式“50=20+30”的拥有者
- “上医治未病”，相传，扁鹊的大哥善于治疗未病之病。我理解治未病实际上是一种健康的生活方式以及在伤病的早期积极地进行干预。整体健康金字塔模式可以助人预防伤病，使治未病不再是传说，也让人有能力远离过于商业化的产品和服务以及以讹传讹的理念

查理·芒格说过“获得成功的最佳途径是让自己配得上成功”，我想说：获得健康的最佳途径是让自己配得上健康。那么回顾一下，你做了哪些努力让自己配得上健康？请跟我分享你的经验，最后让我们大家都知道如何做才配得上健康。

本书为以下尊敬的人士而作：

- 追求健康的人——这是一张地图，读后确保你在健康之旅中不会迷路，节约时间成本和机会成本
- 健身教练——指导他们升维进阶，成为功能训练师和健康维护师以及健康管理专家，更好地指导他们的会员进行科学锻炼，让坚持锻炼的会员都能够拥有猎豹一样的健美身材
- 腰酸背痛膝打软的人——帮助他们重新学习使用自己的身体，摆脱疼痛，焕发活力
- 喜欢运动的人——让他们赢球又不受伤
- 老年人——提高生活质量，延缓衰老，远离病榻和轮椅，保持独立生活能力
- 青少年——从小就学会预防现代生活方式造成的伤病，茁壮成长为栋梁之才
- 职业运动员——培养出健康的冠军，成为常青树、百胜冠军
- 年轻的医生、康复师——作为参考书，为工作和学习指明方向

衷心希望本书可以指导人们践行健康生活方式和科学运动，最终达到：

■ 精神饱满
■ 精力旺盛
■ 心态平稳
■ 气质阳光
■ 体态优雅
■ 身姿矫健
■ 心肺优良
■ 皮肤紧致
■ 脂肪适量
■ 肌肉厚实
■ 骨骼坚固
■ 关节灵活
■ 肌腱柔韧
■ 神经畅通
■ 核心稳定
■ 四肢轻盈
■ 运动能力杠杠的
■ 减少伤病
■ 延缓衰老
■ 拥有高生活质量的长寿

18世纪德国启蒙主义哲学家伽渥曾说：“良知的声音是轻微的声音，它在尘嚣之中难以被听到。”希望读者朋友成为传播知识和智慧的大使，让良知的声音不再轻微。预祝大家学会构筑自己的健康金字塔，从此远离伤病，让生命历久弥坚、历久弥新。构建整体健康金字塔，让身体和精神渐入佳境。

朱立军

2018年5月17日于广州

目　录

第一章

金字塔前期准备

第一节 投资自己健康的几个选项

“以自然之道养自然之身。” ——欧阳修

“运动太多和太少，同样的损伤体力；饮食过多与更少，同样的损伤健康；唯有适度可以产生、增进、保持体力和健康。” ——亚里士多德

有人说花钱最能体现一个人的价值观，花钱其实就是投资。投资的对象有股票、艺术品、不动产，还有美食、服装等，但投资健康可能是最值得的，也是常被人忽视乃至陷入误区的。当今人们投资健康主要有以下几个选项：

1. 基本的营养保障——一日三餐。这是人体维持健康的前提条件，可谓“人是铁，饭是钢”。但是，有两种倾向值得注意：

- 在身边经常发现有人进行不正确的节食，我认为他们是把好日子往坏里过，在危害健康而不是维护健康。例如，有的人尤其是一些女孩子，为了赶时髦，追求瘦身，用所谓的“A4 腰”在网络上炫耀，让人不由想起楚王好细腰了
- 吃喝随意性比较强，不注意控制饮食的量，体重超标危害健康是现代人的一大特征

2. 买补品。不管是大富大贵还是省吃俭用的人，买补品时都可能会一掷千金。在出门诊时，病人家属也经常问需要吃什么补品，我的回答是：有钱也没有必要向古代的皇帝、大臣看齐，追求各种补品。

3. 药品。有人喜欢被动的方法，认为想健康就得吃药。

4. 保健养生。千差万别的各种养生机构，无法用一句话评论。

5. 进行美容整形手术。也是属于被动的方法，昂贵的手术费和手术的危险性以及由此引发的并发症是人们面临的主要问题。

6. 注射干细胞。目前主要在实验室研究阶段。

7. 运动。正确的运动需要专业人士指导和训练，这样在解除疼痛、纠正错误的动作模式、功能训练后，运动才能达成初心——健康，快乐。

维护健康有 5 色，你喜欢哪一色？

维护健康的方法多种多样，我在此试着用颜色来划分：

1. 红色，代表手术治疗。手术是医学领域中不可或缺的治疗手段，但是治病同时也会造成组织损害、手术疤痕形成等问题。手术能不做，尽量不做；能做小的，就不做大的。

2. 白色，代表药丸。是药三分毒，作用有限、没有很强适应症的药，能不吃就不吃。

3. 黑色，代表毒麻药物。慎用！

4. 灰色，代表具体成分不明的药物或者原理不清、疗效不定的疗法。此类药物成分复杂，对其具体成分没有深入研究，尤其带有神秘色彩的药物，有什么毒副作用也没有人研究，属于灰色地带。

5. 绿色，代表良好的生活方式、主动运动、运动疗法、物理康复等。

- 手法操作，如果正确、合适，给人体增加秩序和能量，人体熵减
- 动作训练，自然无毒，抑制人体熵增
- 运动出汗还可以排毒，人体熵减
- 运动激发生命活力，造成人体的动态平衡状态，使身体生机盎然

良好的生活方式是健康的根本，可以避免红色、白色、黑色和灰色的治疗方法。

全面的健康管理应是运用生活方式、保健、运动、医疗等各种方法进行的管理，各种方法各有利弊，需要选择合适的方法，联合应用。

第二节　健康商数——升维你的健康标准

“未有知而不行者。知而不行，只是未知。”　——王阳明

一、健康商数的提出

与智商、情商、动商相仿，人们提出一个概念——健康商数（health quotient，

HQ，以下简称“健商”），主要指一个人在对待健康的认知、重视程度、思维模式、生活方式等方面的品质，直接关系到个人的健康状况、伤病后的治疗行为和恢复情况。健康商数也直接受后天的家庭熏陶、学校教育以及环境的影响。

健康商数和以下几个方面有关：

■ 认知

◎ 足够的、正确的健康知识，而不是偏激的、教条的健康知识

◎ 不断更新过时的知识

■ 思维模式

◎ 是采取被动的思维模式，听之任之，还是积极参与，自主管理健康，做自己健康的首席运营官

◎ 是对专家意见一概轻视、拒绝，还是没有鉴别力地全部接受，甚至迷信

◎ 是对身体发出的信号积极反应、寻求治疗，还是忽视、一拖再拖

■ 时间分配

◎ 合理分配时间维护健康，比如运动、学习良好的生活方式等

◎ 挤不出时间，多数情况下是借口

■ 价值观体现

◎ 是追求速效还是有耐心

◎ 是追求廉价、免费还是尊重专业人士的知识、经验，并投入时间

◎ 是得到低劣服务，甚至被坑蒙拐骗，还是自身具有鉴别力

■ 行动

◎ 行动是关键因素，是坚持正确的方法维护健康，还是一曝十寒

高健商的表现应该是：

■ 知道健康是整体的、全面的

■ 倾听身体的声音，分配合理的时间积极主动维护健康，如进行科学运动

■ 愿意听专家的意见，又不迷信专家

■ 愿意为专业服务付费

■ 认真地重视健康

◎ 坚持健康的生活方式，不妥协

◎ 安排时间，而不是挤时间

◎ 肯投入心思、精力和金钱

◎ 平时注意维护健康，不是伤了病了才跑医院

■ 用行动而不是用嘴皮子维护健康，表现在健康的生活方式

◎ 注意劳逸结合

◎ 戒除烟酒等不良生活习惯

◎ 按整体健康金字塔理论安排饮食、运动

■ 善于学习，不断调整更新知识结构

■ 重视健康的方式，不要像对待空气一样

◎ 只有失去的时候，才知道重要性

◎ 被动接受，张口即可，保健品不能代替主动维护健康

◎ 免费，在别的方面可以一掷千金，而人工、学识、经验是最值钱的，反而不被认可

行动具有一票否决权，没有实际行动，健商是0。

人体有时候很经得住折腾。比如吃得很少，又做很多长时间工作、熬夜，还是能活下来。但是，欠下的债迟早要还。

人体有时候又很脆弱。整天坐在办公桌前工作，风吹不到雨淋不着，衣食无忧，到头来却腰酸背痛、萎靡不振、昏昏欲睡。缺乏运动、长时间坐着，人的肌肉和关节悄无声息地发生了变化，进而人体的生物力学环境和结构也改变了。颈肩腰腿痛多数时候没有严重到需要手术治疗的程度，但是已经严重到需要运动、需要康复治疗了。吃药虽然简单，最容易让人接受，但是不管是中药还是西药，对这些腰酸背痛在多数时候并不能起到作用。

所有人都应该掌握足够的、实用的、正确的健康知识。

我们几乎天天谈论健康，但是健康的定义和标准是什么呢？你理解的健康又是什么？本章后面部分我们在3个方面讨论健康，即Health（健康），Fitness（健康）和Wellness（整体健康）。

二、Health 健康

1948年，联合国世界卫生组织（WHO）在世界医疗《保健大宪章》中对健康做了如下定义：“健康不仅是身体没有病，还要有完整的生理、心理状态和社会适应能力。”

医疗保健工作者对健康的定义也在不断完善中，健康表现在5个维度：

■ 身体（躯体）健康：一般指人体生理的健康，人体各种系统的作用完善、功能协调，躯体无病，这是健康的最基本条件。我对身体健康的理解是

◎ 以强壮的骨骼为支架

◎ 有厚实的肌肉、柔韧的关节

◎ 中枢神经指挥能力良好，周围神经上通下达顺畅

◎ 运转良好的内脏为身体提供充沛的能量并排除废物

◎ 胜任生物和社会功能

■ 心理健康：心态决定了人生的一切，良好的心理是一切的保证

◎ 人格是完整的，自我感觉是良好的

◎ 处事乐观，态度积极

◎ 情绪稳定，有较好的自控能力，能保持心理上的平衡，情绪和压力管理好

◎ 勇于承担责任，严于律己，宽以待人

◎ 自知、自尊、自爱、自信

◎ 一个人在自己所处的环境中，有充分的安全感，能保持正常的人际关系

◎ 适应社会能力好，心理活动和行为能适应复杂的环境和社会变化。有人总结得非常好，指出

△ 当今社会的三大特征：速度、多变、危机

△ 人的三大对策：学习、改变、创业

■ 心灵健康：感情丰富，有同理心，对美好感动

■ 精神健康：正能量，不以损害他人利益来满足自己的需要，具有辨别真伪、善恶、荣辱、美丑等是非观念，能按社会认为规范的准则约束、支配自己的行为，有使命感，人生目标明确，不断地进取，有理想和事业的追求

■ 智力健康：持续的学习能力，与时俱进

三、Fitness 健康

Fitness 的健康含义很广泛，并没有一个明确的单一定义，简单来说是一种从事体力活动的能力。根据不同的语境，可以翻译成以下几种：

■ 健康

■ 生存适合度，按照进化论思想，适者生存，不适者难以生存

■ 健身、健美，有时候和 bodybuilding（健美运动）有一些混淆。Fitness 强调功能

训练，提高全面的身体素质；而 bodybuilding 则是通过力量训练塑造身体的外形

■ 健康体适能，身体素质，身体全面的运动功能，包括肌肉力量、爆发力、肌肉耐力、心肺耐力、速度、灵活性、协调性、平衡能力
  ◎ 肌力是其他身体素质的基石，没有力量素质，其他身体素质都只是空谈
  ◎ 也有人把体能理解为人体为适应运动的需要所储存的身体能力要素，是人体基本活动能力的表现，是人体各器官系统的功能在运动中的综合反映
  ◎ 健康体适能和体能内涵几乎一样，体适能更倾向于大众健身，强调全面的身体素质是健康的地基，是高生存适合度的保障；而体能更多用于职业体育，强调运动表现，为比赛做训练

从以上的几个翻译来看，Fitness 更关注于身体（躯体）的健康，身体健康是多维度健康的基础，血肉之躯是精神的载体，是精神的执行者，也是精神的维护者；每个年龄阶段的人都可以通过锻炼身体来达到和维持身体的健康，按照健康金字塔的模式进行科学的健身运动无疑是最可靠、有效、安全的。

把躯体的各个部分统一起来的是以下运动功能：

■ 如果肌肉力量、爆发力、肌肉耐力、心肺耐力、速度、灵活性、协调性、平衡能力等各项运动功能良好，那么这个人的生存适合度一定高，即生存能力强大，抵抗伤病的能力也强
■ 通过锻炼，加强这些运动功能，这样的身体也一定是健美的、健康的。如果体适能良好，强大的运动功能也一定会伴有健美的外形，匀称、健壮
■ 强大的生存能力就是旺盛、鲜活、跳动的生命力，也一定具有突出的吸引异性的能力

某些传统的力量训练着眼点是躯体的外形美，追求性感的腹肌、胸肌和翘臀，跟功能训练相比，显得单薄、老旧，与健康尚有距离。常见的健美训练计划是分别锻炼胸部、肩部、背部、腹部、手臂和腿部，看似兼顾了很多方面，其实还是太简单了；虽然这种分化式的训练让一部分人拥有胸肌、翘臀、巧克力般的腹肌以及粗壮的手臂，但是并没有与之相应的强大的运动功能和全面的身体素质，经常还会有伤痛发生。

体能的强弱，可以根据一段时间的体力活动所消耗的能量来划分，可划分为从弱到超强的连续的梯次。体适能的级别一般由最大耗氧量决定。在竞技体育中，体能重要性：

■ 体能良好可以保证运动员在高节奏下完成某种技术打法，并且让这种高节奏持续尽可能长的时间
■ 体能水平保证球队可以执行某种战术更长时间
■ 体能好不能保证你赢得比赛，但是体能不足会导致比赛的失利

四、Wellness 整体健康

Wellness 有整体、全面健康的意思，在汉语里面没有一个可以准确对应其英文含义的词，是指通过选择对健康有益的生活方式达到健康状态，是一种平衡的生活方式，这种生活方式直接影响人的生活质量。它的理念是达到身与心之间的平衡，以主动、负责和最大限度地提高身体、精神和心灵的健康为特征。根据美国国家整体健康研究所的描述，包括 6 个方面：

- 社会方面：与周围的群体交流，并对群体或者环境做出贡献
- 职业方面：通过工作实现生活的满足和丰富
- 精神方面：寻找并践行一个有目的、有意义的生活方式
- 身体方面：选择积极的生活方式，如规律的日常锻炼、平衡的营养等
- 智力方面：主动学习新技术和新知识
- 情感方面：在个人的社会交往中，接受并管理自己的情绪

Health 和 wellness 都有多维度健康的意思。前者更强调一种状态，具有了这个状态，就是健康的；而后者更强调一种过程，主动地做一些有益于身心的事情——从 5 个维度（心灵、精神、身体、心理、智力）进行健康管理，预防伤病的发生。

有人说美和艺术是最高阶的存在，高于哲学和宗教。那么是否可以说美是健康的最高标准呢？如果说健康的新标准是审美的健康，那么美的标准和追求方式都随之而变。审美的健康以健康作为美的标准，以自然、主动和绿色为手段，将浇灌出健康的人体美和时尚感：

- 你就一心追求整体的健康吧，美是随之而来的
- 不要本末倒置，为了美而美，这样可能会忽视了健康
- 不要太过在意体重，因为瘦到弱不禁风不利于健康，也不是美
- 五维健康塑造出的阳光四溢的脸庞好过人工雕塑的脸蛋

审美是统领着整体健康的灵魂：

- 心地善良，心胸宽广
- 气质阳光，笑容甜美
- 身材性感，体型优美
- 性格爽朗，亲切随和
- 举手投足散发着旺盛的生命力
- 运动链运行畅顺，动如脱兔

■ 视野高远，充满使命感

■ 学习、创新，引领时尚

健康是每个人的生命保障。然而，不同的人对健康的理解、重视程度以及追求健康的理念和手段，都有很大的差异。

将一个人对健康的理解、对健康的重视程度以及追求健康的理念和手段综合考虑后，可以用来评价这个人的健康商数。

五、理解身体各个器官或者系统的保养原则

观察一下周围，你会发现一个可怕的矛盾现象：如果你跟一个人说他的命没有一部车值钱，他可能会和你急，但是他对自己身体的了解和重视程度远远不及他的车。下面简单介绍一下人体各个系统的保健常识，可以对比检查一下自己的健商：

人体各个系统的保健常识

人体系统	保健常识
神经系统	1. 你的思想和行为是你大脑决定的，要重视保护它；大脑的重量只占体重的 2%，却消耗人体消耗总量的 25% 的氧气和能量 2. 预防脑血栓，保持脑动脉畅通 3. 锻炼脑子：学习新东西，功能锻炼训练本体感觉，“个人极限测试”，到陌生的地点度假，做白日梦 4. 减轻压力：解决掉琐碎、拖拖拉拉的麻烦事，运动、冥想、交友活动 5. 常吃益脑食品，如坚果、大豆、鱼类、橄榄油、番茄、巧克力、芦荟、芽菜等
心血管系统	1. 冠心病的危险因素：高血压、吸烟、糖尿病、高半胱氨酸、慢性炎症（如牙周炎、性病等）、紧张、发怒——这些因素都是可以控制的！ 2. 方法和运动量合适的运动益处多：降血压、降有害胆固醇、增加健康胆固醇、增加血管弹性、减脂、增肌、缓解紧张 3. 拒绝愤怒，缓解压力 4. 健康饮食模式，拒绝垃圾食品
呼吸系统	1. 肺和呼吸为人体从事一切活动定下基调，训练正确的呼吸模式 2. 保卫睡眠——治疗睡眠呼吸暂停综合征 3. 戒烟，躲避二手烟、有毒空气，亲近花草树木
消化系统	1. 颈椎失去正常的形态，会导致颞颌关节紊乱——颜面僵硬、脖颈疼痛、眼睛疼痛，可以诱发年轻女性头痛 2. 严重口臭提示胃肠道出了问题，需要治疗 3. 呵护口腔卫生，睡前 3 小时不要吃夜宵，保持好的饮食习惯，喝水，规律运动

续表

人体系统	保健常识
运动系统	1. 先是腰酸背痛，忽视或没得到合适的处理，逐渐发生运动伤、肌腱/韧带撕裂、腰间盘突出、颈椎病、骨性关节炎、骨质疏松，即使手术也不能复原 2. 健康之道：尽早进行规律的运动——选择合适的运动方式及合适的运动量
泌尿生殖系统	1. 动脉老化是男性功能障碍的最主要原因 2. 预防乳腺囊肿，不要喝咖啡、红茶、可乐等含甲基黄嘌呤的食品
感觉系统	1. 大脑处理的信息大约 80% 来自眼睛，身体最活跃的肌肉是动眼肌 2. 爱眼行动：运动，保持血管年轻，减少紫外线直接照射，治疗糖尿病，少看手机 3. 身体的平衡系统：视觉、前庭、本体感觉、小脑，随着年龄增长逐渐老化 4. 疼痛是身体在提醒主人有危害健康的情况，因此既不要忽视、忍受疼痛，也不要害怕疼痛，正确的做法是发现和清除造成疼痛的根源
免疫系统	1. 注意卫生：勤洗手，喝干净的水 2. 参加群体活动，减轻压力、消除沮丧 3. 饮食模式，多吃富含维生素 C 食物（橘、橙、西红柿、甜椒）和富含类黄酮食物（燕麦、洋葱、花椰菜、西红柿、苹果、葡萄、酸果蔓），以及南瓜子，紫椎花等等
内分泌激素系统	1. 可以调节在生理上难以解释的感情，如劳累、性驱使、偏好等 2. 高血压和内分泌紊乱可以互为因果，所以控制血压非常重要 3. 合理的运动 4. 中国人有预防饥饿的基因，患糖尿病的概率比其他种族高 60 倍，体重增加很容易患糖尿病 5. 合理饮食，人参、肉桂和茶促进身体吸收胰岛素，多吃富钾镁的食物（香蕉、鳄梨），富含镁的食物（全麦面包、全谷物、鳄梨、葡萄干、大枣、甜菜），富含异黄酮食物（豆腐、大豆、大蒜、洋葱、鱼油、橄榄油），还有预防乳腺癌的食物（花椰菜、白菜、菜花）

第三节 运动，还是不运动，这不是个问题

"上士闻道，勤而行之。" ——老子

"运动是一切生命的源泉。" ——达·芬奇

"运动的作用可以代替药物，但是所有的药物都不能代替运动。" ——蒂素

运动是维护健康的主要手段之一，从亲身感受和作为健康工作者、研究者的角度来看，在诸多维护健康的手段中，运动是最容易、最便宜（很多是免费的）、最容易实现的，还有，运动表现也最能代表一个人的健康状况，因此非常有必要用一个章节来谈谈运动的重要性。这并非老生常谈，亦非不言自明。

运动确实是一个很宽泛的概念。运动包括以下几种意思：

- 体力活动：世界卫生组织这样定义运动——“由骨骼肌产生的、需要消耗能量的身体动作、活动，有规律的中等强度体力活动，如步行、骑自行车或者参加对健康有明显的好处的体育运动”
- 专项运动，包括
  - ◎ 业余爱好者的运动
  - ◎ 职业运动员的竞技运动

一、科学运动对身体的益处

（一）给所有人带来的好处

- 增强体魄
- 提高生存适合度和体适能
  - ◎ 灵活性
  - ◎ 稳定性
  - ◎ 平衡性
  - ◎ 协调性
  - ◎ 力量
  - ◎ 耐力
  - ◎ 速度
  - ◎ 敏捷性

- 增强肌肉群力量和耐力
- 骨骼肌健康指数越高的人，生命的质量和长度也更有保障
- 让身体的动力链连贯、流畅
- 改善心、肺和其他内脏器官功能，使之更加有效运转
- 降低器官老化对身体的伤害，对抗内脏、骨关节老化
- 降低现代生活方式对身体的伤害，减少“三高”“四高”、冠心病及癌症的发生
- 增强身体对意外伤害的抵抗力，如减少老年人摔倒次数
- 保护胸腺，增强抗病能力
- 提高健康状况、体质和生存能力，生活更美好，事业更成功
- 有助于控制体重，大幅提高性感指数
- 身材更加挺拔，健身后你会明白体态对身材的影响
- 形成养眼、帅气的身材和体型，对社会交往有益，人际关系更和谐
- 健身可以代替很多药物，但任何药物都永远无法代替健身
- 针对不同疾病选用不同的锻炼方法，如选择适宜的锻炼方式可以让高血压病人用药最少，花费最小
- “不仅仅是给生命增加岁月，更是给岁月增加生命！”运动得好，感觉就好，生命也就美好
- 规律性的运动已被证实是一种降低慢性疾病发生的有效方法
  - ◎ 可以帮助预防或控制高血压
  - ◎ 可以提高高密度脂蛋白胆固醇（所谓的“好”胆固醇）的水平
  - ◎ 能降低低密度脂蛋白胆固醇（所谓的“坏”胆固醇）的水平
  - ◎ 较高的高密度脂蛋白胆固醇加上较低的低密度脂蛋白胆固醇，可以有效降低那些凝结在动脉血管壁上有害的沉淀物的数量，从而保持血流的通畅
  - ◎ 有助于预防 2 型糖尿病、骨质疏松症及某些癌症
- 可以改善你的情绪，对心理有益
  - ◎ 一组快节奏的练习可以帮助你平静下来，减轻焦虑
  - ◎ 可以刺激你大脑中化学物质的产生从而使你感到愉悦和放松
  - ◎ 还可以使你感觉自信，有助于减少你的沮丧感和焦虑感
- 让你获得良好睡眠
  - ◎ 可以帮助你入睡更快并且睡得更深
  - ◎ 良好的夜间睡眠可以提高你一整天的专注度和工作效率
- 可以产生很多乐趣

- 每星期运动 150 分钟的人反应较快，有较强的思考能力和更大容量的记忆
- 增加创造力
- 提高工作效率
- 让你的大脑分泌多巴胺，多巴胺是一种天然的兴奋剂，让你在日常生活中保持活跃
- 变得更勤快，坚持健身的过程本就是一个对抗惰性的过程
- 肌肉含量、激素水平都处在很高的状态，让你比同龄人更加年轻、健康
- 有氧运动增加脑部血流和氧气，减缓甚至逆转脑萎缩
- 增加产生脑源性神经营养因子，提高记忆功能，让你的职业黄金期比不运动的人更精彩，而且持续时间更长
- 刺激生成血清素和多巴胺，振奋情绪，抗抑郁，抗焦虑
- 长期的压力有一个点火效应，如果处理不当会把整个身体烧掉，运动可以控制火势蔓延
- 有助于改善你的逻辑思维，使你能清晰地思考、提高认知能力
- 可以强力保护你的大脑免受其他疾病（如糖尿病）伤害，维护身体其他部位的健康同样有益于大脑健康
- 体育具有创造最优体验心理即心流的全部条件
    - ◎ 明确的目标
    - ◎ 全神贯注，不懈努力
    - ◎ 控制自己的身体
    - ◎ 即时、有益的反馈
    - ◎ 没有天花板的挑战

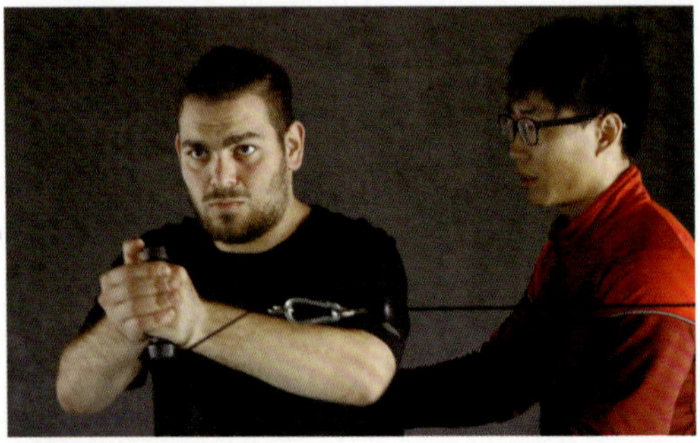

- 参加竞技运动的人具有团队精神，完成任务时能很好地管理时间，不害怕失败
- 办事不顺利不再找借口，像健身一样只有脚踏实地才有所收获
- 做事懂得坚持，不再三分钟热度，要回报就需要足够的付出

（二）给老年人带来的好处

- 延缓衰老
    - ◎ 小孩的动作发育过程：躺着活动、翻身、爬行、站立、行走，每一个进步都先

要稳定住身体；衰老是一个反向的过程：先是失去下蹲和保持平衡的能力，最后站不起来

△ 如果想拒绝这个被动的衰老过程，就需要采取主动的锻炼的方法来应对年老，多做增加灵活性、稳定性的训练和核心柱稳定训练

◎ 加快全身血液循环，新陈代谢更加旺盛

◎ 氧化是导致衰老的一个重要因素，运动能有效地提高抗氧化物的产生，是抗衰老的头号健将

◎ 对端粒非常有益，很有可能刺激端粒酶的增长

△ 不管是什么类型的运动，只要你增加你的有氧运动强度，你的端粒酶就会更活跃、更健康，你就有可能更长寿

△ 中度的有氧耐力运动和高强度间歇训练是最有效的

◎ 随着年龄增加，人的腿部肌肉萎缩，腿变细、无力会带来很多健康问题

△ 上楼越来越困难

△ 从坐的椅子里起来也不再容易

◎ 研究发现，年老的肌肉萎缩是由于控制肌肉的神经纤维减少了，到 75 岁的时候，控制肌肉的神经纤维大约减少了 30%，好消息是

△ 健康的肌肉有一种保护机制，可以从存留的神经纤维发出新芽挽救肌肉、阻止萎缩

△ 青壮年时期喜欢运动的人，在年老的时候拥有的健康肌肉更多，有利于防止肌肉萎缩

△ 即使是年老肌肉萎缩了再进行锻炼，还是有机会让神经再跟肌肉连接起来从而挽救肌肉

◎ 挑战自己的年龄，做稳定性和柔韧性训练，不断推高自己的运动能力和表现，将老化、衰退远远地甩在身后

（三）运动给青少年带来的好处

■ 提升青少年整体健康水平，增强身体素质，提高体适能

■ 促进肌肉发育，一定的运动量让全身肌肉因运动变得更加结实

■ 促进骨骼的发育，使骨骼的发育更加旺盛、坚固

■ 促进神经系统的成长

◎ 促进大脑发育，加速智力发育

◎ 刺激感觉神经发育

◎ 刺激神经中枢系统与周围神经的联系，增加神经肌肉控制

- 促进器官发育
- 提高青少年情商
- 调节身体，养成良好习惯
- 纠正青少年体态
- 运动是坏情绪的宣泄渠道
- 治疗多动症和抑郁症
- 培养良好的运动习惯，活动前做准备运动，保持运动的节奏，减少运动损伤
- 对自我身体形象的建立，对外在环境的认识，以及对青少年身体形态的发育都有很大帮助
- 运动敏感期一旦错过，青少年在运动的某一方面就难以发展到他本来可以达到的高度，运动敏感期特点
  ◎ 速度方面，女孩在 6 ~ 8 岁和 11 ~ 13 岁，男孩则要等到 7 ~ 9 岁和 13 ~ 16 岁
  ◎ 训练耐力，女孩在 10 ~ 13 岁，男孩在 13 ~ 16 岁
  ◎ 身高增长高峰期，女孩在 12 ~ 13 岁，而男孩在 14 ~ 15 岁
- 运动时会产生多巴胺、血清素和肾上腺素，这 3 种神经传导物质都和学习有关
  ◎ 多巴胺是种正向的情绪物质，血清素增加，记忆力变好，学习的效果也更好了
  ◎ 血清素可以抗忧郁症
  ◎ 肾上腺素使青少年的专注力增强，所以学生心情愉快、上课专心，记得快、学得好，自信心与自尊心也提升了
- 多运动能促进大脑功能的整合，对应变能力有帮助
- 经常参加运动的孩子会学会更加遵守规则
- 接受运动中的挫折、失败、胜利，有利于成长发育
- 缺少运动的青少年，可能会遇到很多严重的问题，如焦虑、抑郁、注意力不集中、自我控制能力差
- 能刺激相应大脑皮层，使之更活跃、更精确地支配、指导运动和动作的发展
- 如果青少年不会运动，青少年的智慧、创造力、情商，靠生硬的学习是很难提高的
- 可以让孩子拥有领导力
- 美国科学研究证明：少年时期积极参加运动可获得 5 个方面的成就：能力、自信、人脉、品格、同情心。很多商界领袖、政治精英都是运动员出身或者酷爱运动

二、运动的误区

在专业化日益凸显的今天，运动不再是随意而为，需要专业指导。身体功能训练是生存必需的，你可以不去打篮球、打羽毛球、踢足球或者游泳，但是你一定要做功能训练；根据你的爱好，你可以去打篮球、打羽毛球、踢足球、游泳，但是想享受这些运动带来的乐趣而又不受伤的前提是你一定要做功能训练。

最主要的几个运动误区：

- 在健身房练大块肌肉
- 只做项目运动，如打篮球、打羽毛球、踢足球等，没有基础的功能训练，形成空中楼阁，没体能做支撑容易发生损伤
- 自己摸索，貌似认真、科学，实际上有时候是胡来，因为
  - ◎ 即使是教练也需要别的教练评估、指导，医生有了伤病也要同行治疗
  - ◎ 理念和训练哲学众说纷纭，只有一流的教练才能掌握，自己摸索很难正确运用、把握精髓
- 教练提供的个性化方案，场地器材提供的气场，无可替代
- 一味苦练早已过时，正确的动作模式很重要
- 熟能生巧，也是似是而非的老观念
  - ◎ 如果动作模式错误，锻炼越多，代偿越多，受伤概率越大
- 认为运动消耗大，所以运动后就任性地大吃大喝
- 生命在于运动——如果目的不清，乱动是不行的，需要考虑个性化方案
  - ◎ 合适的项目
  - ◎ 合适的运动量
  - ◎ 良好的技术
  - ◎ 足够的体能
  - ◎ 运动后做合理的恢复再生
  - ◎ 方法不对，容易受伤
  - ◎ 缺乏指导，不适合自己的运动容易受伤
- 要停止找借口“没有时间运动”，而是应该安排时间运动

应该如何运动？一般性建议是：

- 先是动起来，拒绝身体生锈
- 功能训练——精力充沛，打造一个良好的运动平台 / 基础
- 兴趣，多元化训练，专项训练

■ 根据爱好和身体条件选择运动项目

■ 极限运动的要求高，绝对要有称职的教练指导

■ 如果你喜欢中度的有氧耐力运动，那么就多参加竞走或者慢跑

◎ 强度保持在你极限能力的 60% 左右

◎ 你不会觉得很轻松，但是又不至于大喘气

◎ 每周不少于 3 次，每次不少于 40 分钟

■ 如果你喜欢高强度间歇训练，那么可以这么做

◎ 热身 5 分钟

◎ 进入高强度训练：快速跑 3 分钟、慢跑 3 分钟，重复 4 次

◎ 冷却放松运动 10 分钟

◎ 每周不少于 3 次

■ 做一些简单易行、绝对不该推辞的运动，不多花一分钱，但是你健康状况的改善，生命状态的跃升，是千金难买的

■ 将体育活动融入到你的日常生活中

◎ 走楼梯代替坐电梯

◎ 将车停在离门较远的地方

◎ 午餐后散散步

◎ 工作间歇时走走，戴个计步器来监测你的活动

◎ 人应该分出时间运动，也要设法挤出时间运动

◎ 掌控你的人生，将运动融入到你生活的每一天

不运动的害处：

■ 缺乏运动和体力活动是 21 世纪最大的公共卫生问题

◎ 早在 1994 年，世界卫生组织就提出，静坐少动是当今慢性疾病发生的第一独立危险因素

◎ 2002 年，世界卫生组织确认：体力活动不足是慢性疾病（高血压、冠心病、2 型糖尿病、癌症等）的重要诱因

■ 身体素质、体适能下降，即生存适合度降低

■ 骨关节肌肉即运动系统的伤病率增加

◎ 久坐不动让身体趋于静态平衡——石化

△ 肌肉抑制、弹性下降、纤维化

△ 筋膜紧张、缩短、僵化

◎ 关节软骨退化，关节灵活性变差，走动能力下降，最后变成了“挪动”

◎ 姿态不良
◎ 身体多处代偿
◎ 能量泄漏
◎ 常见的骨关节伤病
  △ 颈椎病
  △ 肩背部疼痛
  △ 腰痛
  △ 膝关节损伤
  △ 足踝问题

■ 肥胖，全面地危害身体健康
■ 学龟，“乌龟养生法”是不运动的极端表现，是错误观念
  ◎ 乌龟凭本能而生，可以不用思考，甚至可以冬眠，不吃不喝
  ◎ 人为使命而生
    △ 需要养家糊口，不断学习、进步，讲孝悌、“修”“齐”“治”“平”。这些需要身心健康，有活力、创造力、行动力
    △ 还要和腰酸背痛、伤病抗争，让身体修复和复原

三、运动的人力资本模型①

在当今社会里，体力活动、运动和体育教育的综合价值被严重低估。

本模型全面阐述其对个人和经济的价值，每一项“资本”是指一揽子的好处和结果，这些都是我们人生幸福和事业成功的基础。

运动的人力资本包括以下几个方面：

金融资本

可以改善 / 提高：

■ 收入
■ 工作上的成功
■ 生产力 / 工作表现
■ 士气 / 担当 / 工作量

可以降低：

---

①这部分编译自英国政府宣传手册。

■ 医疗保健成本
■ 缺勤工率
■ 出工不出力（假性出勤）

智力资本

可以改善 / 提高：

■ 学习成绩
■ 学习参与度
■ 工作完成速度
■ 行政职能 / 纪律 / 心理上的适应能力
■ 记忆力
■ 学术成果
■ 智力结构和功能
■ 精力集中能力 / 注意力 / 控制冲动能力
■ 学习
■ 多动症的管理
■ 年龄相关的认知
■ 下降（衰退）管理

身体资本

可以改善 / 提高：

■ 综合的运动技能
■ 体适能 / 身体表现
■ 心肺功能
■ 肌肉力量
■ 肥胖 / 体成分
■ 血脂
■ 骨骼健康 / 骨质疏松
■ 关节健康
■ 母婴健康
■ 康复和复原
■ 免疫系统功能
■ 睡觉模式
■ 营养 / 饮食

可以预防 / 治疗：

- 代谢综合征 /2 型糖尿病
- 整体病死率
- 心血管疾病
- 冠心病
- 高血压
- 中风
- 结肠癌
- 乳腺癌
- 子宫内膜癌
- 卵巢癌
- 肺癌
- 腰酸背痛

可以降低 / 减少：

- 摔倒
- 吸烟
- 少女怀孕
- 危险的性行为
- 吸毒
- 成瘾
- 自杀

社会资本

可以改善 / 提高：

- 社会习俗
- 社交网络 / 良性的社会关系
- 社会地位 / 社会担当
- 被社会接纳度
- 信任 / 团队精神 / 合作
- 公民参与
- 性别平等
- 残疾人平等
- 社区融合

- 和平 / 理解 / 恢复
- 安全和社会支持

可以降低：

- 犯罪
- 少年教养
- 团伙犯罪
- 各种不平等（社会经济地位、种族、信仰、宗教、性别）

个人资本

可以改善 / 提高：

- 体力活动知识和技能
- 社交技巧 / 生活技巧 / 非认知方面的技巧
- 运动精神
- 时间管理
- 目标设定
- 首创精神 / 领导力
- 诚实 / 正直 / 尊重 / 责任感
- 热心 / 内在激励
- 担当 / 自律 / 自我控制 / 毅力
- 果断 / 魄力
- 勇敢 / 勇气

情绪资本

可以改善 / 提高：

- 乐趣，快乐，满足
- 感觉好
- 自信
- 自我效能
- 身体形象
- 体力活动的内在激励
- 情绪

可以预防 / 治疗：

- 紧张
- 抑郁
- 焦虑

四、加深对运动的了解

知道自己对运动有多少了解和误解后，你就明白腰酸背痛和运动受伤不是无缘无故的，本来是可以避免的。

看看运动在英语里有多少词汇，有时候有些情景汉语也难以表达。在汉语中，我们说运动好像只有去运动场、去跑步等概念，看看英语里有多少情景：

- physical activity 是体力活动的意思，世界卫生组织定义：由骨骼肌产生的、需要消耗能量的任何身体活动，包括体育活动、职业活动、休闲活动，还有交通活动（如行走、骑自行车）等。中等强度的体力活动，如健步走、骑自行车或者做体育运动对健康非常有益，无论其年龄、性别或体重，运动都是每个人健康的重要要素

《2008 美国体力活动指南》建议，儿童每天进行 60 分钟或更多的运动，其中包括中等强度的训练，肌肉强化和骨骼强化的训练。该指南还鼓励成年人每周累积至少 150 分钟的运动或者训练。

- exercise 是体力活动的一个类别，指有计划的、分步骤的运动，目的是改善或者保持体适能，可以用在健身运动、运动疗法的表达上
- sport 这个词表示运动的时候，一般指竞技运动
- leisure 这个词一般指休闲活动
- recreation 这个词表示运动的时候，一般也指休闲活动
- fitness 这个词表示运动的时候，一般指健身运动
- bodybuilding 这个词表示运动的时候，一般指健美运动
- workout，work out，指一段时间的体育锻炼，尤其是指具训练性的运动，和 exercise 意思相近，只是这是更口语化的表达
- move 有运动的意思，动动你的手脚可以用这个词，motionless 有一动不动的意思。这个词根下面还有这样一些词：motion（运动），motor（运动肌），movement（动作），motive（运动的）
- locomote 有走动、移动的意思，植物不能自己移动、不能走动，可以在否定句用这个词。locomotor system——我们的骨关节肌肉神经组织组成的运动系统英文就是这样表达。这个词根下面还有这样一些词：locomotion（移动），locomotive（移动的），locomotory（移动的），locomobile（自力推动的）
- play 这个词表示运动的时候，一般要带上运动项目，如做篮球运动 play basketball

- training 这个词表示运动的时候，一般指训练运动
- conditioning，词典上的翻译是条件作用、训练、健身训练。这个词表示运动的时候，一般指调整状态、让身体更加健康强壮的训练活动、为比赛做好准备
    - ◎ 通过功能训练让身体各个部分的状态调整到最好、形成一体，协调一致、运转顺畅，有一些类似新车走合、修车后磨合的意思
    - ◎ 也有通过训练不断推高你的身体运动能力和达到最佳状态，稳如金字塔又身轻如燕、动如脱兔
    - ◎ 模拟各种运动场景进行的训练，使身体强壮到在遇到比赛等类似情况可以应付自如，保持放松状态，发挥正常水平，如同军事训练一样，军事训练的最高水平是“模拟现代战争多兵种协同作战的实战演习”
- mobilize 有运动的意思，同词根还有 mobile（可移动的），immobilize（使不动），mobility（移动性），mobilization（活动），immobilization（静止不动）
- kinesiology 是指研究人体运动的科学
- athletic（运动的），athletics（体育运动），athleticism（运动竞赛），athletically（竞赛地），这些词也都与运动有关

运动是青春之泉！达·芬奇也说：“运动是一切生命的源泉。”

所以，运动还是不运动？根本不是问题。问题是：

- “上士闻道，勤而行之。”你行动吗？
- 行动之后，一曝十寒吗？你可以长期坚持，将运动融入生活中吗？
- 既然运动了，方法合理吗？（本书赋予你火眼金睛和方法论）
- 运动的代价可以算出、可以控制，不运动的代价谁能算出呢？

第四节　人体运动系统的硬件和软件

> “生命不是一个等待解决的问题，而是一个等待体验的现实。”
>
> ——Søren Kierkegaard

人体运动系统负责完成身体的坐、起、立、走、跑、跳、跃、踢、蹬、踹、攀、爬、推、拉、抬、投、掷、劈、刺等运动功能。同电脑一样，人体完成这些功能的运动系统也由硬件和软件组成。

一、硬件系统

硬件由骨骼、软骨、关节、关节囊、韧带、肌肉、肌腱、筋膜和周围神经等组成，为更好地研究和科学训练人体的运动功能，我们可以把运动系统的硬件系统分成 5 个亚系统：

（一）骨关节亚系统

- 全身骨骼组成了人体的支架，维持外形
- 相邻的骨骼（包括软骨）由关节囊和韧带连接构成了关节，关节可以是微动的，也可以是活动度大的
  - ◎ 骨骼、软骨、关节囊和韧带等构成了关节的静态稳定系统，防止关节脱位

（二）肌肉肌腱亚系统

- 肌肉分两类
  - ◎ 姿势性肌肉——是深层的、小肌肉，作用是固定关节、在活动和负荷的时候维持身体的姿势和关节的位置
    - △ 肌肉和肌腱等构成了关节的动态稳定系统，防止关节脱位
  - ◎ 运动性肌肉——是浅表的、大肌肉，通过肌腱固定到骨骼上，跨过关节，肌肉收缩驱动关节活动，这样人体可以完成各种活动

肌肉细胞核在肌肉萎缩后并不会丢失。这些细胞核形成了某种形式的肌肉记忆（肌肉对于自身力量能力的记忆），从而使肌肉在重新接受训练刺激后快速恢复它的能力。对于训练的启示：

- 即使由于缺乏练习并导致了萎缩，肌肉仍保留了对自身之前能力的记忆
- 如果你之前肌肉训练水平很高，恢复起来很容易，即使对于年龄更大的人也是一样
- 这还可以解释同是 ACL 重建术（前十字交叉韧带断裂重建手术），为什么肌肉水平训练好的运动员恢复得更快

（三）神经亚系统

神经系统由中枢神经系统（大脑与脊髓）和周围神经系统（连接运动系统的硬件和中枢神经）组成，具有三大基本功能：

■ 感觉功能

◎ 丰富的外周感受器分布在肌肉、肌腱、关节囊、韧带、软骨等组织上，为大脑提供对身体的感知力

◎ 当身体功能良好时，这些感知信号准确，关节和肌肉功能对信号自动反应良好，可以保护身体、动作效率高

◎ 当肌肉紧张或者无力时，关节僵硬或者不稳的时候，这些感知信号不准确，关节和肌肉功能对信号自动反应不好，会额外增加身体的应力、增加疲劳、影响运动表现

◎ 训练本体感受能力，可以提高身体的平衡性、协调性和对特定情境的无意识动作反应能力，增强运动能力，降低损伤风险

■ 整合功能

◎ 分析和破解感觉信息

◎ 做出正确决定

◎ 身体产生适当的反应，调动肌肉，身体的每个部分发挥正常功能

◎ 学习动作模式

■ 运动功能

◎ 是神经和肌肉对感觉信息的反应。例如，肌肉过度伸展时会引起肌肉收缩；在不同的地面走路会改变走路模式

◎ 身体只有在反复不断使用功能模式时，指挥身体动作的神经系统才能启动一个确定的动作模式

△ 肌肉没有记忆动作的能力

△ 动作模式储存在神经系统中

△ 错误的动作模式不能在神经系统中删除

△ 只能通过打造并不断使用正确的动作模式，来弱化不良的动作模式

△ 对身体健康而言，正确动作模式的功能训练远比休闲运动重要

△ 自发的、未经审视的运动，多数情况下是错误的或者有代偿的，因此不能过多，多了会出现伤痛

△ 最好是做正确的、定制的运动锻炼，这样的运动经常做，身体会越来越强壮，不会轻易受伤

（四）筋膜亚系统

长期以来筋膜是不受重视的一种组织，无论是在医学院的教学里还是外科医生的手术中，筋膜都是被忽视的对象。近年来筋膜在慢性疼痛的研究、认识和治疗中越来越受到重视，以致形成了几个门派，我认为有必要把筋膜系统也看作运动系统的一个亚系统。

筋膜是将所有运动器官的结构连接在一起的元素，经过研究发现，筋膜具有广泛的作用：

- 筋膜是联合肌筋膜序列的单向运动单位
- 筋膜联合不同节段进行螺旋式的运动组合
- 筋膜通过序列，为传入神经提供了方向性意义
- 通过肌外膜，筋膜让肌肉保持了稳定性
- 通过腱鞘，筋膜提供了一个可滑动的组件
- 筋膜强化了关节囊和韧带连接
- 不良姿势、缺乏柔韧性和重复的动作会把纤维拉成一个固定的模式

尊重你的身体：如果伤了你还跑步，或者跑步瘸着回来，请要注意：你的筋膜会对你新的力学模式做出反应，最后，即使痊愈了，也有可能还维持受伤后的动作模式。

筋膜主要是由致密的胶原纤维组成的，在皮肤下面，包裹整个身体向深层像蜘蛛网一样展开，由片状、绳索状、后袋状的结构连成一体。我们被筋膜保护着、连接着，就连体型也是由筋膜维持。在我们的每个动作和每个损伤中筋膜都是重要的参与者。

筋膜相互交织包绕在全部器官、肌肉、骨骼和神经纤维的周围，赋予身体一个富有功能的结构，这个筋膜环境也使得身体的各个系统能够以一个整体的方式进行运转。

筋膜系统是由一个三维的、有的疏松有的致密的纤维结缔组织组成的连续体，遍布整个身体，可以分成以下诸多成分：浅筋膜和深筋膜、脂肪组织、神经外膜、血管外膜、血管神经鞘、腱膜、关节囊、韧带、肌腱、膈膜、脑脊膜、肌筋膜扩张部、骨膜、支持带、内脏腱膜以及肌肉内和肌肉间的结缔组织。

筋膜的基本特性和作用

- 强韧，滑顺，湿润
- 包裹身体内部每一部分，使其彼此独立，让它们容易随着你的动作而滑动
- 它按照工程学、平衡和对抗张力的设计，将身体的各个器官连接起来构筑成一

个灵活、柔韧、有弹性的身体单位，没有筋膜，人就是一大堆骨头、脂肪和肌肉。筋膜是将所有运动器官的结构连接在一起的元素

◎ 通过肌外膜，筋膜让肌肉保持了稳定性

◎ 它形成包绕每块肌肉外面的鞘膜。与其说人体有 600 多块肌肉，还不如说是一块肌肉倒在了 600 多个筋膜网袋中

◎ 筋膜是联合肌筋膜单元和序列的单向运动单位

◎ 筋膜联合不同节段进行螺旋式的运动组合

◎ 通过腱鞘，筋膜提供了一个可滑动的组件

◎ 它把内脏器官连接到肋骨上、肌肉上，把你的所有骨骼连接起来

◎ 筋膜强化了关节囊和韧带连接

◎ 筋膜比较硬，可以抵抗过度的牵拉，起到紧急刹车的作用

◎ 筋膜把身体和所有肌肉编织成多维度的运动链条，是张力传递的基础，让运动以最优方式完成

■ 在胚胎形成初期，筋膜引导神经分布，形成神经鞘

■ 筋膜构成中枢神经系统的支架

■ 筋膜通过序列，为传入神经提供了方向性意义

■ 通过骨膜，在出现骨骼紊乱或骨折时筋膜可发出信号

■ 筋膜围绕静脉和动脉血管和神经形成血管神经鞘

■ 筋膜是炎症，修复和代谢活动的部位

■ 筋膜是联系外部温度与内部温度的组织

筋膜在人体解剖学中长期被忽视，筋膜是动作 / 稳定性方程式中缺失的元素——这已经是过去的知识结构了，现在我们知道：

■ 筋膜是最丰富的感觉器官

■ 筋膜不只是像塑料袋一样的包裹

■ 筋膜拥有独立于所包裹肌肉之外的收缩能力，不需要你的意识指挥，自己对张力做出反应——不管是好是坏，筋膜在影响你的动作，影响你运动的方式

■ 一旦筋膜收紧，就不容易放松，每平方米承受 907.2 吨的压力，所以不能强力拉伸，拉伸筋膜要轻柔

就算在按摩师、物理治疗师和正骨师的手底下，筋膜也是一个被忽视的因素，但也是他们一直在苦苦寻找的一个环节。筋膜长期被忽视的原因有：

■ 筋膜是杂乱的一类组织，很难研究

■ 由于其延展性大，难以单独命名

- 功能难以捉摸，比其他组织更微妙
- 主流的医学观点一直认为骨骼是架子，肌肉是动力，筋膜就是包裹
- 医学院的解剖课上，筋膜被尽量剪掉，以便看清楚其下的重要组织

筋膜与我们的关系

筋膜就像一件巨大的T恤衫，把人体从头到脚包裹得严严实实，你不能只动一处筋膜而不牵动别的部分，如果不动用筋膜也不能做任何动作。

现在，拉住衬衣的领子，坚持8个小时，这正是你一天里伏案工作，或者使用计算机或者握方向盘的时间；现在，拉领子2500次，这是你跑半个小时的步数。这时候你的领子可能已经不太好看了。幸运的是，你的筋膜比衬衣更结实，并且有自我愈合的特性。健康状态下，筋膜光滑、柔软、容易滑动，允许你在任何方向上活动、牵拉到足够长度，还总能复原；不幸的是，你的筋膜不可能总保持理想的柔韧性、形状和质地，需要你的爱护。

- 不活动会把以前柔软的纤维固定在原位
- 慢性的张力引起纤维变粗，以期保护下面的肌肉
- 不良姿势、缺乏柔韧性和重复的动作会把纤维拉成一个固定的模式
- 筋膜表面不正常的运动会使筋膜之间产生黏连，时间一长这些黏连强到一定程度后就会影响关节的活动度，产生疼痛
- 当你的肌肉长期紧张，肌肉周围的筋膜也会绷紧。时间长了，筋膜变得坚韧，就会挤压肌肉和神经，产生疼痛
- 在卡住不能动的和损伤的筋膜纤维内，会形成黏连；黏连一旦形成，很难消除
- 好消息是筋膜纤维的每个损伤都是可逆的，筋膜给你造成的每个问题都是可以避免的
- 你用拉伸、泡沫轴和按摩呵护你的肌肉，通过饮食和护具爱护你的骨骼，却不知道筋膜也需要关爱
    - ◎ 活动：像猫打盹后一样，每天早晨醒来第一件事是在床上滚一滚，从头到脚拉伸
    - ◎ 喝水：保持润滑
    - ◎ 拉伸肌肉
    - ◎ 轻柔拉伸筋膜，保持拉伸状态3~5分钟
    - ◎ 放松：在办公桌前身体僵硬了一天，下班后15~20分钟的热盐浴可以放松筋膜，把肌肉从束缚状态解脱出来，然后再用10分钟的轻松活动防止血液聚集在肌肉里

◎ 用泡沫轴放松：与肌肉不同。动作轻柔、缓慢，发现紧张的部位时维持住，保持压力 3~5 分钟。按摩同理

◎ 尊重你的身体：如果伤了你还跑步，或者跑步瘸着回来，要注意

△ 你的筋膜会对你新的力学模式（受伤后身体力学模式会改变）做出反应

△ 即使痊愈了，也有可能还维持受伤后的动作模式

△ 最好是拿出一些时间，好好治疗一下筋膜，不要能忍则忍、久拖而形成慢性疾病

◎ 去看筋膜专家：有各种流派的筋膜专家，Rolfing（罗尔芬健身法）学派激进一些，筋膜解旋手法则很温柔，有些手法与按摩相似，另外的则是筋膜长度的牵拉

◎ 去看动作治疗师：通过语言提示、轻触摸和简单的运动来纠正下意识、具有破坏性的动作模式

最后的提示：迁延不愈的伤痛，可能就是遗漏了治疗筋膜这个环节。

（五）呼吸亚系统

虽然呼吸系统在解剖上不是运动系统的组成部分，但是呼吸是最重要的生命特征，所有关心生命质量的运动和健身乃至康复治疗都必须强调呼吸训练，所有的冥想、打坐等活动都强调呼吸，所以我们把呼吸也视为运动系统的一个亚系统。

二、软件系统

软件是大脑的运动控制程序，大脑不会识别单个肌肉的活动，只会认识动作模式，并把该动作模式涉及的所有肌肉协调起来，这种协调和动作顺序就是一个控制程序，控制程序的编制过程是通过运动习得的：

■ 小孩在发育的过程当中，通过反复尝试和试错，产生有效的运动控制程序

■ 青春期以后，每一次学习一个动作模式就会产生一个运动控制程序

◎ 身体的灵活性和稳定性影响运动控制程序，如果灵活性或者稳定性不好，动作模式会出现代偿，由此生成的运动控制程序也不是理想的

◎ 若存在错误的动作模式和不理想的运动控制程序，与此相连的动作模式和运动控制程序也会受到影响，相当于在不稳的地基上建房子

运动控制程序是人体的效率体现，可以节能和节省在大脑内的储存空间。运动控制程序分为两种：

- 通用运动控制程序，或者叫作基本程序，对所有人都一样，是通用的人体动作，是特殊运动控制程序发挥作用的平台。包括以下信息
  - ◎ 最大范围
  - ◎ 身体重心
  - ◎ 左、右旋转的极限
  - ◎ 走路步伐
  - ◎ 跑步步伐
  - ◎ 下蹲是什么感觉
  - ◎ 弓箭步是什么感觉
  - ◎ 平衡
- 特殊运动控制程序，根据运动控制程序的正确与否，又可以分为

  - ◎ 正确的——当用正确的姿势完成动作时，动作模式正确，通过习得，动作模式被记录到大脑，成为运动控制程序
  - ◎ 错误的——当用不良的姿势完成动作时，动作模式错误，通过习得，动作模式也被记录到大脑，也成为运动控制程序

所以，在运动训练时强调姿势和动作模式的正确非常重要，这些是基础。

运动水平提高要知道的基本知识点是：

- 某个运动控制程序用得越多，越得到强化
- 正确的运动控制程序使用得越多，越有效率、越完美
- 错误的运动控制程序使用得越多，效率越低、越容易受伤
- 以前说的“熟能生巧”
  - ◎ 现在看来是不对的
  - ◎ 应该说：正确的训练方能熟能生巧

所以，如果一个人的动作是错误的，应该从软件、硬件两方面去思考解决方法。

常常有这样的错觉：

- 错觉 1：只要有足够的练习，软件即运动控制程序就会得到优化和改善。实际上，只有硬件良好，姿势正确、动作模式正确，练习才能优化软件
- 错觉 2：认为通过刻苦训练，就会拥有理想的硬件，即外形

◎ 其实，训练可以增肌和提高耐力，如果方法不当则只会改变外形而功能不佳

◎ 只有姿势正确、动作模式正确，努力练习才能优化硬件——功能良好下的外形美，即猎豹美

感知和沟通在生活、工作、人际交往中重要，在人的运动系统中同样重要。人体也一直在捕捉这些感知，他不喜欢紧绷或者软弱的肌肉，这会使关节僵硬或者力线不良，不能很好地支撑身体，不能有效地完成以下对话和沟通：

- 关节与大脑的对话
- 肌肉与大脑的对话
- 关节和肌肉之间的交流对话
- 大脑向肌肉发出的指令
- 当关节和肌肉不能一起有效地工作时，大脑就不能获得必要的信息来帮助挑选合适的运动控制程序做出反应，如不再会这样提示“用左脚着地，不要用右脚着地，要不就绊倒了”
- 在你做事时眼睛只会看一个地方，其余的所有感知都来自于关节和肌肉

◎ 关节通过位置和动作来告诉你身体的处境

◎ 肌肉通过张力告诉你：你是怎么运动的？强度如何？

所以，训练就是训练感知，感知非常重要

◎ 不用去思考，思考需要太长的时间

◎ 合适的训练和重复可以培养潜意识，使你在比赛时能够用熟练的动作让自己放松和舒服

三、结论

有人说汽车就是由钢铁、塑料、玻璃、橡胶等原材料有机组合而成的一部运转良好的机器，有驱动系统、能源系统，也有电子感应指挥系统。其实人体也是这样的一部机器，由血管、神经、肌肉、骨骼、软骨、关节囊、韧带、肌腱等组成的硬件系统，细胞内的供能系统和中枢神经的软件指挥系统等共同构成。

- 不管是代步的小车、高级轿车还是跑车，基本功能都是移动，基本要求一样：组件良好，组合成的整体协调运转

◎ 普通人、运动爱好者和职业运动员，基本功能也是一样的，都是完成移动和动作，基本要求也是组件良好、整体协调好

- 好的运动训练就是磨合人体的硬件系统、细胞内的供能系统和中枢神经的软件

指挥系统，达到

◎ 身体姿态良好

◎ 身体的移动性能良好

◎ 身体的动作流畅、节能

◎ 身体对肌肉和运动控制力强

因此，普通人、运动爱好者、职业运动员都需要好的运动功能训练。

■ 汽车需要定期维护——定位、平衡、调校、协调，如果只管加油、开车，则会故障频发、过早报废

◎ 绝大多数人的身体远没有汽车那么幸运，生活几十年往往都是有病就去医院大修，从不保养。身体通过代偿、自身修复来自我保养，正所谓自生自灭！代偿太多、太久的时候轻则腰酸背痛，重则大病，甚至过劳死

■ 康复师和功能训练师评估、治疗、训练就相当于在4S店维护保养汽车，而自己采用良好的生活方式、进行正确的运动，就是自我保养维护

■ 人体骨骼肌肉组成的运动系统运转良好的表现是无疼痛不适、精力充沛，其中运转良好的特征是

◎ 对称性：肌肉力量和完成的功能性动作左右对称

△ 久坐的现代生活方式会使某些肌肉有力或者无力、某些肌肉灵活性增加或者降低，是身体对称性的最大破坏者

◎ 能量配套：身体供能系统为肌肉要完成的动作提供充足的能量

△ 没有合理的训练，即使天天享受帝王一样的美食和一掷千金的保健品，上二楼也会气喘吁吁、一身虚汗

◎ 代偿少：各就其位，各司其职，每块肌肉都不偷懒，也没有肌肉长期做额外工作，没有能量泄漏，无体力透支

△ 认真维护和专业保养是减少代偿的关键措施

第五节　身体的代偿是一把双刃剑

"是故，刚柔相摩，八卦相荡，鼓之以雷霆，润之以风雨，日月运行，一寒一暑。"

——《易经·系辞上》

不管是健康的人还是不健康的人，身体都存在各种各样的代偿。

代偿是指当身体某一器官或组织因各种原因受损后或不能维持现状、功能失效时，人体调动未受损部分和有关的器官、组织或细胞来加强、替代或补偿其代谢和功能，使体内建立新的平衡的过程。如果不能完成正常的功能或者没能达到新的平衡，叫失代偿，此时身体就处在病理状态，发生伤病。

代偿是身体正常的生理机制，有助于人类继续在大自然中生存，也可以帮助身体在受伤或者挑战极限时，持续运动下去。但当代偿成为你身体活动唯一的选择时，不仅影响你身体的动作效率、协调性与学习能力，还会因容易疲劳而增加受伤概率。身体做动作时，如果动作模式做得不正确，就会发生代偿，即关节力线、肌肉协调性和姿势都不在理想状态。

代偿可以分为：

- 器官代偿，一个肾脏由于疾病而被切除，另一个肾脏则会肥大，甚至可能增大一倍，以代偿切去的肾脏的功能。正常的器官都有一定的储备力，平时都有一部分功能单位处于静止或功能极低的状态，在发生生理性需要时，这部分细胞或组织的功能会增强起来
- 肌肉代偿，人要做一个动作，需要多块肌肉的协同工作，有的起主要作用，有的起协助作用。当某块肌肉不能发挥正常的作用时，为了完成动作，其他肌肉工作量会增加或者原先不参与该动作的肌肉就会参与进来
  - ◎ 在针对性训练中，代偿是不好的现象。正常人做动作时，出现肌肉代偿的现象，应该停下来，因为这样起不到锻炼主动肌肉的作用，还容易损伤协同肌肉
  - ◎ 在某肌肉受伤运动功能丧失后，代偿是种好的功能，可以维持原有运动的进行。如康复人群，主动肌肉已经受损无法恢复，恰恰需要通过肌肉代偿的训练来帮助他重新完成某些必要的动作，这是康复治疗中的一种常用手段

- 肌肉代偿有几种情况
  - ◎ 疲劳时向其他肌群借力
  - ◎ 某些肌肉肌力弱或者处于被抑制状态
  - ◎ 神经损伤导致所支配的肌肉力量薄弱
  - ◎ 协同肌主导，人体要完成某个动作，需要有原动肌发挥主要功能，协同肌起到辅助完成的作用，当原动肌出了问题，那么协同肌就要进行代偿来行使原动肌的功能
- 产生代偿的原因
  - ◎ 呼吸模式异常
  - ◎ 外部因素，如皮肤损伤、鞋里有石子
  - ◎ 结构问题，如脊柱侧凸的上下节段会出现相反方向的侧凸
  - ◎ 关节囊紧
  - ◎ 关节周围肌肉力量不平衡，一侧肌肉紧、僵硬、过度激活
  - ◎ 筋膜紧张
  - ◎ 疼痛
  - ◎ 运动控制欠佳
  - ◎ 神经张力异常

人要学会与身体对话，倾听身体的声音，如疼痛、不适，要对其重视，不要忽视。身体的代偿是一把双刃剑——宝剑无声，却无比锋利；宝剑不出鞘，出鞘必有大事。

普通人对健身没有科学的认知，自己摸索举铁练器械，盲目错误地使用身体，造就了花样百出的代偿现象：

- 硬拉训练，没有用腿部力量伸膝伸髋，为了完成这一动作身体就会使用下背部的肌群来主动发力，原本硬拉的主动肌应该做的却被协同肌给做了，久而久之就造成腰痛
- 当人体的臀中肌力量薄弱时，人在额状面即左右方向的稳定性变差，这时候为了维持稳定性，阔筋膜张肌会代偿，通过增加张力来拉近其连接的髂胫束，从而提高人体在额状面的稳定性
- 有的上班族经常跑步，小腿越跑越粗，很可能是因为长期坐着，臀肌、腘绳肌、“核心”、胸椎整个后侧链都紧张薄弱。但跑步是一个位移性的整体运动，需要全身协同工作，任何一部分缺失都会造成代偿，导致本来顺畅的动力链发生扭曲。有的人是小腿肌肉发生代偿，就会使小腿越跑越粗，严重时有的人会膝盖伤、脚踝伤、骨盆倾斜、腰痛

■ 卧推耸肩导致肩袖肌群代偿发生损伤
■ 深蹲核心不稳后侧柔韧性差，导致身体前倾伤了腰
■ 练高翻不会蹬踏挺髋发力而用手拽，损伤肘关节

还有一种常见的代偿：

■ 腘绳肌代偿，刚开始学走路的小孩和老年人，为防止站立时重心不稳向前跌倒，屈膝即腘绳肌收缩让重心可以更低、更安全，实现自我保护功能

第六节　劳损是怎么发生的？

“好雨知时节，当春乃发生。随风潜入夜，润物细无声。”　——杜甫

身体摔倒或者碰撞造成的急性损伤比较容易理解，而另一些损伤是滴水穿石一样产生的，日常生活、工作和运动慢慢损伤身体，例如过顶运动员的肩膀逐渐开始疼痛，久坐的人逐渐发生腰痛，这样的慢性累积性损伤都是劳损。

劳损是微创伤累积的结果，微创伤是由身体长时间受到小的应力造成的，而这些小的应力是由不良的生物力学和过度训练或过度使用造成的。

不良的生物力学是指身体的错误动作，身体做错误动作时就会出现：

■ 身体代偿
■ 关节力线欠理想
■ 肌肉协调能力不佳
■ 姿势不良

这些诸多小缺陷不会被外行发现，也不会立即造成身体的伤害，一般不会影响运动成绩，常表现为疲劳。如果不注意训练基础体能和专项技术，这些小的瑕疵就会表现出来。

错误的动作模式做多了会造成伤害，但是即使动作模式无瑕疵，做多了也会造成伤害。

即使没有以上的不良生物力学发生，过度训练也可以造成微损伤。

还有另外一些容易被人忽视的原因，也可以造成微损伤，也应该引起重视：

■ 热身不够
■ 身体缺乏感知

■ 休息不足
■ 没有恢复训练
■ 营养不足，尤其是不合理的节食
■ 缺水

微损伤积累到一定程度，身体就会出现疼痛——身体提醒主人要重视了；如果主人忽视疼痛，不及时治疗消除隐患，受累组织则会发生断裂等明显损伤。

倾听身体的声音，重视疼痛。

润物细无声，长年累月，健身运动做得对逐渐让身体强壮，做得不对让身体积累小的伤害最后成为大的伤害。

爱惜身体，细微之处见功夫。学习是一种优秀品质和能力，投入学费，投入时间，投入精力。你身体的健康指数和投入成正比。

第七节 扳机点

扳机点是肌肉的一个小区域，相当于中医里的“阿是穴”，与其他部位肌肉不同，这里对压力特别敏感——施压后会产生收缩、烧灼感。扳机点的发生一般认为与以前肌肉的微创伤或者挫伤有关。扳机点容易发生的部位：

■ 异常紧张的肌肉
■ 锻炼成大块头的肌肉
■ 过分牵拉的肌肉
■ 静止不用的肌肉
■ 不合理使用的肌肉，如因为紧张、力弱而出现代偿的肌肉
■ 受久坐不动影响的某些肌肉，如颈部的某些肌肉

肌肉存在扳机点，有很多危害：

■ 增加整个肌肉的张力
■ 造成身体其他部位的疼痛——牵涉痛、转移痛
■ 导致存在扳机点肌肉本身的疼痛
■ 导致临近扳机点的关节疼痛

扳机点的有效治疗方法是滚动泡沫轴或者圆棍。

- 用泡沫轴或者圆棍集中在扳机点部位来回滚动，比牵拉或者按摩整块肌肉更有效
- 扳机点放松后，一定要进行牵拉和力量训练，不然扳机点容易复发

如果经过上述泡沫轴滚动、牵拉和力量训练后，扳机点没有很快改善，那要注意了：

- 可能有其他原因
- 或者疼痛部位根本就不是扳机点，而是别的问题

必要时，找运动医学专家会诊。

第八节　即使能承受生命之轻，也不能承受医疗之重

> “笨蛋才从自己的经验中学习，我宁愿利用他人的经验。”　　——俾斯麦

生命，或重于泰山，或轻于鸿毛。在此，我们没法用天平去衡量每个人的生命孰轻孰重，但用消费观却可以观察出一个人把自己的命看得多重。因为有时候挣钱的能力不能全面地反映一个人，而花钱和支配财富的方法却能看清一个人的：

- 格局、视野和胸襟
- 思维——人生的方向、基调
- 人格——是阳光正能量还是阴暗负能量
- 眼力——明朗犀利还是昏花混浊
- 方法论——正当、磊落还是狡诈、龌龊
- 有孝心、重亲情还是冷漠
- 理性还是反智

■ 勇气大小……

关于健康方面的消费观，完全可以折射出一个人的科学素养以及把自己的生命看得多重：

■ 怕食材不安全，只吃特供或者自己动手丰衣足食
■ 买保健品一掷千金
■ 吃饭喝酒一次少则几千，多则上万
■ 买高级化妆品不惜血本
■ 做手术少则几万，多则数十万
■ 对绿色、科学的健康管理方法，如健身运动和功能训练及货真价实的主动维护健康的活动等，却熟视无睹
  ◎ 即使有机会尝试，很多人也选择擦肩而过
  ◎ 借口最多的就是“没有时间”“浪费时间”“挤不出时间”
  ◎ 没有专业思维，认为买一张健身卡就可以自己锻炼或者练到肌肉发达就能完成健康使命
■ 我们可以为科学运动、主动维护健康算一笔账，看看
  ◎ 紧致的皮肤值多少钱
  ◎ 柔韧的关节值多少钱
  ◎ 厚实、功能强大的肌肉值多少钱
  ◎ 性感的身材值多少钱
  ◎ 好心情值多少钱
  ◎ 阳光自信值多少钱
  ◎ 多赢球值多少钱
  ◎ 少受伤值多少钱
  ◎ 好体力、高效率为你赢得的贵人相助、好工作、上司青睐值多少钱
  ◎ 高质量地多活十几二十年值多少钱
  ◎ 晚年拥有独立生活能力值多少钱

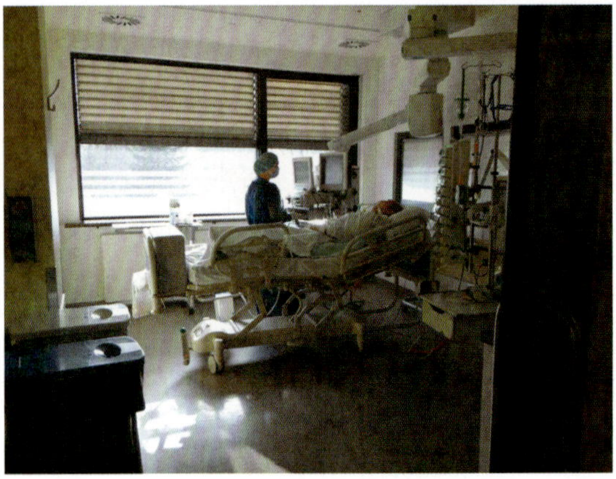

这个总的钱数不同的人会有不同的算法，不管是百万级的还是亿级的，问题是为了得到诸多一揽子健康元素：

- 你愿意出多少钱呢
- 你愿意花多少时间呢
- 你愿意用多少心思呢
- 还是想不出钱、不花时间、不用心思呢？

如果不重视预防，伤病之后住医院治疗不但家庭负担重，国家也负担不起。

美国医保机构统计发现，50% 以上的医疗保健费用是花在医院和诊所上的，说明他们的身体健康维护是在医疗机构，而不是在家里进行的。我们应该主要在家里维护健康，我们要践行健康的生活方式。

近来，美国的健康政策研究者反思：

- 当 19% 以上的 GDP（国内生产总值）花在医疗产业上，那么这种以医院和医生为中心的医疗保健是可持续的吗
- 或许应该转向以病人为中心，在这个生态系统中只有用户对自己的健康拥有巨大的影响力，才应该是医改的方向
- 如果医疗保健的三重崇高目标是降低费用、改善疗效和提高就医体验，那么目前的状况就必须改变
- 如果认为大部分医疗保健应该在机构里完成，病人健康常识不足，也就不值得信任，那么就无法改变现状
- 要给用户授权，让他们尽量自己管理健康——教给方法、提供数据
- 健康追求者需要负起责任，主动付出行动，而不是被动接受和依赖

对于我们所有人来说，哪个人不想在生活的各个方面都成功、发达？若想成功、发达，首先要从健康开始，如果健康不优先、不放在第一位，那你就没有精力给其他方面。你的注意力在哪里，你的能量就流向哪里。

较好的健康 = 较好的思维模式 = 较好的人际关系 = 较好的工作 = 较好的任何事情……信不信由你。

但是，在现实情况中，为什么健康总排在第二位呢？健康是我们最有价值的财产，而我们却懒于维护健康，为什么？

现实是这样的：在它成为问题前，它不是个问题。

- 对于一个运动员来说，体重多了 10 千克不是一个问题——直到有一天不能打满整场比赛、击球速度下降、防守被完爆、投球失准、媒体公开喊你软脚蟹……
- 对于 40 多岁的人来说，工作感到压力不是一个问题——直到有一天第一次发生心梗、血压升高，或者真实地感到身体快要崩溃，或者老气横秋看起来比实际年龄大 20 岁……
- 对于一个老年人，肌肉萎缩、体重减轻、骨质疏松不是一个问题——直到有一天摔倒后发生骨折，住院手术……

这时候你才真正考虑运动、康复训练的重要性……但愿还能来得及。

一旦问题真的发生了，赶快行动！争分夺秒！阻止恶化！

很多人平时不注意维护健康，可能有一种潜意识：不用怕，我有钱可以住最好的医院，我有关系我地位高可以找最好的医生。作为一个医生我真诚地建议："抛弃这些幻想！"很多时候不是把肿瘤切了、把断的筋接上、把堵住的血管放个支架……就万事大吉了，大医院和名医也只是解决主要问题，并不能把患者以前对身体维护上的欠账和缺漏一次补上。翻一翻历史书，如果一个朝代从皇帝到权臣再到芝麻官都乱了套，只杀一个大臣就能挽救混乱的朝纲和动荡的社会吗？为什么股骨颈骨折换人工关节与股骨头坏死换人工关节相比，一般情况下前者术后的功能恢复得较快而且较好？因为前者是一个链条节点刚坏掉，换了就好了，而后者虽然也是一个链条节点坏掉，但是因为时间较长，这个节点的上下左右甚至整个链条都已经有问题了，很多代偿情况已经存在，换一个节点并不能解决全部问题。

每次给七十几岁老人家做膝关节置换手术时，我都在想如果这个人是在四五十岁的时候碰到我，我有办法让他避免今天的手术。而再出门诊的时候，虽然我愿意介绍一些康复训练的方法，但是很少有人专心听，积极、热心、肯付出行动的就更少了。

能积极主动反省自己的生活方式，抢在健康发生问题前主动平衡自己的生活，这才是根本。如果不良的生活方式是受伤生病的根本原因，在健康的账本上有太多的欠账、坏账，一个手术、一些药粒当然不能治本。有些人根深蒂固的所谓的"治本"的方法，也只是一厢情愿。想一想凭几副药或者几盒药就能治本吗？就能把长期的欠账和坏账搞定？抛弃仙丹、神医、半仙的治病思维，溯本求源，从健康的生活方式开始，从现在开始。

可能会有人发现，虽然现在他正在收获事业的黄金期，但是却已耗尽了整个生命……

捍卫你自己的健康！

采取行动！
赢得时间！
确保在健康的赛道上取胜！
然后开始枝繁叶茂！
生命只有一次，让她伟大！

第九节　健康的“lollapalooza 效应”

“唯一的善是知识，唯一的恶是无知。” ——苏格拉底

“人的知识就像一个圆，圆圈外是未知的，圆圈内是已知的。你知道得越多，你的圆圈就会越大，圆的周长也就越大，于是，你与未知接触的空间也就越多。因此，虽然我知道的东西比你们多，但不知道的东西也比你们多。” ——芝诺

Lollapalooza 有几个方面的含义：

- 用作名词时，指出类拔萃的事物
- 指通过专注、好奇、毅力和自我批评的结合而获得特殊能力的、精通多门学科的人
- 两种以上力量共同作用于同一个方向，而且你能得到的通常不仅仅是几种力量之和。当可裂变材料质量达到一定程度，即临界质量时，就能发生链式裂变反应；如果没有达到那种质量，就什么也不会发生
- 查理·芒格为那些相互强化，并极大地放大彼此效应的因素而发明的词就是“lollapalooza 效应”
  - ◎ 健康管理应该利用好“lollapalooza 效应”，这也是 lollapalooza 这个词在本书里的意思
  - ◎ 以前肺结核很难治疗，多年以来采用 3 种以上抗结核药联合治疗，大多数病人得以治愈

◎ 人体最粗大强壮的跟腱，怎么会在运动的时候没有发生踩踏、碰撞，随便一个动作就断了？就是以下因素共同作用，导致了“lollapalooza 效应”

△ 疲劳

△ 热身不够、不合理

△ 身体存在严重的肌肉代偿

△ 运动控制不佳

△ 分心走神，缺乏专注

■ 我们的健康状况是由以前的生活习惯和工作、运动中的各种因素的合力决定的，所以要

◎ 利用正面的“lollapalooza 效应”，维护健康

◎ 避免负面的“lollapalooza 效应”，预防伤病

■ 如果下面的元素你都具有，产生正面的“lollapalooza 效应”的结果是什么呢？“看病难、看病贵”跟你没有任何关系，你甚至不知道医院的门朝哪边开

◎ 正确的思维模式

◎ 正确的呼吸模式

◎ 正确的饮食模式，为身体的细胞代谢和组织改建提供丰富的原材料

◎ 正确的运动模式

◎ 正确的动作模式，克服代偿、能量泄露

◎ 足够的休息

◎ 恢复再生性训练，减少训练带来的身体伤害，促进身体再生、适应

◎ 五维而治，达到心灵健康、精神健康、心理健康、身体健康、智力健康

■ 警惕负面的“lollapalooza 效应”导致伤病和猝死

◎ 除了不可抗拒原因造成的身体伤害，其实身心健康都可以找到渊源，疾病也可以找到源头，甚至可以找到为什么你“腰闪了”“脚扭伤了”“踢球摔倒，造成膝关节前交叉韧带损伤”但别人不伤的合理解释

◎ 更可以为你找出身体弱点，制订方案有效预防这些闪腰、扭脚和损伤韧带等所谓的“意外”

■ 如果一个人占有以下情况的一半，这个负面的“lollapalooza 效应”威力堪比核爆炸

◎ 年龄，岁月对身体的腐蚀

◎ 地心引力对人体的牵拉、伤害

◎ 雾霾

◎ 水源食材的污染
◎ 生活和工作的固定某个动作和习惯姿势
◎ 小伤小病造成的代偿
◎ 久坐不运动
◎ 不合理的运动模式
◎ 不合适的饮食模式
◎ 劳累，休息不足
◎ 工作压力大
◎ 人际关系复杂
◎ 家庭矛盾多
◎ 呼吸模式不好
◎ 便秘
◎ 烟酒过度

见过三四十岁的人轰然倒下，猝然离世吗?

■ 现在，你还会认为是纯属偶然吗

■ 现在，你还会认为是天妒英才吗

你想要自己的身心形成正"lollapalooza 效应"还是负"lollapalooza 效应"？开关在你自己手里!

第十节　生理年龄方程式
——绿色高性价比的抗衰老秘籍

"我永远没有长大，但我永远都没有停止生长。"　——阿瑟·克拉克

"我想除了又老又胖，我并不那么介意变老。我应该不会拒绝从头到尾把生活再过一遍：只是希望获得唯有作家才有的特权，在再版的生活中修正初版的错误。生活的悲哀在于，我们总是老得太快，而聪明得太慢。等你不再修正的时候，你也就不在了。"　——本杰明·富兰克林

追求长寿是每个人的愿望，很多人很多时候忽略了一个前提——健康。没有健康的长寿是没有意义的，谁愿意无限延长病痛、没有独立生活能力、卧床靠别人伺候来

维持生命？估计不多。

问题远没有那么简单。没有健康，人不可能长寿，即使靠呼吸机和胃肠外的营养供给可以长久地维持生命，却不值得追求。如果没有健康意识，一味追求长寿很可能会危害健康。

- 古代帝王是其所生活时代拥有最多资源的人，越是遍寻民间秘方、派遣众多高人去炼长生不老丹的皇帝，越容易早死。现在学者研究发现，很多丹药含毒危害健康，丹药不但没有让这些人上人长寿，反而会令其中毒身亡
- 如果用被动的方法追求长寿，没有主动维护而保持的健康做支撑，恰如这句话代表的意思：皮之不存，毛将焉附

为了探究健康的长寿的秘密，获得健康密码，首先要知道人体衰老的几个基本知识：

- 肌肉质量在 25~30 岁达到峰值，随后每十年萎缩 8% 左右
- 肌肉萎缩的特点是优先萎缩快反应纤维和运动单元下降，从而导致肌肉的动作准确性降低，容易受伤
- 骨骼质量在 35 岁达到峰值，随后每一年丢失 1% 左右
- 血管老化是所有组织器官老化的直接原因

根据医学知识、生活观察和体能训练的研究，我总结出一个生理年龄增长方程式：生理年龄 = 实际年龄 + 自然老化 + 更新改建。

- “实际年龄”可以精确到秒，没有一丝更改的可能
- “自然老化”虽然不能逆转，但是你可以让它慢一点
  - ◎ 提高你的健康商
  - ◎ 降低你的人体熵
- “更新改建”是生命的操作系统，这个规律利用好了，逆生长是可以实现的。你不必像富兰克林一样苦求从头到尾再活一遍，才有再版修正的机会！身体就像是维基百科，只要你愿意，可以随时修正、再版！
  - ◎ 如果你给的刺激是久坐低头，身体就向头前引、圆肩、驼背、髋关节僵硬方向改建
  - ◎ 身体的组织细胞一刻不停地在更新，新生成的细胞代替老去、损伤的细胞。如果你给身体提供的营养素不足或者是垃圾食品，更新用的材料已经捉襟见肘，必然会加速其老化
  - ◎ **身体的改建是身体适应外界负荷和刺激的过程，也正是一个人健康管理最大有可为的地方。谁掌握了这个核心机密，谁就进入了生命的操作系统。**身体

改建的图纸就是身体受到的负荷或者刺激

△ 如果你给的刺激是筋膜的经常牵拉，身体就向筋膜柔韧性方向改建

△ 如果你给的刺激是核心训练，身体就向核心稳定性方向改建

△ 如果你给的刺激是阻力，身体就向肌肉发达方向改建

△ 如果你给的刺激是关节灵活性训练，身体就向关节灵活性方向改建

△ 如果你给的刺激是稳定性训练，身体就向稳定性方向改建

△ 如果你给的刺激是运动控制训练，身体就向本体觉灵敏方向改建，运动更加有效

△ 如果你给的刺激是进阶的训练，身体就向功能更强大的方向改建

△ 如果你给的刺激是平衡性训练，身体就向更加平衡的方向改建

△ 如果你给的刺激是灵敏性训练，身体就向更加灵敏的方向改建

△ 如果你给的刺激是功能训练，身体的神经系统就会根据你的要求整合各部分，打造一个功能强大的运动链

所以，如果你给身体这么多良性刺激，形成强大的“lollapalooza 效应”，身体表现出这样的结果是可以预期的：

■ 健康

■ 看起来年轻

■ 轻盈，用起来顺畅

相反，如果你没有主动给身体任何刺激，那么身体也不是一潭静水，也不会处于静止状态，你就暗自、不自觉地把身体改建的主动权交给如下因素，接受被动改建：

■ 岁月腐蚀——导致老化

■ 地心引力——导致身体有变形的倾向

■ 久坐——导致肌肉不平衡，关节不灵活，导致不良姿势

◎ 为什么有车的人出远门时，会嘱咐朋友定期开一下自己的车？怕车生锈

◎ 人的关节不用也会生锈

■ 休息不足——导致体力被透支

■ 饮食模式不好——身体得到的营养素不足或者质量差

所以，如果没有给你的身体正能量刺激，身体得到的是上面这些伤害和负能量，这些负性刺激同样会形成“lollapalooza 效应”，结果是头前引、圆肩、驼背、弯腰、髋关节僵硬，逐渐变成腰酸背痛，经常“闪着腰”“扭着脚脖子”，然后“三高”“四高”，生命之火日渐熄灭……

■ 不管你实际年龄多大，如果你的身体改建成 20 岁的体格，你活蹦乱跳地下楼，

一步两三个台阶地上楼，散发着20岁的生命活力，那你的生理年龄就是20岁，这就是逆生长

- 不管你实际年龄多大，如果你弯腰驼背，步履蹒跚，老气横秋，你的身体改建成80岁的体格，那你的生理年龄就是80岁，可能是未老先衰
- 还有一个秘密就是“润物细无声”的原则，这种作用不是斧劈刀砍式的，这里充分体现了“耐心是最伟大的美德”

你身体改建图纸的设计师就是你自己，你自己绘制的改建图纸是什么？

- 伤害刺激，负能量，则加速老化，未老先衰
- 日出而作，日落而息，平平淡淡，没有什么刺激，无声无息，自生自灭，日渐老去
- 良性刺激，正能量，则保持生命活力，逆生长

你可以让自然老化慢一点，更可以利用更新改建规律达到逆生长。我自己正在亲身体验着这种逆生长，这也是我引以为豪的一件大事。这种自豪感，不仅来自于挑战自我的胜利，更来自于可以进入生命操作系统改写源代码，比黑客进五角大楼计算机操作系统更强烈。

比自豪感更好的是运动给我不断带来的心流体验，一种发自于内心的快乐，还有我的年龄方程式：50=20+30，即虽是50岁的年龄，但能拥有20岁的体型加上30岁的体力。

我发自内心地希望能用自己的理论和经验帮助更多的人，我要让我的同龄人也拥有这个方程式。

生命如逆水行舟，不进则退。我们的衰老过程跟滔滔江水一样，滚滚而下；如果我们知道了这个生理年龄增长方程式，也就掌握了有效的自然抗衰老思路、方向和方法，可以绿色、高性价比地获得旺盛的生命力及健康长寿的秘诀。

生理年龄方程式所代表的生命状态，可以具有无穷的活力和喜悦，也可以是衰老和伤病，你自己是解题的人。

让我们一起青春永驻。

第十一节　人体熵

"熵理论对于整个科学来说是第一法则。"
——爱因斯坦

"一个可以治愈疾病的人或许技艺精湛，但能够预防疾病的人才可以算得上是可靠的医生。"
——托马斯·富勒

虽然我们都远离高中物理有好一段时间了，但是请放心，这一节非但不烧脑，还很醒脑。熵不单是一个物理学概念，也是一种普遍适用的世界观，可以让我们更加正确地看待自己、周围的人和世界。如果建立了一个高屋建瓴的思维模式和世界观，我们在处理任何事情的时候都会应付自如，健康管理也就不难了。

请稍微耐心地阅读本章，不但会使你变得很轻松，健康维护的方向也会清爽不糊涂，不会轻易上当受忽悠，你的人生也会比以前更加豁然开朗。

一、熵理论的回顾

- 热力学第一定律：能量是守恒的，能量可以互相转化，而不会凭空消失
- 热力学第二定律：能量可以转化，但是不能100%转化，即在转化过程中总是有一部分能量会被浪费掉，能量的总和 = 有效能量 + 无效能量
  - ◎ 有效能量是可以被转化、利用的能量
  - ◎ 无效能量是无法再自动转化、利用的能量，又称为熵

1864年，根据热力学第二定律，法国物理学家克劳修斯在《热之唯动说》一书中，首次提出一个物理量和新的态函数——熵，熵是不能再被转化、做功的能量总和的测定单位。

- 热力学第二定律的一个重要推论就是：熵永远在增加
- 1877年，奥地利物理学家玻耳兹曼从微观角度对熵做出了统计解释

克劳修斯（1822—1888）

◎ 任何粒子的常态都是随机运动，即无序运动

◎ 如果让粒子有序化，必须耗费能量，能量可以被看作有序化的一种度量

◎ 热力学第二定律实际上是说，当一种形式的有序化转化为另一种形式的有序化，必然伴随某种无序化产生

◎ 一旦能量以无序化的形式存在，就无法再利用了，除非从外界输入新的能量，让无序状态重新变成有序状态

◎ 首次提出了熵公式 $S=k\ln\Omega$

◎ 熵 S 是无序的度量，代表着混乱，即随机运动

■ 热力学的两个定律可以用一句话来表达：宇宙的能量总和是个常数，总的熵是不断增加的

◎ 如果没有外部能量输入，封闭系统趋向越来越混乱，即熵越来越大

◎ 如果要让一个系统变得更有序，必须有外部能量的输入

◎ 当一个系统（或部分）变得更加有序，必然有另一个系统（或部分）变得更加无序，而且无序的增加程度将超过有序的增加程度

可以继续推理如下：

◎ 如果没有能量输入，人的身心将变得越来越混乱，熵增

△ 精神萎靡

△ 疲劳

△ 腰酸背痛

△ 扭伤、闪腰等“意外”损伤

△ 生活方式性疾病（高血压、冠心病、糖尿病、痛风、癌症）

◎ 身心要变得更健康（有序化），必须要有能量输入

△ 医生、康复治疗师、功能训练教练、心理咨询师等人的帮助

△ 运动教练的指导训练

△ 阅读相关好书获得指引

△ 多晒太阳，尤其是冬天，多接受来自太阳的能量

△ 调节生物钟让身体与天地同步，与自然协调一致

◎ 这种“能量输入”意味着用户身心变得更有序，即用户获得健康的同时，医生、康复治疗师、功能训练教练、心理咨询师等健康工作者，却在使用户变得有序的过程中，耗费了巨大能量，使自己变得无序

△ 所以这些健康工作者尤其要注意自我保健，多向高手学习、多看好书，让自己变得越来越强大，否则自身的身心健康堪忧

△ 人类心理、精神上的混乱，发展到心理疾病、精神疾病，治疗的时候需要大量人类思维的输入。治疗这类病人越复杂、数量越多，对应的医生思维就越无序。这解释了为什么世界上一些最好的心理学大师、精神疾病名医，在世人眼里，都有点不太正常，甚至行为混乱

- 1943 年，薛定谔在《生命是什么》一书中首先提出了负熵的概念，指出有机体是依赖负熵为生的
- 负熵，是熵的倒数，即 1/Ω，可以作为有序的度量，玻尔兹曼的方程式还可以写成：$-S=k\ln(1/\Omega)$，$-S$ 即负熵
- 19 世纪 70 年代，比利时科学家普利戈津提出了耗散结构理论，即在特定的条件下，在无序环境中可以自然形成一种新的、稳定的有序结构。即由无序走向有序，是一个负熵系统，这种系统通常被称为自组织系统。当然这种反常的现象是有苛刻的条件的

薛定谔（1887—1961）

◎ 必须是开放系统，和外界进行能量、物质或信息交换

◎ 外界必须保持负熵的输入，这种负熵可以是能量，也可以是物质或者信息，或者兼而有之

◎ 保持远离平衡态，距离平衡态一定要超过某个阈值

◎ 系统存在非线性相互作用

- 虽然自组织系统内部是负熵的，但其条件是外部恒定的施加了能量、物质或信息

◎ 而这些能量、物质或信息的产生是增熵的，且增加的熵大于系统内减少的熵

◎ 如果将系统和外部给它输入能量、物质或信息的系统合并作为一个总系统来看，依旧是增熵的，依然符合熵值增大原理

◎ 熵一个最伟大的意义是，证明所有的运动都是有代价的，也表明了世界自然发展的方向，在不同的领域具有不同的含义

△ 热力学熵，熵是一种不可逆性。温度可以自发从高向低传递，但不能反过来；虽然能量是守恒的，但你能使用的能量却在逐渐减少，是一种不可逆性

△ 信息熵，熵反映了你对某事的了解程度，你对一件事了解越少，其熵越大

△ 构象熵，熵反映了你对某事的不确定性，越不确定，对你来说，熵就越大

二、人体熵

根据热力学第二定律，孤立的系统总是自发地向混乱度增大的方向变化，使得整个系统的熵值增大，这就是熵增原理。人体也是一个热力学系统，其生命活动依赖于物质和能量的耗散，按热力学第二定律，熵在不断增加；在人体中，熵是生命活动中能量转化已经完成的程度，或能量不能再被生命活动利用的程度。

自然界演化是从有序到无序，人体的健康也遵循这一定律，由完整、有序、可控的健康状态到散架、无序、失控的不健康（伤病和亚健康）状态。由此，我们提出人体熵的概念，人体熵代表人体的健康程度，人体熵越低代表健康程度越高，人体熵越高代表健康程度越低。

人体熵概念的提出具有重大的意义，因为：

- 人的健康维护需要从宏观、宇宙的视野去实施，中国古代先哲倡导的“天人合一”体现了超凡智慧，因为热力学第一、第二定律是世界上一切活动都遵守的规律，人类所参与的每项活动都受其支配
- 第一次用宇宙第一法则来阐述健康管理的原则——健康必须是整体的，健康也必须从整体上维护
- 从控制人体熵增和增加负熵的角度进行整体健康管理，会更加绿色环保、省时、省钱、高效，对医疗保健全产业链产生深刻、深远的影响

人体也可以看作是一个远离热力学平衡态的、处于非平衡的开放系统，即是一个耗散结构。耗散结构是指当体系处于非平衡时，通过体系与外界交换能量、物质或者信息而形成和维持的一种稳定化了的宏观体系结构，破了热力学定律只适用孤立系统的限制，将其运用到开放系统。

人体为了生存需要与熵增做斗争，从外界吸收低熵物质，如阳光、氧气、水和碳水化合物等，以满足正常生命活动和脑力活动需要，同时产生大量高熵物质，如二氧化碳、尿、汗及其他排泄物，使得机体系统的总熵小于零，从而生命机体处于协调、有序状态，以维持生命和健康，或者是减缓熵增以延缓衰老。

- 当生命系统总熵变小，系统从一定的有序结构上升到更高的有序结构，就是儿童的发育、生长过程，某些成人某个时段的逆生长是健康维护得好，可以让青壮年延长
- 当生命系统总熵处于平衡状态，可以理解为人的青壮年时期
- 当生命系统总熵逐渐变大，就可以理解为人体在不断衰老

- 当生命系统出现短期或局部的熵积累过多，使得系统的熵大于 0，便出现了短期或局部的混乱、无序状态，人体就会生病或者受伤
- 当生命系统熵达到最大时，系统高度混乱，整个生命体呈现出高度无序性，人也就不可避免地面对死亡
- 熵增过程是一个自发的由有序向无序发展的过程，熵减是不可能自发进行的能耗过程
  - ◎ 因此，熵增具有其不可逆的特性
  - ◎ 人体的熵增也不可抗拒，衰老是必然的
  - ◎ 人们只能设法降低熵增速度，减缓衰老的进程
- 人体熵增表现为以下几点
  - ◎ 疲乏
  - ◎ 精力涣散
  - ◎ 先是身体某一处不适、酸胀乃至疼痛，一忍再忍然后连锁反应，发展到腰酸背痛，直到最后身体要散架了
  - ◎ 心理问题，如忧伤、沮丧、压力等
  - ◎ 发胖，变得油腻
  - ◎ 容易感冒
  - ◎ 容易受伤，走路崴脚，运动损伤
  - ◎ 慢性病，即生活方式性疾病
  - ◎ 患癌症

三、控制人体熵增或增加负熵——维护整体健康的生命之道

熵变是人类最难认识的规律之一， 是覆盖一切群体和领域的最高定律。我们没有办法消除熵和混乱无序，如果不施加外力影响，事物永远向着更混乱的状态发展。

人体维护健康只能依靠更大的能量、物质或者信息输入，在压制熵的累积，或者让人体某些局部变得更有秩序，把混乱转移到另一些领域。根据 Lehninger（莱宁格）的理论，活的生物体通过从周围的环境摄取自由能（以食物和阳光的形式）来维持内部的秩序，同时以热和熵的形式返回给周围的环境。

增加影响人体健康的外部负熵要素有：

- 持续的学习能够不断输入知识、信息。自我提高，有时也需要导师指点迷津
- 每天最好能够享受 1~2 小时的自然阳光照射

◎ 身体直接从太阳接收能量
◎ 增加人体吸收氧气
◎ 促进身体合成维生素 D
◎ 加速皮肤的新陈代谢
◎ 杀灭细菌
◎ 增加大脑分泌血清素，让人活力充沛、心情开朗
◎ 调节生物节律，与自然同步，晚上容易入睡
◎ 调节人体免疫功能
◎ 降低心跳速度
◎ 改善肌肉的能量

■ 呼吸新鲜空气

◎ 臭氧，可以消毒，中和尘螨和污浊气体
◎ 负离子，中和身体和环境中的正离子
◎ 芬多精，杀菌、抗霉和驱虫，净化空气，降低污染

■ 充足、天然、平衡的营养素

◎ 输入能量
◎ 输入秩序

■ 参加一些运动项目

◎ 增加活力、调节心情，使身体年轻化
◎ 加速排泄废物

■ 进行功能训练

◎ 在教练评估、指导下，训练、调整身体达到骨骼、肌肉、神经等的平衡、有秩序的状态
◎ 提高身体对生存环境抗干扰的能力
◎ 让动作模式符合人体力学的规律，减少能量泄漏
◎ 肌肉按整体功能需求有序生长，进阶，功能强大，熵减（而分化式训练肌肉的方法从整体来看是无序增长，熵增）
◎ 好体形增加性感、自信心、别人的好感，与周围的人和环境和谐相处
◎ 增加神经系统控制力、感知力、通畅性
◎ 身体各部分协调、符合生物力学特性，运转顺畅，有效能增加
◎ 增强节能系统：减少能量泄漏，无效能下降
◎ 久坐少动者做功能训练可以使结构平衡、稳定，减少静坐时的筋膜拉扯和参

与的肌肉量，有效对抗外界因素，如地心引力

■ 增强身心的控制力，否则身体熵增不可控

◎ 职业运动员面对对手的拼搏、自己的疲劳时，精神、心理和身体一定要撑住、可控，达到掌控比赛的目的

◎ 普通人也要随时注意对身心的掌控，不浮不躁

△ 作者的经历：早晨洗澡时习惯用冷热水交替，平时控制得好则结束时身体很舒服、清爽，某年冬天有一次时间紧，没有控制好节奏和心绪则结束时感冒了

尽量减少影响人体健康的外部正熵要素：

■ 空气污浊

■ 阴暗、缺少阳光

■ 营养不良

■ 环境污染

■ 居住拥挤

■ 气候炎热

■ 垃圾食品

◎ 可以导致肠道发生严重的慢性炎症，继而造成身体长期处于紧张状态，情绪低落

增加影响人体健康的内部负熵要素，需要在心灵、心理意识、精神灵魂、智力、肉体 5 个方面下功夫，即五维而治。熵是统治物理世界，乃至精神世界的终极科学定律，控制熵增，节约能量，增加负熵是一切事物可持续存在的本源。

主动增加负熵，控制人体熵增的理想状态是一种完美的健康——达到中医讲的精气神和谐统一：

■ 感恩、慈悲、宽容心灵

■ 心理平和，情绪稳定

◎ 承受能力强者

◎ 与周围的人和环境融洽、协调

◎ 清静、快乐的生活，不为世俗事物所烦恼（反面教材，有人总结：诸葛亮劳心劳力，信息熵非常大，而能帮助他的人少，他吃得也少，即负熵吸入少，人体熵增快速，于是他鞠躬尽瘁，年纪不大时就死掉了）

■ 消除、杜绝毁灭性情绪

◎ 愤怒

◎ 极度的恐惧
◎ 忧虑
◎ 沮丧
◎ 嫉妒
◎ 贪求
◎ 偏执

■ 中枢神经控制力强大（控制肉体，也控制精神世界），重视保护和训练中枢神经
  ◎ 大脑占体重的 2%，却消耗人体消耗总量 20% 的能量
  ◎ 学习、训练使中枢神经下意识更多，减少能耗
  ◎ 查理·芒格认为自己掌握的 100 种多元思维模型，使他具有迅速看清生活本质和目标的非凡洞察力
  ◎ 大脑算法清晰、简洁（思维清晰），可以显著提高效率、减少能量消耗

■ 提高精神状态
  ◎ 身体一切行为都由精神和中枢神经控制，提高精神上的抗干扰能力
  ◎ 司令部清晰、有条理，低熵
  ◎ 正能量
  ◎ 使命感
  ◎ 事与愿违时，稳住阵脚是最重要的事情
  ◎ 精神放松

■ 克制欲望，过节约、朴素的生活，维持健康和体面生活的消费越少越好
  ◎ 欲望的培养和扩大会使得一个人更加依靠他所不能控制的外部力量，就加剧了生存恐惧

■ 维护神经系统功能——可以通过针灸、各种康复手段、整脊术、神经输入和本体感觉训练
  ◎ 神经通路畅通，让神经与各个组织器官和谐
  ◎ 增加肌肉控制力
  ◎ 激活感受器，增加感知力
  ◎ 消除代偿，减少能量泄漏

■ 提高学习能力
  ◎ 接受新鲜事物，与时俱进
  ◎ 勇于走出舒适区

■ 充分的休息

■ 减少碎片化时间，一段时间内不要处理太多事情，减少手机使用

■ 学会呼吸

◎ 压力会导致人呼吸变浅，从而导致血氧含量下降，继而令紧张感和焦虑感上升

◎ 忘记正确的呼吸方式，会导致我们出现各种生理反应，例如头痛、肌肉酸痛以及睡眠紊乱

◎ 正确的呼吸方式往往能够让你减轻心理压力，可以在很短的时间内减轻疼痛感，而且效果远比药物和酒精好得多

■ 保护 DNA（脱氧核糖核酸）。在人体对抗热力学第二定律的熵增需求时，身体内部的 DNA 起到决定性作用，表现在以下方面

◎ 维持有序、低熵状态

◎ 遗传产生独特、复杂的生物结构方面的能力，使其完成人体细胞、组织、器官的更新和新陈代谢

◎ 减少 DNA 突变、癌基因失控、端粒变短这些导致疾病和癌症的上游事件

■ 对抗伤病

■ 对抗衰老

■ 周围神经畅通，感知灵敏，支配自如

■ 运动功能良好，运动链顺畅，能量泄漏少

◎ 筋膜柔韧

◎ 骨骼硬朗，体态好，负重有力

◎ 关节对位和灵活性好

◎ 韧带强韧

◎ 肌肉厚实，组成完整、连贯有序的运动链

◎ 肌腱柔韧顺滑

■ 内脏运转良好

■ 体内微生物共生和谐

关于控制自己的意识，《心流：最优体验心理学》这本书写得非常好。该书是积极心理学奠基人之一米哈里·契克森米哈赖所著，心流是指我们在做某些事的时候，那种全神贯注忘我的状态——在这种状态下，你甚至感觉不到时间的存在，完事之后我们会有充满能量并且非常满足的感受。

作者认为所有外在事件进入意识时都是信息，头脑对信息加以阐释，并决定它是否有害：

- 每当信息对意识的目标构成威胁的时候，意识就变得混乱无秩序，这种现象为精神熵
  - ◎ 即痛苦、恐惧、愤怒、焦虑、嫉妒等
  - ◎ 此时，强迫注意力转移到了错误的方向，不再发挥预期的功能，精神能量不再起作用
- 与之相反的就是心流，当信息与意识的目标一致的时候，意识变得井然有序，精神能量就会源源不断地涌出来
  - ◎ 我们是精神能量的主宰，无论做什么事都能使意识更有秩序
  - ◎ 心流时，不需要调整意识的秩序，也不需要分心检视自我是否受到威胁，所以一个人可以投入全部的注意力来实现目标
  - ◎ 若能充分控制意识，尽可能创造心流体验，幸福感会得到很大的提高
  - ◎ 即使平凡无奇的例行公事也变得有方向、有乐趣

心流体验是可以创造的，方法是：

- 目标明确，知道自己下一步要做什么
  - ◎ 进行的活动具有足够的挑战性，但不要过多地超过自身拥有的技能和资源
  - ◎ 寻找自己人生的使命，不断给自己设定更高的目标，并为之付出扎实的行动
- 全神贯注于活动，忘却不相干的事
- 能及时感受到来自活动的反馈
- 全然自我掌控的感觉，人与行动合而为一，一切动作不假思索
- 定期归零：禅修，打坐，冥想，调整呼吸，能耗降低，一事一结

四、结论

人体熵概念的提出，是站在自然的高度（人法地，地法天，天法道，道法自然）为人的健康管理和维护指明了正确的方向，并且锐利地提示：

- 谁不用心主动维护健康（即不控制人体熵增），就是在自掘坟墓（人体熵增到一定程度，伤病甚至癌症就会悄然而至）

思考题1：为什么要尊重健康工作者，并对他们表示足够的敬意？

因为健康用户在恢复健康的过程中，让身心变得更有序，需要医生、护士、康复治疗师、功能训练教练、心理咨询师等健康工作者进行“能量输入”，意味着这些健康工作者每天上班都面对无数的无序、人体熵增，在治疗这些无序使其变得有序的过程中，耗费了巨大能量，使自己变得无序，自己的身体熵增，损伤自己的健康。这也

提示健康工作者要额外加强自己的健康维护，不断学习新的知识和技能，即输入能量和秩序，增加负熵，保持秩序，让人体熵处在低位，否则自身健康堪忧。

思考题2：为什么有的领导或者师长特别有魅力，让人肃然起敬？

让你糊涂、一筹莫展很多时日的事情，他一句话就让你云开雾散；你认为不明白的想法和观点，经他轻松地点拨，你就豁然开朗，瞬间提升了几个维度。这样的领导对下属进行“能量输入”，使下级从无序变得有序、从低维无序到高维有序，从人体熵增到熵减，能让你醍醐灌顶和大幅进步的人能不令人钦佩吗？他们具有高维的秩序和很低的人体熵，为下属摆平混乱、建立秩序，让下属升维降熵。

第十二节　整体健康金字塔理论的提出

“人类惧怕时间，而时间惧怕金字塔。”
——埃及谚语

“一种题材的法则对于其上位的学科来说是必要的，因为那些法则可以激起挑战，并逼使心智形成更为有效的重组。”
——爱德华·威尔逊

“基本的、普世的智慧是什么？嗯，第一条规则是，如果你们只记得一些孤立的事物，试图把他们硬凑起来，那么你们无法真正地理解任何东西。如果这些事物不在一个理论框架中相互联系，你们就无法把他们派上用场。”
——查理·芒格

世界卫生组织的一项全球性健康调查显示：只有5%的被调查者身体状况真正符合健康的标准，被医院确诊患各类病症的人群比例高达20%，而剩余的75%则处于亚健康状态。

一、健康需要科学的管理

根据自己几十年行医的观察发现，如果人的身体没有进行科学、专业、全面的维护，毫无顾忌式的“可劲造”：饮食不受任何约束、烟酒无度，生活恣意而为。以前大概四五十岁身体开始出现问题，现在，随着生活方式的巨大变化，有的人二三十岁身体就开始出现问题，甚至十几岁的孩子出现慢性的颈部疼痛、腰部疼痛也不罕见。

最近有一个二十几岁的女孩，大学毕业没有多长时间，腰酸背痛好一阵子，找我咨询腰痛就有半年多，上个月撑不住了，准备辞工好好康复修养。突然有一天她右侧肢体和颜面部肌肉力量下降。她自己上网搜了一下，得出了一个令人错愕、有点啼笑皆非的“诊断”：脑中风。我建议她不能再扛了，赶快住院治疗。看来，青春也不是可以无限透支的，健康的大厦可能随时坍塌，远没有你认为的那么好，经得起那样折腾。

人体出现的疼痛、疲劳无力等就相当于大厦出现墙裂、倾斜一样，需要引起重视、尽快找出对策、进行加固修补，不然等到大厦开始摇晃才想起要维修，随手拿起扫把去撑这个大厦，已经无力改变局面了。人体这个大厦，在感到虚脱无力、眼前发黑、疲劳感挥之不去时，就是坍塌的核聚变已经启动了。这时候才想起停下来、休息、治疗已经来不及了，真可谓树欲静而风不止。很早以前第一次听说“过劳死”这个词，据说这个词是日本人发明的，只发生在日本，现在中国也不少见了，四五十岁的业界精英倒地不起、抢救无效的事件在身边时有发生。

人们在维护健康上有几种模式：

- 平时很少运动、尽情吃喝、饮酒无度、通宵工作，有问题就去医院。这样的人，虽然人数在不断减少，但仍然大有人在
- 有问题去医院，抽血化验、超声拍片，还有 CT（电子计算机断层扫描）和 MRI（核磁共振成像），没有什么发现
  - ◎ 或“失望”而归，回去开始寻找偏方秘诀
  - ◎ 或“我说没事吧”，畅然释怀，回去继续扛着，生活方式依然如旧
- 很多人追求健康的意识越来越强，方法却颇值得讨论和商榷
  - ◎ 自认为学习能力强的人，在书刊、网络中梳理着真伪难辨的信息，进行自我保健和治疗。其实有些知识即使是教科书级别的，也可能似是而非、以讹传讹，也可能存在时间有效性、地域有效性的问题
  - ◎ 有的人每年做高端体检便安心了，体检没事更认为没事了。实际上，很多腰酸背痛、运动损伤的危险因素等问题是体检查不出来的，甚至有些癌症的早

期也会漏诊

◎ 在日常生活中省吃俭用的老年人，不惜血本购买层出不穷、包治百病的保健品，而在饮食上却是胡乱凑合，对主动、绿色的康复保健方法视而不见、嗤之以鼻

◎ 一掷千金，成为养生馆的常客

◎ 去健身馆出汗，甩脂，练肌肉，没有正确的指导，纯靠自己摸索

◎ 朋友、同事约上羽毛球场馆，即使当时体力透支、肩膀疼痛、脚踝不适，硬着头皮也得去

◎ 买一双鞋，再添置一身漂亮的行头，“我要去跑马”

◎ 躲在屋里一动不动，美其名曰“乌龟养生法”

◎ 有了数码产品之后，有人每天必须走一万步（或者几万步），走了一段时间以后开始发问“我每天才走一万步，为什么脚底板就疼痛了？”“我为什么现在开始腰痛了？”

现在公认的慢性疼痛、高血压、冠心病、糖尿病、高尿酸甚至癌症这些所谓生活方式性疾病，发病率越来越高，而医疗保健领域提供的服务并不能满足人们的需求。

- 对这些问题的预防，在目前这种以医院和体检中心为主流的治疗和健康管理体系中，有时难免显得手段单一、滞后，有时甚至让人失望
- 而非主流的医疗保健行业商业化程度高、专业化程度低，拼的是营销和销售能力，玩的是商业模式创新，狼性高于人性，优质服务极其稀缺
- 网络资源和咨询体系为了生存、为了所谓创新的商业模式、为了保持每年的增长率等等，在这些“为了”面前似乎科学不名一文，和不良健康服务商狼狈为奸，再用公关来对冲品牌的无限透支
- 受限于专业思维框架的制约，很多专业人士甚至是一流的专家学者在自己的研究领域可以做到客观，但如果离开自己的领域或者把视野放大再看同样一个问题，可能就会显得主观、钻牛角尖。最为可怕的是，有的人却不自知，在大众面前依然侃侃而谈

所以，想维护健康远离伤病并不是一件容易的事，想练就一副火眼金睛也很难。对自学自我保健人士难，对专业人士同样难。

本书从医学、康复学、营养学、心理学和运动科学等诸多健康科学领域的梳理中，借鉴先进合理的理论，采用跨界、多元的思维模式，总结出维护健康的整体健康金字塔体系，为真正的健康管理画一张路线图——尽量客观、接近事实真相。希望健康维护不再混乱迷茫、低效，而是清晰、高效，可以取得高性价比的结果。

二、整体健康金字塔，身体历久而弥坚

久坐不运动对身体的伤害堪比吸烟和肥胖。说运动是良药，可为什么很多长期坚持运动的人都有伤痛呢？ 职业运动员有的是运动场上的常胜将军，赢得无数荣誉，有的人因伤病早早退役，无数天才就此泯灭。

我们到底该如何维护健康呢？怎么样运动才能够既健康又不容易受伤呢？

健康的生活方式是维护健康的根本。因为人体健康有五大决定因素：

- 父母遗传占 15%
- 社会环境占 10%
- 自然环境占 7%
- 医疗条件占 8%
- 生活方式占 60%

下面是作者总结自己行医近 30 年的经验和感悟，结合研究骨科学、运动医学、康复学、功能训练学、营养学、健康管理学的收获，并融合了多家理论，在跨界创新和建立多元思维模式的基础上，提出的整体健康金字塔理论。

6 专项训练、教练配训

5 运动表现、神经表现、损伤预防

4 运动功能、能量模式、恢复再生

3 纠正弱链、动作模式、加强关键链

2 治疗各种伤病、缓解疼痛、纠正姿态

1 思维模式、呼吸模式、饮食模式、消化系统、休息、其他

整体健康金字塔

希望以整体健康金字塔理论全面指导健康的科学管理，对整体健康进行预防和干预，做到不施药石而祛人之病：

■ 跨界、多元的思维模式，让理论、方法更接近于事实真相，减少实践中的偏差

■ 加深对人体的理解，将不同学科、行业的精华合并到一个屋顶之下，进行医疗保健领域的创新

■ 为众多大健康行业之间建立逻辑关系，不在因门户相隔，形成合力和叠加效应，产生正性的 lollapalooza 效应，大幅提高效率和价值

■ 满足不同层次的健康管理需求

治疗伤病的有中医和西医，有主流医学和替代医学；维护健康、预防伤病的学问也为数众多，有医学、康复学、营养学、心理学等；健康服务的用户也是各类人，男女老少，有的人不运动，有的人喜欢运动，有的人是职业运动员。为所有这些人群提供最合适的医疗健康服务，不排斥任何一个专业，而是吸收大健康所有专业的精华，提出整体健康金字塔理论。

第一层金字塔　金字塔的底部是维护健康最重要的部分，良好的生活方式是健康的根基，如果这一层做好了可以预防而且也能治疗很多伤病，包括：

■ 思维模式，是决定这个人而不是另一个人的根本因素，也是决定一个人是否健康的关键因素。我们维护健康，首先要注意自己的思维模式，下面的思维模式对整体健康有益

◎ 多元思维模式，可以让一个人避免自己的偏见和局限，也可以凭借火眼金睛看穿所谓专家的偏见和局限以及骗子的把戏

△ 拥有多元思维模式，好比一个人把普普通通的、每天都要过的日子分成春夏秋冬、24 节气，此时的思维模式接近世界、自然的本来面目。努力让自己形成思维模式的专业多样化、获得信息的渠道多样化，从而决策的基础是全面多样化的，对事情的决策就不会偏离大道很多

△ 生活中不乏固执的人，有的人甚至可以固执到“三季人”，只知道春夏秋，根本不知道世界上还有冬季。跟这种人讲理性、推广科学理念、介绍维护健康的正确方法，只要不在他的理解范围内，你的努力都是徒劳的

◎ 有意愿和行动亲近和接受科学，还要不断进步和更新自己的科学知识和观念，因为科学也有阶段性。社会上流行反智的倾向，所谓“跟着感觉走”“有多少多少人都在用”，相信广告和销售人员而大买保健品，有人把这种乐此不疲的购买行为形象地称作交“愚人税”

◎ 循序渐进，不管是预防伤病，还是治疗伤病、减肥，正确的思维模式应该是

找对方法，然后采取行动并坚持。而追求速效、神医半仙的人只是“愚人税”纳税人

◎ 调整生活方式是追求健康的正确态度和最重要的方法

■ 呼吸模式，对健康影响非常大，但被大多数人甚至医生忽视。即使有的人知道正确的呼吸模式，也可能不知道细节，不会每天都进行训练

◎ 生下来就会的呼吸，太习以为常，所以常被人忽视

◎ 实际情况却是：如果没有经过训练，几乎所有人的呼吸模式都不对

◎ 呼吸模式不正确，身体会发生很多代偿，日积月累后对身体的伤害就会逐渐显现出来，发生伤病

■ 饮食模式，也是维护健康的基础之一，虽然人们常说“人是铁，饭是钢”“病从口入”，但是很多时候并没有重视饮食模式对健康的影响。日常生活中存在很多误区：

◎ 很多人尤其是老人家，喜欢把小孩养得白白胖胖，很容易就超重了，到了成人减肥也不容易

◎ 追求生活品质 = 讲究精致的美食

◎ 吃饭以好吃为标准，以吃撑为目标

◎ 忽视养成独立的思考能力，需要注重培养鉴别能力。生活中大多数人对电视里、运动场地上、街边铺天盖地的广告信以为真，对商场里的食品、饮料也没有防范心理，所以对垃圾饮料、垃圾食品照样吃喝

■ 消化系统，决定吃进去的食物有多少可以被吸收，对全身的健康影响大，所以消化系统也需要精心呵护

◎ 消化系统并不是来者不拒，吃进去的食物若含毒素过多，则会通过呕吐、腹泻尽快排出；如果毒素和不良食品没有多到使人体呕吐、腹泻程度，则对胃肠道和身体的伤害是慢性的

◎ 消化系统本身的疾病很多，人体的癌症有很多发生在消化系统。每个人在吃东西前都要想一想吃进去的东西对胃肠道有没有危害，对身体有没有益处

■ 休息，是健康维护的重要部分，除了睡觉这种被动的休息方式外，还有主动的休息方式

第二层金字塔 治疗伤病、缓解疼痛以及调整人的体态，可以解放一个人的身心，让生命的质量得到跃升。包括：

■ 以整合的方式治疗伤病，让病情稳定

■ 解决疼痛，不能带着疼痛生活、工作，更不能忍着疼痛做运动治疗

■ 纠正姿态

第三层金字塔 通过纠正弱链、改善动作模式和加强关键链，让生命的动力链条强韧和顺畅。

■ 动作模式改善后，人体的动作效率得到提高，损伤的危险性也会大大降低

■ 要求运动的人要会使用自己的身体，纠正弱链——没有拖后腿的，关键的连接得到加强，就已经体壮如牛了。这时候你已经为组成身体的每一个细胞创造了最好的条件，保证了健康

◎ 有益于细胞的环境，细胞内外的液体环境良好，营养素充足，酸碱度合适

◎ 有益于细胞的食物，维持矿物质和微量元素的均衡

◎ 有益于细胞的运动，保持细胞的液体环境流动

◎ 有益于细胞的保护，健康的免疫系统和抗氧化机制

◎ 有益于细胞的态度，笑声和愉悦等正能量的情绪可以全面增进细胞的活性

第四层金字塔 认真、科学的运动功能训练，让你像猎豹一样健康，还可以避免运动性损伤

■ 功能训练，可以全面增强身体的体适能和运动能力，身体在生活中好用、耐用，在运动场上有充沛的体能储备。身体功能的各个方面互相依存、互相促进，如：

◎ 力量可以改善爆发力

◎ 力量、爆发力可以提高敏捷性和体能状态

◎ 灵活性促进力量、爆发力和敏捷性的发展

◎ 平衡能力改善敏捷性

◎ 好的动作模式可以改善运动功能的所有方面

■ 能量模式训练，人体三大供能系统——磷酸原系统、糖酵解系统和有氧氧化系统在得到足够的训练后，人体在生活工作和运动中会有充沛的能量输出，精力充沛

■ 恢复再生训练，可以让运动训练后的不适感减轻，身体素质在适应训练刺激中不断提高，可以从运动中获益最大，也能减少运动损伤的危险性

第五层金字塔 运动表现和神经表现训练，挑战生命极限。能抗 10 级地震的建筑物在 5 级地震中岿然不动，如果你的身体像职业运动员一样棒，那么你在生活和工作中如同开法拉利兜风一样轻松。

■ 运动表现，功能训练的高阶，专项动作模式下的力量练习。在神经系统支配和控制下，训练运动链的构建和协调能力，发展力量的同时加强力量的使用和功率输出，培养力量训练的整体性和爆发力

- ■ 神经表现，研究和操练如何改善脑功能，以提高运动表现。你是由你的大脑决定的，若想运动表现好，大脑的功能必须处于高水平状态
- ■ 预防运动损伤的训练，也是这一层的重要内容

第六层金字塔 运动专项的技能和战术训练，在健康保护下，成为运动健将和体坛常青树，职业运动彰显人体的荣耀

- ■ 运动专项的技能和战术训练，以前面五层金字塔为坚实的基础，匹配良好的运动技战术，达到职业运动的巅峰
- ■ 教练培训，从教练角度理解专项运动，理解了才能取得更好的运动表现

整体健康金字塔理论适合所有人，可以指导我们进行合理的健康管理。

- ■ 如果一个人做到了前三层，身心会进入一个很好的状态：习惯了良好的生活方式，没有明显的伤病和慢性疼痛，全身的动力链顺畅。这样，拥有整体健康金字塔前三层的人的体态优雅、没有腰酸背痛、精力充沛，这也是运动爱好者和运动员开始做运动的基本条件，没有明显的弱链，拥有良好功能的关键链
- ■ 做到第四、第五层，是职业运动员的正规日常运动训练，运动爱好者做到这些已经是运动高手，这时可以充分享受运动的快乐且不容易受伤
- ■ 做到第六层，是职业运动员要做的训练，不但是冠军宝位的有力争夺者，而且也不会昙花一现，身体的全面健康保证运动的生命力，可以做个运动常青树。其实，有的业余运动员已经接近职业运动员，同样要求做到这一层

理想的整体健康金字塔应该这样建造：

- ■ 要有主动维护健康的意愿。构建整体健康金字塔是一个主动的过程，不适合喜欢被别人服务的以下人群
  - ◎ 身体上有一点问题，就想到吃药，其实主动做到整体健康金字塔第一层，很多伤病自然而然就会好了
  - ◎ 有的伤病可以通过运动康复治疗，而有的人宁可做手术也不愿意做运动康复治疗
  - ◎ 久坐办公、看手机、看电视导致腰酸背痛，也不愿意做运动
- ■ 有科学精神和良知。反智的思维模式普遍存在，总是一呼百应，真可谓野火烧不尽，可怕的是当事人并不自知
  - ◎ 人体的构造是一部天然的运动机器，但是要想健康就必须按照运动的规律去做功能训练，否则运动场上容易受伤
  - ◎ 错误的运动害处大，正确的运动才是良医，运动康复训练是治未病的现实版和落地方案
  - ◎ 什么弱链、什么关键链还有运动康复，在有的人眼里，似乎都没有下面的广

告更靠谱：

△ 一副药可以治你能想到的所有病症

△ 爷爷的爷爷是太医，流传下来一副秘方

△ 用一个祖传秘方制作的药水，一擦就能治好颈椎病

■ 由下往上建造

◎ 有的人虽然无需要住院治疗的伤病，但是有疼痛或者有弱链存在，这些人平时腰酸背痛，生活没有质量，工作没有精力，此时参加运动具有很大的受伤风险

◎ 职业运动员在赛季初和赛季末容易受伤，就是因出现弱链、体能不足、疲劳等原因造成的，职业运动员若没有打好基础，其受伤的风险非常大

◎ 并不是一定要机械性地一级一级逐级搭建，可以同时建造几层，比如：

△ 治疗慢性疼痛时，也必须把第一层生活方式兼顾到，也可能通过上一层的运动功能训练来治疗疼痛

△ 职业运动员更早地进行动作技能的训练，有助于转化到赛场，每次训练课都要包括技能、能量、功率和再生等内容。站在高层的职业运动员也需要回过头来加固、补建、修饰低层

■ 从下往上逐级收窄。下面的一层都比上一层宽阔，这样建造的建筑稳定、耐用；人体整体健康金字塔也一样，下面的层次越宽阔、厚实、有足够的储备和使用，上层就获得越稳固的支撑，运动能力和表现也越好，不容易发生耗竭，造成疼痛和受伤

■ 避免两种倾向。周围经常发现有的人发生伤病后要么怨天尤人，要么听天由命，其实有 80% 的伤病是可以预防和避免的。以下的倾向看看熟不熟悉

◎ 空中楼阁，不注意饮食模式、呼吸模式，不戒烟、酒，也不运动，只想要健康长寿

◎ 倒金字塔，思维模式、饮食模式、呼吸模式不管不顾，弱链、关键链也浑然不知或者熟视无睹，没有训练灵活性、稳定性和基本的体能，却每天长跑，每周打几次羽毛球。这种头重脚轻根底浅的“倒金字塔”，运动伤害是必然的，遗憾的是这种情况甚至在职业运动员中也并不鲜见

三、运动功能训练的“三位一体”

整体健康金字塔适合所有人，不管是谁都可以按照整体健康金字塔理论管理自己的健康，因为所有人的人体基本设计和结构一样：

■ 关节运作方式一样，在动作上没有区别，遵循同样的原则

■ 运动少的人、运动爱好者和职业运动员其实并没有明确界限，可以互相转化

◎ 运动少的人，如果想维护健康，避免腰酸背痛，做到金字塔的第三层，身体已经很有活力了，已经参加规律的运动了，可能离运动爱好者只是一步之遥

◎ 运动爱好者如果做到金字塔的第五层，已经是接近职业运动员了，可能只是机会问题导致没有成为真正的职业运动员

◎ 如果是职业运动员没有按照这个金字塔去培养、训练、严格自律，天才也会夭折或者昙花一现，成为一名运动爱好者，再退一步就是运动少的人了

■ 都可以疼痛、受伤，也都可以功能良好，取决于身体的使用方法是否正确

运动功能训练看似神秘，是因为以前没有接触过。现代人的生活方式是久坐或者在生产线上维持相对固定的姿势或者动作，不像人类祖先在野外奔跑追逐猎物具有良好的身体功能。其实小孩在独立学会走路的时候也有完美的使用身体的能力，以后逐渐“退化”了，所以，运动功能训练最重要的目的就是重新学会使用身体。学会使用自己的身体，三种人都受益：

■ 普通人会使用身体，身体就会好用、耐用，不容易腰酸背痛。例如，很多人因为不会使用自己的髋关节（不可思议？是事实！），所以才腰痛，膝关节才疼痛、容易受伤

■ 运动爱好者会使用自己的身体，发力正确顺畅，运动水平高，运动损伤的危险性明显下降

■ 职业运动员会使用自己的身体，身体感知力高，运动控制能力强，可以有优异的运动表现，也不容易受伤

身体的运动功能训练，可以达到：

■ 缓解疼痛，促进愈合，是**康复**

■ 运动控制良好，高效能的动作可以取得好的运动成绩，是**表现**

■ 受伤减少，是**预防**（反之，错误的姿势或者动作模式，都会造成能量泄漏、容易疲劳、损伤）

有的汽车使用几个月发生严重损伤就报废了，出租车使用几年被强制报废，有的车能使用 10 年性能良好；人也一样，有的人过早凋零，有的人年纪轻轻腰酸背痛，有的人老当益壮且精彩纷呈。

运动功能训练让你的身体强壮且灵动顺畅，助你抵御岁月和现代生活方式对身体的侵蚀，维护良好的生命状态。

生命在于运动，不是口号，是事实，是真理。

有的人身体太虚弱了，或者实在不喜欢甚至厌恶任何运动，只喜欢躺在床上。那

他只有两个运动，即心脏跳动和呼吸运动。

心脏跳动的有无、强弱与生命息息相关。生命就是运动过程，没有运动生命就不存在了。

呼吸运动是生命的标志，孩子生下来一直没有呼吸运动就不是生命，只有哇哇大哭医生、护士才高兴起来；人离开人世最后的动作就是停止呼吸。

心肺功能的强弱，与体力活动直接相关，即使是卧床的病人医生也要建议其做一些必要的活动，如挥挥手，撑一撑身体，拉一拉身体（好的病床有吊环）。珍惜生命的人永远不会厌恶运动，不运动实际上就是慢性自杀。

呼吸运动模式也是运动训练中最重要、最优先考虑的内容，在健康金字塔的第一层、第二层、第三层都与呼吸运动有关系：

- 第一层，呼吸模式是医疗保健领域最容易忽视的项目，呼吸模式与健康和运动的诸多方面息息相关
- 第二层，有一些疼痛的治疗需要治疗呼吸系统的伤病或者做呼吸训练。如果有呼吸系统的伤病一定要治疗，如肺结核需要治疗，肺气肿需要治疗，气管断裂需要治疗
- 第三层，纠正弱链和增强关键链中最优先关注的一个运动模式就是呼吸运动模式，有人说如果呼吸运动模式是错误的，那么其他所有运动模式都是错误的

心肺的活动是生命的象征，通常说的有氧运动、耐力训练主要是维护和改善心肺功能，维持一定时间的有氧运动是维护健康的基本方法之一。

不做功能训练有风险

很多做运动的人，换上运动服就去跑步，拿起球拍就上场打球，甚至装具也不更换，穿着拖鞋、凉鞋跑步，穿着皮鞋打篮球，更不用谈做基础的功能训练了。这时候运动只是为了出汗，其实，这样运动不但运动水平不高且没有太多的乐趣可言，其中潜伏的损伤风险也被极大地低估了。经常运动的人多数都有受伤的经历，有人说每周都去运动场打羽毛球的人 80% 都有伤痛，其实大部分伤痛是可以预防和避免的。

现在的人远没有想象中的抗造、耐用。以前门诊看了一个小伙子，主诉是在屋里跳了一下，跳的高度也就是二十几厘米，落地时听到左侧膝关节响了一声，当时不疼不肿，只是以后膝关节偶尔卡住，下楼有点不自然。我检查了一下膝关节，初步诊断是膝关节前交叉韧带断了。他满脸愕然，觉得不可思议，于是我建议他做磁共振检查，开单预约。后来他拿着磁共振检查结果给我看，明确诊断：前交叉韧带断裂，内侧半月板 3 度损伤，他还是半信半疑，一脸的懊恼。我跟他解释：平时不做功能训练，姿势不良，身体抵抗损伤的能力很差。要想使身体耐用，先要会用，然后进行科学的维护和加强训练。

久坐一族也一样，其实身体不只是去运动场承受巨大的外力才受伤。平时久坐，髋关节活动度变差，臀肌受抑制，没有正常发挥作用，于是上下邻近部位出现代偿，最后出现腰痛或者膝关节的问题是必然的。

所以说，追求健康，运动是必需品。你说不喜欢运动是不行的，运动不是你说喜欢不喜欢的事，而是必需的！但是，运动可以是简单的、不剧烈的。按照健康金字塔的理论指导做合适的运动，所有人都会受益匪浅。

- 久坐少运动一族，也可以减少发生腰酸背痛的概率
- 喜欢去运动场运动的人，赢球不受伤
- 职业运动员，运动技能有坚实的体能和运动功能储备作为基础，不但技术发挥好，而且不容易受伤，成为运动常青树
- 青少年挺拔阳光，运动能力好，生存能力强
- 老年人，行走自如，精神矍铄；运动可以使其晚年拥有独立生活的能力

过早做专项运动

认识到运动是我们的必需品，越来越多的人参加体育运动。认真运动的人群也日益扩大，但是，乒乓球、羽毛球、网球场馆经常见到有教练教怎么打球的，很少见到有教练教人怎样进行体能和功能训练的，这一点还有待宣传和普及，要让如何进行功能训练成为所有运动的人都知道的常识。

如果不按健康金字塔从下往上去运动、训练、维护健康，直接做运动技术训练，相当于空中楼阁一样，没有运动基础、体能储备，受伤的风险非常大。

- 李小龙说过，没有力量和灵活性支撑，单有技术是没用的，也是危险的
- 疼痛、弱链、能量泄漏等损伤风险不被发现、解决，运动损伤是必然的，只是时间早晚的问题
- 只有在人体具备良好的灵活性、稳定性、平衡能力和爆发力的前提下，才能产生有效的动作，运动才不容易受伤

四、我为什么放弃打了 30 多年的网球？

我从大学二年级开始练习网球，早期满场飞奔捡球的时间比击球的时间多。那时候谈不上打网球的乐趣，只是一种和同学交往的休闲方式，打网球没有受伤，反倒是只陪同学打了一次羽毛球就拉伤了右肩关节。后来跟教练学打网球，球技大幅提高，明显体会到了运动乐趣，也成为了真正的网球爱好者。每周至少打一次网球，每次打完球第二天都感到膝关节酸胀，双侧的肩关节都有过损伤，做骨科医生的我却没有教

会自己科学地运动。

5 年前发生一次严重的运动损伤后，我开始研究科学运动，虽然也没有正式放弃网球，但是这几年网球拍只是在搬家时才摸过。现在分析一下，有以下原因导致不打网球了：

■ 这几年做功能训练，我真正感到了运动给我带来的实惠
  ◎ 再没有腰酸背痛和运动损伤
  ◎ 精力充沛
  ◎ 腰围从 91 厘米降到 76 厘米
  ◎ 体型比我 20 岁的时候还好
■ 现在每周的运动是功能锻炼和上坡冲刺跑，健康状态比以前打网球时还好，也节省了很多运动时间
■ 虽然知道现在打网球会比以前打得好，会更有乐趣，但是现在功能训练和短跑的运动量已经够了，时间没有那么宽松，觉得安排几个小时去打网球太奢侈
■ 肩背部还是有一点代偿存在，还在缓慢纠正中，此时去从事网球运动对身体伤害大

五、伟大的运动员给我们的健康启示

不管是拳王阿里、篮球之神乔丹、网球天王费德勒，还是科比、邓肯、梅西、C 罗，这些伟大的运动员有很多的共性：

■ 运动场下，身材匀称又充满活力，展现静态美感，而不是堆砌的大肌肉块
■ 运动场上，展现舒展流畅的动态美，像猎豹一样充满力量和速度，运动控制得协调、平衡
■ 运动效率高——用最少的能量，产生出最大的结果
■ 在高水平竞技运动中，展现出优异的运动能力，又能保持放松的状态
■ 在激烈的对抗、赛程密集的顶级联赛中，很少受伤，运动生命长

这些能力不是天生就有的，而是通过后天勤奋的、科学的训练获得的，科比说过他知道凌晨四点钟洛杉矶的风景。他们赢得冠军又很少受伤的秘诀是：

■ 自律，有良好的生活方式
■ 构建了一个完美的健康金字塔
  ◎ 正确的思维模式、饮食模式，没有烟酒不良嗜好，注意劳逸结合
  ◎ 有伤病积极治疗

◎ 有疼痛不拖延不掩盖，找出原因，及时解决

◎ 训练灵活性和稳定性，加强关键链训练

◎ 合理地训练运动功能、体能

◎ 专项体能训练

◎ 运动技战术训练

和他们一样我们也能够这样去做，只要做到健康金字塔的第三层，我们就会健康，体型美好，身体功能好，远离颈肩腰腿痛。最重要的是，这些美好的东西一起都给你，一个也不少！

如果做到第四层，我们就升级到运动能力强、很少受伤的状态——真正享受运动的快乐，运动健身，而不是运动伤身！

如果做到第五层，我们不但拥有健康、性感、不疼痛的身体，还会是业余运动高手，也可以是拥有雄厚的运动基础、很有发展潜力的职业运动员。

如果做到第六层，你已经是顶级的运动员，还会成为运动常青树。我们国家的运动员能够长期保持高水平的运动竞技状态的并不多，郑智是少有的常青树之一。这几年，恒大年年三线作战，加上国家队的比赛，同时，他们还参加过 2013 年和 2015 年的国际足联世界俱乐部杯，比赛的密集程度可想而知，郑智还能在快 40 岁时胜任恒大足球队队长和国家足球队队长，在如此密集的赛程中一直维持着非常良好的状态。可以想象郑智一定是按照某个健康原则维护着自己的健康。

整体健康金字塔理论体系的诞生，为人体健康维护构建了方法论；这个方法论的本质和密码就是升维身心系统，对身心所处环境建立俯视感，减少人体熵增：

■ 升维身体，身体抗干扰能力增强，在生活、工作中没有腰酸背痛，参加高强度运动时表现良好，不受伤

■ 升维精神和思维，生活和工作有使命感，掌控全局，条分缕析，不迷乱

所以，健康必须是整体的健康！

整体健康金字塔理论就是一个大的、多元的思维模式，在宏观上为健康管理把控方向，其中包含了五维而治思维模式、饮食模式、呼吸模式、运动模式，其中五维而治思维模式和运动模式又包含众多子模式。所以，整体健康金字塔理论的践行者，如果把诸多正确维护健康的思维模式集中应用在自己身心之上，必将产生巨大的健康 lollapalooza 效应。

整体健康金字塔理论的意义：

■ 本理论对大健康产业进行统一归类，为维护健康和挑战身体的心理和身体极限梳理逻辑关系，更好地为健康事业服务

◎ 维护健康的行业、学科、专业及理论繁多，如医学的诸多专科还分亚专科，甚至有的又分为亚亚专科，这是必需的，胡子眉毛一把抓不是科学，也造就不出匠人
◎ 医学有自己的局限性，要和其他大健康行业融合，才能接近病情的真相
◎ 真正的健康管理专家应该是像一个交响乐队指挥一样的角色，负责整体把控和调度
  △ 在其指挥、管理下，健康管理才能做到专业、避免偏见
  △ 一站式的、整合诸多专业，可以做到既有整体观又有专科治疗，**避免一个医者的低维度整体观，也避免诸多匠人级别的盲人摸象**
  △ 将彻底改变目前医疗保健领域的被动局面。如果把疾病的治疗和健康的维护比作一个交响乐队的话，那么当下的情形是每个乐手都关在自己的房间里，很少会面通气。而健康的用户挨个敲门，听了小提琴，又听大提琴，再听小号，对音乐要求不高的（即简单的伤病）也就罢了，但是对想听交响乐的用户（即疑难杂症、病情复杂的患者）来说，无论听多少个独奏，自己也无法将它们组合成一部交响乐，这是真正的看病难
  △ 医疗保健的格局需要巨变
  △ 医学院的教育也要进行彻底改革

■ 对于健康工作者，知道自己的专业处在哪个位置以及自己知识结构的短板和发展方向
■ 对于健康追求者，知道自己的健康处在哪个阶段，清楚自己今后维护健康的正确途径和方向
■ 对于运动爱好者，知道什么是科学的运动模式
■ 对于职业运动的从业者，知道职业运动员培养和发展的规律和运动常青树的秘诀
■ 消弭了健康工作者和健康追求者的界限。只有健康工作者也是健康追求者的时候，其专业知识和技能才是有温度的；当健康追求者具有很高的健康商数时，会促进健康工作者的职业进步
■ 模糊了运动爱好者、业余运动员和职业运动员的界限。只有运动具有普遍性、职业运动员不再是少数的特殊阶层时，职业运动才能神圣、净化，职业运动才能得到真正的发展和提高，运动的群众基础广泛才能产生高级别的职业运动员

运动场上的常青树、常胜将军，其动作效率的改善，使他们的动作更经济、更有效。换言之，高效率使其成为常胜将军。

第二章

整体健康金字塔第一层

——良好的生活方式是健康的根基

第一节 思维模式

“人们在乡间、海边或者山林之中为自己寻找休闲胜地，一个人在哪里也没有像在内心一样能找到更加平静、没有烦恼的闲隐之地……所以经常去你的内心寻找平静和退隐，让自己焕然一新。”

——马可·奥勒留

“人类的头脑既是宇宙的光荣，也是宇宙的耻辱。”

——帕斯卡

你有没有因离健康和体适能目标只有一墙之隔，就是无法突破平台期而沮丧的情况？不管这个目标是再减 10 千克体重，是再增加 5 千克肌肉，还是减掉肚腩。你把所有事情都做对了，经常规律性运动，健身房里苦练，注意饮食，最后还是达不到目标……

当你越来越失望，对健康计划和目标几乎快放弃希望的时候，旁边却有一群人是这样的：

- 能够打造一副健康、性感的身材——那种穿衣显瘦、脱衣有肉的好身材
- 每天都活力四射，有用不完的精力
- 充满自信，神采奕奕
- 看起来非常棒
- 思维敏锐，工作高效
- 做自己热爱的事情，功成名就
- 和家人有充足的时间相处

（注意：这些诸多优点往往同时聚集出现某些人身上，常常“组团”出行！）

你可能和多数人一样，认为自己无法企及这些美好，并且相信能够做到这些的人都是“超级明星”，天赋异禀或者拥有一些别人学不来的才华。其实，你与这些人的差距并没有大到无法接近。

很多情况下，他们也是从普通人发展而来，也曾与肥胖、皮包骨等健康问题进行抗争，这些健康问题可能就是现在让我们感觉困惑的问题。我们一生当中会遇到无数

次挑战，这些挑战会使我们变得强壮，让我们的生活富有意义，我们从挑战中学习，这些挑战也就定义了我们，塑造了我们。

那么你我与这些人的差别在哪里呢?

其实，不管是运动、健康、生意或者其他任何事业，成功者和尚未成功者之间的最大差别是思维模式的不同，而不是努力不努力、辛苦不辛苦，可能普通劳动者比公司老板还付出更多的劳动。

他们某些方面和你我一样都是普通的，但是他们也有不一样的地方：他们在如何思考和如何行动上表现出不一样，他们装备着一套不一样的信念系统使他们取得非凡的成功，脱颖而出。

不管健康目标是减肥、增肌、提升身体机能状态、为某项运动而训练，还是提高体适能或者任何其他目标，成功的人和没有成功的人在思维模式和行动上有差距，且差别足够大!

我们愿意帮助人填补上这个差距，最后达成他的健康心愿：减肥、增肌、提升身体机能状态、提高体适能、为某项运动而训练或者任何其他目标。虽然每个人的健康目标各有不同，但是完成目标的基础是一样的。

那么这些成功人士脑袋中到底在想什么，才造就了他们与普通大众不同呢?

思维模式决定了他们与众不同。多数情况下，你怎么想的决定了你最后成为什么。既然你的行动是由想法决定的，那么你思维的强大能量就是你最大的天赋，其足以自制去塑造你的完美身体，保持健康，完成你的梦想。

头脑的比赛即所谓脑袋里的竞争帮助他们赢得了外部竞争。

正是他们脑袋里装的想法、想象力、信念使他们脱颖而出。

正是他们这种成功的思维模式，促使他们制定最有效、最强大、最可靠的健身和饮食计划。

正是这些思维、精神的东西让他们成功打造出健康的、强壮的身体，也让这些思维和精神生活在健康强壮的身体内。

想象一下，你能够像他们一样思考吗?

我们的大脑有三种形式的思维模式：

- 有意识的过程
- 潜意识过程
- 创造性的无意识过程

通过这三种思维模式，我们对碰到的每一件事情、接触到的每个人，建立并维持自己的看法。值得警惕的是：不管这些看法是对还是错，我们都信以为真!

我们的社会现在陷入用药片、药水或者手术来解决问题的思维模式中：

- 睡不着觉，有安眠药
- 想减轻体重，有药物手段也有手术手段

但是，凡是药物都有副作用，药物之间会有相互作用。

思维模式，对一个人的影响至深。积极的思维模式，是一个人进步的不竭动力；消极的思维模式，是一个人堕落的万丈深渊。

正确思维模式本身就是五维健康的一部分。思维模式错误会影响整体健康，思维模式不佳或者过时，直接造成内心世界秩序紊乱，日常生活各个方面都会出现问题，影响身体健康。

一个人拥有多元的、跨多行业的思维模式后，他就达到了智力健康，掌握了巨大的智慧，也就不会犯一些低级别的错误。比如他在维护健康时会具有火眼金睛，除了摆脱药物、手术的简单思维模式之外，还会避免以下几种思维模式：

- 有的人在健康时洋洋得意，在伤病时郁郁寡欢。其实事情并不是绝对的，否极泰来，泰极否至。健康的时候要居安思危，伤病的时候要汲取经验。切不可用非黑即白的方式思考，让自己产生极端化思维
- 伤病后自暴自弃，便如祥林嫂般不断述说，仿佛世界都是黑暗的。他们从不想从伤病中获得教训，而是不断夸大痛苦，自怨自艾
- 喜欢给自己贴上“就是这个体型了”“老了”“中年发福”“关节硬了”的标签。这是逆来顺受的心理，你给自己贴上什么标签，就容易使自己朝某个方向迈进
- 经常想“我抽烟喝酒又不运动，身体不也好好的？”切莫把一切假象当作事实，要有是非分辨能力，不要和科学较劲，赢了又如何？输得起吗？
- 一动不动，明明是习惯性的懒惰，却美其名曰“乌龟养生法”

在健康维护中，我们提倡的思维模式应该含有以下诸多成分：

- 养成跨界、多元的思维模式
  - ◎ 锻炼出火眼金睛般的判断力，能够辨别真伪，不会轻易上当
  - ◎ 拒绝以讹传讹，养成清晰的方法论
- 生活有目标，如果你没有目标，死亡便成了唯一的目标，那么隐藏在你潜意识里的自毁机制就会悄然启动，让你的身体每况愈下
- 如果有目标，就会有积极的心态，努力去寻找实现目标的途径，就会勤于用脑。目标不一定要大，学习唱歌、组织旅游等都可以是目标
- 带着一种精神、一个使命感去生活，精神能量是一种内在活力，是一种维持我

们心灵健康的内在生命力

- 乐观的人有强大的社会网络并能很好地处理压力，人类 65%~90% 的疾病与心理的压抑感有关，如果人是快乐的，大脑就会分泌多巴胺等激素，让人心绪放松，使人体各机能互相协调、平衡，促进健康
- 降低人体熵，建立身体和精神上的秩序
  - ◎ 正能量的含义是高品质的能量，高品质能量的意思就是低熵。而低熵在某种意义上就是有序、确定性高
  - ◎ 人必须从体外源源不断地获取能量，因为根据熵增原理，在没有外界条件干预下，自我系统只会走向无序
- 有一种真实的幸福感，是一种发自内心的踏实、祥和的感觉
- 做充满正能量的人
  - ◎ 内心的价值与信念清晰有序
  - ◎ 对事情的看法清楚明白
  - ◎ 意志坚定，不会因为挫折打击而动摇放弃，积极进取，能够不断开拓有意义的生活
  - ◎ 对外物有相当大的兴趣，不会沉溺在自己的世界中无法自拔
- 不迷信，知道自己的能力边界，也能看清健康专家的能力边界
  - ◎ 不会找寻偏方，追求奇迹
  - ◎ 不会迷信神医半仙
  - ◎ 不会过度迷信医学专家。多数专科的医学专家不具备多元思维模式，而好的健康管理需要人们具有更宽广的视野、更加高屋建瓴的眼光
- 把健康维护当作事业来经营
  - ◎ 谁不呵护身体，健康将远离谁
  - ◎ 不要平时不管不顾，有病就去医院
  - ◎ 信奉预防胜于治疗，主动的科学运动胜过被动的保健品、按摩的理念
  - ◎ 肯投入心思、精力、时间和金钱
  - ◎ 愿意采取行动和必要的改变，践行健康的生活方式
  - ◎ 虚心学习交流，能够鉴别和接受有益于健康的事物
  - ◎ 善于反馈，认识自己的内心，与身体对话了解肉体的反应
  - ◎ 承认维护健康是一个技术活，除了接受医务人员的指导和服务之外，还学一些基本的健康维护原则和技术。就像司机一样，不仅要学习驾驶基本原理，考取驾照，还要学习基本操作，如加油、加水、换胎

◎ 不求一蹴而就，但求润物细无声

◎ 具有自律性，高度自制，不会自甘堕落，放任自己的生活随波逐流

◎ 积极看待衰老，用积极主动的生活方式和衰老做抗争，不要轻易缴械投降

◎ 生活态度积极主动：与人为善，多点宽容

◎ 保持年轻的心态

◎ 责任心强

◎ 经常和生活方式健康的人交往

◎ 良好的人际关系对健康也非常重要，是所有健康长寿的人的共性

◎ 端正意识，必要时改变心态

◎ 合理分析责任，勇敢承担自己的过错

■ 对主流西医医学（即对抗医学）有一个正确的认识和定位

◎ 主流医学治疗理念是对症治疗、对抗疗法

◎ 学科划分越来越细，思维模式受专科框架限制，现代医学手段很少有机会针对病因治本

△ 如果头痛是由颈椎不稳引起，吃什么药能治好头痛呢？

△ 如果抑郁症是由长期便秘导致，吃什么抗抑郁药可能也不会管用

△ 如果膝关节前交叉韧带断裂是由踝关节或者髋关节的问题引起，前交叉韧带重建手术后，手术没有达到预期效果或者又再次损伤了，这种概率有多大？非常大

△ 很多伤病的发生是由于全身心问题，只在医院大流水线上的一个小节点接受治疗，预期效果可想而知，好消息是有的医院或者医生正在寻求改变这种情况

■ 对中医也要有一个正确的认识和定位，很多似是而非的观念在大多数人的头脑里根深蒂固，需要重新审视

■ 真正重视健康，要用行动力而不是口头证明

一个人的思维是决定人生走多远、事业多辉煌的最重要因素，多元、跨界、正确的思维模式可以让你运筹帷幄之中，决胜千里之外，少走弯路，事半功倍。

在健康管理上也是一样，你的思维模式决定你的健康程度，下面是几种典型的思维模式：

■ 忽视、压抑身体给你的信号——鸵鸟思维模式

■ 寻求一瓶药、一次按摩、一个手术来解决问题——被动思维模式

■ 不断学习，倾听身体的声音，改善自己的生活习惯——主动思维模式

- 跨界学习，打开视野，可以分清“专家”和“砖家”的区别——多元思维模式
- 维护健康时不失去理性，不迷信神医，也不迷信专家——科学思维模式

您是哪一种思维模式？

第二节　呼吸模式

“古之真人，其寝不梦，其觉无忧，其食不甘，其息深深。真人之息以踵，众人之息以喉。”

——《庄子·内篇·大宗师》

民以食为天，食物对人的生存至关重要。人不吃东西最多可以活四十天；水是生命的源泉，人不喝水，也可以活几天；但是免费的空气对生命的重要性却经常被忽视，人没有空气几分钟就没命了。呼吸是人们习以为常的事情，因而它很少像食物、水、运动一样成为人们的日常话题。

对一般人来说，呼吸只有在人生的一头一尾受到重视：

- 小孩子出生，如果不破啼吸进人生第一口气，在场的所有人都会异常紧张
- 老人临终时刻，只有在吐出人生最后一口气后，才与在场的亲人阴阳两隔

其实在头尾之间，人们也应该非常重视呼吸，因为：

- 氧气是最主要的生命力元素
- 正确的呼吸模式是身体获得充足氧气的关键
- 婴儿出生后的前 3 个月，一心锻炼自己的呼吸模式。只有搞定了呼吸模式，才开始主动观察探索世界
- 呼吸是维持生命所必需的，正确的呼吸模式可以促进健康
- 呼吸模式不佳，容易产生很多健康问题
- 一个看似简单、不易被察觉的吸气动作，不光是为有氧运动提供氧气：我们的身体在做每个一呼一吸动作的同时，都在平衡着肌肉、关节和情绪

为完成呼吸这一任务，我们不惜任何代价，可以做任何事情来得到需要的空气：

- 改变我们的身体姿态
- 调整我们的关节位置
- 平衡肌肉的张力和激活状态
- 改变神经的功能

因此，我们的呼吸如果没有达到理想状态，可能出现膈肌的功能的失调和异常，从而影响到腹内压的正常调控，甚至会出现：

- 身体姿态的扭曲
- 关节位置不居中
- 肌肉张力异常
- 神经功能失调
- 压力与情绪增加

正确的呼吸模式是腹式呼吸：

- 吸气时，完全充满胸腔、腹腔，直到充满盆腔底部
- 呼气时，拉长吐气时间，把所有空气排空
- 呼气和吸气时，一直要保持一定的腹内压力（腹肌收缩）

呼吸模式好，达到良好的身体状态，体内有充沛的氧气，身体姿态舒展，肌肉功能协调。此时，我们身心舒畅，情绪稳定，开朗，充满正能量。

如果我们的呼吸做得不好，没有给身体供给足够的“维生素氧”，就会出现以下几种症状：

- 腰痛
  - ◎ 我们的身体不管是坐着、站着，还是走路、跑步、跳跃、提重物，都不应该感到腰痛，人天生地就应该可以无疼痛地做这些活动
  - ◎ 如果呼吸正确，会维护腹腔的内压力，来稳定骨盆和腰椎
    - △ 不管做哪种活动，这个腹腔压力都能给骨盆和腰椎提供稳定
    - △ 如果压力不够，骨盆和腰椎就无法维持稳定，甚至偏离中立位，从而产生腰痛的风险
- 脖子疼，还经常头痛
  - ◎ 呼吸的时候肋骨不能充分牵开从颈部到躯干的肌肉（斜角肌、提肩胛肌、胸锁乳突肌），反而是颈部肌肉牵拉肋骨和肩关节向上给吸入的空气提供空间
  - ◎ 这些紧张、疲劳的颈部肌肉，就会在肩膀和颈部区域形成造成疼痛的扳机点
  - ◎ 连接硬脑膜的颈部肌肉（如胸锁乳突肌），过度紧张可以导致头痛
  - ◎ 这些过度紧张的颈部肌肉也可以引起磨牙和颞颌关节炎
- 不能转身，连在驾驶位上够到后面座位上的东西都很难做到
  - ◎ 吸气时肋骨上翻，呼气时肋骨下翻。随着呼吸运动，肋骨进行旋转动作，要求胸椎（与肋骨相互连接）也做相应的旋转
  - ◎ 胸椎越容易旋转，就越容易够到后座

◎ 如果够不到后座，说明胸椎旋转不足，影响呼吸

■ 腰带向前倾斜很多

◎ 腰带前后高度应该接近（高度差在 1—1.5 厘米以内），而不应该向前倾斜很多。如果倾斜很多，则意味着骨盆前倾

◎ 骨盆前倾的情况下，得用屈髋肌（腰大肌）而不是腹肌来稳定腰椎

◎ 腰椎被腰大肌向下、向前拉，膈肌（附着在腰 2–3 椎体）就会被向上、向后拉起，这样会减小深度呼吸的能力

■ 膝关节疼痛

◎ 当骨盆前倾的时候，身体的重心也会前移

◎ 膝关节就会过度伸展，体重会过多地压在膝关节前方，局部压力大造成疼痛

■ 锤状趾或者拇囊炎

◎ 屈髋肌（腰大肌）和膈肌之间的长度和张力关系比例合适的情况下，骨盆处在中立位，会形成合适的腹内压，身体重心在中足和踝关节之上

◎ 当骨盆前倾时，就像一直穿着高跟鞋，会把过多的体重放在前足，引起足趾卷曲，时间长了将形成锤状趾

◎ 当骨盆前倾同时大腿向外旋转，就会把更多的体重放在大脚趾，损伤第一跖趾关节，造成拇外翻，形成拇囊炎

■ 鞋底磨损不均匀

◎ 膈肌充分收缩，与屈髋肌（腰大肌）的关系平衡时，走路时足跟中心着地，然后足弓、中足卷起直到脚趾离地，足底两边受力均匀，所以鞋底磨损是均匀的

◎ 如果脚趾或者足跟外侧鞋底磨损过多，表明体重分布不均匀，提示骨盆力线不正，屈髋肌（腰大肌）和膈肌之间的长度和张力关系比例不合适，不能维持合适的腹内压

■ 吸气频率太快或者张嘴呼吸

◎ 休息情况下，成年人平均每 5 秒钟吸气 1 次，即 1 分钟吸气 12 次

◎ 也有教科书上说每 6~7.5 秒钟吸气 1 次，即 1 分钟吸气 8~10 次

◎ 瑜伽练习者建议每 10~12 秒钟吸气 1 次，即 1 分钟吸气 5~6 次

◎ 对比之下，癌症病人 1 分钟吸气 20 次

◎ 有一项研究对比每分钟呼吸 8 次、 12 次和 16 次的效果，发现呼吸越深、频率越低，对心率、血压和交感神经系统的神经活动越好

■ 蹲下时不能呼吸

◎ 如果你的骨盆在肋骨下的力线正常，那么在蹲下系鞋带时，胸腔和腹腔还有足够的空间进行呼吸

◎ 如果肋骨外翻，膈肌向下拉开肺叶的能力变弱，胸腔充气的能力下降，西装下时吸入氧气的量则会减少

怎么样恢复理想的呼吸呢？好的康复治疗师和体能教练、运动防护师都重视呼吸训练，有很多宗教也都关注呼吸，所以有很多种类的呼吸训练方法。在此，我准备介绍两种方法。

第一种是最简单的方法，任何人都很容易做到，就是改正上面介绍的那些你不能做的或者做得不好的方面：

■ 缓慢、深沉呼吸，呼气要充分

◎ 不管身体处在什么姿势，吸气时气体完全充满胸腔，向下经过腹腔，直到充满盆腔底部

◎ 在处于站立、蹲下、端坐、躺下等不同体位时，练习缓慢、深沉吸气，注意让气体充满从锁骨一直到骨盆底的所有空间，这样自然会增加你的吸气时间

◎ 然后完全、充分呼气，正如吸气时把所有空腔填满，呼气时把所有空腔排空

◎ 有力、完全地呼气后，深吸气就很容易了

■ 用腹肌支撑你的关节

◎ 在处于站立、端坐、行走等不同体位或者从事任何活动时，都要用腹部而不是腰部传导力量

◎ 激活从肋骨到骨盆范围内的所有肌肉（包括腹内斜肌和腹横肌）

△ 身体静止时，感到这些肌肉在支撑你

△ 当行走、跑步或者做其他运动的时候，每条腿向前迈出能感受到这些肌肉相互支撑

■ 放松你的颈部和肩膀：呼吸的时候，将你的胳膊放在身体两侧或者膝上休息，不要手臂交叉地放在肋骨上，也不要架在前台或者坐椅的扶手上。这样会使你的手臂和肋骨的运动分开

■ 腰部挺直

◎ 当站立、坐着和仰卧（髋关节和膝关节弯曲）的时候，有意识地下降肋骨，同时向上拉骨盆。这样不会激活屈髋肌（腰大肌）和下背肌（竖脊棘肌），而会激活腹肌（膈肌、腹内斜肌、腹直肌和盆底肌），使腰部处在中立位（不平直也不过度前凸）

■ 站立时，膝关节和踝关节的力线正好在髋关节下方

◎ 长时间站立后，要变换姿势，通常可岔开双腿，使膝关节在髋关节的外侧，脚踝在膝关节的外侧

◎ 站立时，激活大腿内侧肌肉，可以使髋膝踝的力线保持良好

■ 站立时，给左腿多分配一点时间

◎ 人们在站立不动的时候，大多数人倾向于脸朝向左侧，用右腿分担更多的体重

◎ 站立的时候，有意识地用左腿支撑体重，把躯干转向右侧，以平衡工作的肌肉

第二种方法，是台湾杨定一先生在《真原医》里介绍的方法，可以治疗很多慢性病，如气喘、过敏、高血压等。这种呼吸模式训练的要点是：

■ 在心情平静状态下进行

■ 腹式呼吸

■ 丹田观想

■ 吸气缩短，呼气尽量拉长，让吸气和呼气的时间比达到 2∶8

这种呼吸的好处是血液中二氧化碳浓度增加，血红蛋白容易将氧气释放出来供给细胞利用。

第三节　健康的饮食模式

"问渠那得清如许，为有源头活水来。" ——朱熹《观书有感二首》

"五谷为养，五果为助，五畜为益，五菜为充。" ——《黄帝内经》

健康专家建议"早餐吃饱，午饭吃好，晚饭吃少"，关于此建议有个形象的比喻——"皇帝的早餐，大臣的中餐，叫花子的晚餐"。而实际上很多上班一族是"早饭不吃，午饭凑合，晚饭撑个饱"。这些只是笼统的、大众化的说法，可操作性不强。那么我们如何安排饮食才是合理的、可操作性强的呢？本章做一个基本的介绍。

没有饮食就没有生命，但是人体也有强大的适应能力，即使每天吃得很差，吃得很少，也会活下来。每天吃很多垃圾食品，如果食品不是含有大量毒素、细菌，人体也不会立即出现问题。但是，活着和健康是两回事。现在人的食物摄取量比以前多，但是吃进去的食物缺乏天然营养素或者矿物质，这种不完整的饮食结构是出现很多健康问题的根源。

一、饮食与健康

“饮食”“营养”这些词经常说，但是用法常常错误，因此有必要先明确一下几个定义：

- 饮食，是指一个人吃下的一系列食物。不同的人之间饮食构成千差万别
- 营养，一个新颖的定义是指食物构建、维持和恢复健康的生物过程
- 营养素，是指食物中能够给人体提供能量、构成机体和修复组织以及具有生理调节功能的化学成分，即所有能够维持人体健康以及供生长、发育和活动需要的各种物质。人体必需的营养素包括七类
  - ◎ 蛋白质
    - △ 是身体各种组织构建、细胞修复的建筑材料
    - △ 参与体内多种生理功能
    - △ 如果摄入过量（>2 克 / 千克体重）对身体有害。会加重肾脏负担，增加导致严重健康问题的风险
  - ◎ 脂类
  - ◎ 碳水化合物
  - ◎ 维生素
  - ◎ 水
  - ◎ 无机盐（矿物质）
  - ◎ 纤维素

据上述材料来看，“这道菜特别有营养”就是错误说法，怎么说才正确呢？好好想一想！

食物对健康的影响和重要性怎么强调都不过分，甚至比基因对健康的影响还大，证据是：

- 随着时间的推移，饮食结构变化时慢性疾病的发生率也会变化
- 移居到其他国家或地区，饮食结构变化时慢性疾病的发生率也会变化
- 大多数情况下，即使是同卵双胞胎也不会得同一种癌症

现在慢性病发病率越来越高，除了和运动减少等其他因素相关外，和饮食模式不佳有很大关系。现在很多人的饮食特点是：

- 营养过剩
  - ◎ 高动物源
  - ◎ 高热量

◎ 高脂

◎ 高蛋白质

◎ 加工的食物

◎ 精制的碳水化合物

■ 营养素缺乏，缺乏以下营养素：

◎ 植物源的全食物

◎ 复杂的碳水化合物

◎ 食物中的抗氧化剂

梳理和倡导正确的饮食模式对维护健康非常重要。

中医强调药食同源，希波克拉底也认为食物即药物，我们要利用食物的力量，帮助人体防病抗病。摄入足够的、平衡的天然物质构成的营养素可以：

■ 营造出细胞发挥正常功能的最佳环境

■ 保持体内的化学平衡

如果想要合理地安排饮食，让身体摄入健康的、平衡的营养素，你的正餐和零食应完成以下任务：

■ 提供能量

◎ 足够的能量，让你充满活力，精力充沛

◎ 为运动储存能量，蓄能

◎ 能量不足时，身体就会分解你的肌肉来提供能量

■ 身体的组织修复和再生，即我们身体内的组成成分每几个月就会更新一遍。损伤需要修复，功能需要的适应性改建也要身体的组织再生，高质量蛋白质可以提供优质的原材料

■ 防护功能，如健康的脂肪，可以减少炎症的发生，滋养大脑

■ 预防伤病发生，多吃多种颜色的水果、蔬菜，提供维生素、矿物质、膳食纤维和抗氧化剂

■ 提高免疫力

■ 保持充足的水分

更能够完成以下高级的使命：

■ 降低很多疾病的患病风险

■ 预防和治疗很多疾病

■ 减少化学药物使用

■ 促进无病状态下的长寿

■ 促进与健康相关的社会效益和经济效益

二、健康的饮食模式

健康饮食不是只能吃清淡无味的食物，营养丰富的食材当然可以做出美食。健康的饮食原则和饮食模式：

■ 态度方面。仔细品味，欣赏，感恩每一口食物
  ◎ 有充裕的时间，专心吃
  ◎ 小口，细嚼慢咽
  ◎ 根据运动量，掌握食量，很多人吃下的食物超过身体的需要量，造成浪费，也增加了身体负担
  ◎ 吃饭的时候要去感受舌头和食物接触的感觉、食物的质地、咀嚼的过程

■ 认识方面。饮食的目的不是只为了一饱口福，而是通过均衡的饮食给身体提供能量和修复原料，维护健康
  ◎ 蓄能之后，身体活力四射，运动场上体力充沛
  ◎ 维护健康需要组织修复、更新、再生
  ◎ 80% 的时间按照原则执行，20% 的时间可以满足口福

■ 食材方面。尽可能选择新鲜、尽量少加工的食物
  ◎ 合理搭配碳水化合物、蛋白质和脂肪。从热量构成比例上看，合理的组成是：
    △ 碳水化合物 50%~60%
    △ 脂肪 20%~30%
    △ 蛋白质 10%~20%
  ◎ 碳水化合物选择全谷物，即食用未加工或者简单加工的谷物
    △ 天然完整的食物具有内在的平衡机制，食用后不会破坏身体的新陈代谢平衡状态
    △ 最佳推荐：燕麦、扁豆、红薯、全麦面包、糙米等
  ◎ 优质蛋白，为身体修复提供好材料，保护免疫系统，维持肌肉质量
    △ 最佳推荐：鱼、虾、鸡肉、鸡蛋、黄豆和其他豆类、豆腐等
  ◎ 健康的脂肪：能够缓慢释放能量，降低身体对其他食物的血糖反应；作为细胞修复的材料；促进脂溶性维生素吸收；Omega-3 脂肪酸会提高认知能力，减少炎症，维持心脏健康
    △ 最佳推荐：鲑鱼（即三文鱼）、金枪鱼、大马哈鱼、鱼油，生坚果如核

桃、花生、杏仁等天然果仁，亚麻籽油、橄榄油等

◎ 多彩的水果、蔬菜，是维生素、矿物质、抗氧化剂和酶的来源

△ 最佳推荐：西兰花、大白菜、菠菜、青椒、甘蓝、甜菜等蔬菜，还有蓝莓、葡萄等浆果，以及橘、橙、苹果

△ 生食最佳。超过48℃的烹饪方法会破坏天然的酶和抗氧化剂，富含活性酶的饮食有助于消化，能减少肝脏、胰腺的负担

◎ 高纤维食物，增加肠蠕动，降低致癌物浓度及其致癌作用，减少脂肪吸收，有利于益生菌生长

△ 每餐食物要50%以上是高纤维食物，正确选择碳水化合物和蔬果可达到此标准

■ 频次方面。3次正餐+1至3次加餐

◎ 保持能量的持续供应，保持精力，情绪稳定

◎ 防止两餐之间时间太长，身体分解肌肉供能

◎ 强调早餐的重要性

◎ 加餐根据具体情况而定，一个苹果或者几颗坚果或者一个下午茶都是加餐，如果是增肌期间频次和质量都要严格执行

■ 水分方面。身体的绝大部分是由水构成的，水对身体的所有组织和各种功能都具有非常重要的作用，所谓"无水舟停，增水行舟"

◎ 没有比水更好的饮品，茶、咖啡、葡萄酒和饮料等饮品不能代替身体所需的天然水，这些饮品不仅会消耗冲调它们时的水分，还会消耗身体额外的水分

◎ 起床后尽快喝400～500毫升的水

◎ 一天喝2～3升的水，分多次喝，不要等到口渴时才想起喝水

◎ 运动饮料是为高强度的运动而设计的，并不是为了补充基本的水分而设计

◎ 运动中要保持水分，在运动前、中、后都要喝水

◎ 身体缺水造成了水代谢功能紊乱，生理紊乱最终又导致了诸多疾病的产生。水就像人体清道夫，参与新陈代谢和排出废物

△ 水喝得不足，身体的代谢紊乱，废物累积体内，会导致便秘、结石等问题，也让人精神变差、容易疲累

◎ 水可以帮助治疗或者预防

△ 心脏病和中风：因为水能稀释血液，有效地预防心脑血管阻塞

△ 骨质疏松症：因为水能使成长过程中的骨骼变得更加坚固

△ 高血压：因为水是最好的天然利尿剂

△ 糖尿病：因为水能够增加身体内色氨酸的含量

△ 失眠：因为水能够产生天然的睡眠调节物质——褪黑激素

△ 抑郁症：因为水能使身体以天然的方式增加血清素的供应

△ 白血病和淋巴瘤：因为水能够将氧输送进细胞，而癌细胞具有厌氧的特征

◎ 随着年龄的增长，细胞内的水分含量将逐渐少于细胞外的水分含量，细胞内部的水分逐渐流失，将导致水渗透平衡被完全打破，细胞的吸水性能和储水性能将会逐步丧失，组织开始干瘪

◎ 老年人体内的水分充足，能提高蛋白质和酶的活性，可以最大限度地预防过早老化

■ 运动后恢复方面。运动或者训练后的恢复做得好，可以让身体充分利用这次运动或者训练对身体的刺激产生适应和提高运动能力，让身体强壮，也会为下一次运动或者训练做好准备

◎ 运动前蓄能：充足的水分以及坚果、浆果、香蕉、麦片、酸奶、花生酱、三明治等

◎ 运动中蓄能：每 15 分钟要补充 200 毫升水，运动或者训练超过 45 分钟可以补充运动饮料

◎ 运动后蓄能：身体强烈需要营养补充

△ 营养补得好，促进组织修复与合成，增加瘦体重，日复一日，身体变得强壮，运动能力提高，运动的益处逐渐显露

△ 没有补营养或者补得不合理，身体分解自己，这样，运动效果大打折扣，甚至会伤害身体

△ 时机：越早越好，最好在运动后 10～30 分钟以内，90～120 分钟以后已经失去时机

△ 补充成分：水、碳水化合物和蛋白质，推荐香蕉和牛奶

◎ 基本营养支持，如全食谷物、优质蛋白质、健康脂肪、多彩果蔬

◎ 天然食物是基本的营养支持，是首选。营养素缺乏或者需要量大的人必要时可以服用补剂，职业运动员可补充的补剂有：

△ 羟基丁酸甲酯

△ β－丙氨酸

△ 肌酸

一个人的饮食习惯不健康，饮食结构不合理，又吃一堆零食，在不参加运动锻炼的情况下，这种饮食模式对身体的损害是慢性的。如果开始锻炼，那身体必然会快速

出现问题，如内分泌失调等。因为开始运动锻炼后，身体的能量需要和身体改建对营养素的需要，身体的恢复、适应都对饮食模式提出很高的要求，这时候不要把原因轻易归于训练过度，为终止运动锻炼找借口。而应该评估饮食习惯，调整饮食结构、饮食量和时间。

对运动负荷超大的职业运动员来说，许多突发病、肌肉拉伤、痉挛，都与饮食不当关系甚密。健康而平衡的饮食和营养素摄入，不仅能提高运动员的抵抗力和疲劳之后的恢复能力，也能帮助普通人和运动爱好者保证精力充沛和预防伤病的产生。

素食者并不一定营养不良，体力不支，反而很多营养学家认为以全谷物、不加工的植物为食是最好的饮食模式，原因是：

- 人类头部的骨骼和肌肉以及牙齿、唾液、胃肠，即消化系统更像草食动物
- 蛋白质最佳来源是新鲜的植物性食物，而不是烹调过的动物蛋白质
- 人体对蛋白质需求量不大，每天 23 克，或者占总热量的 8% 就够了
- 多彩的水果、蔬菜，是维生素、矿物质、抗氧化物和酶的来源
  - ◎ 生食最佳，酶的活性保留，有助于消化
  - ◎ 蔬菜打汁在正餐食用，水果最好单独生吃
- 素食并不会导致没有力气，羚羊的速度和耐力兼备，牛、马、象也是力气和耐力兼具，只吃竹叶和水果的银背大猩猩更是力大无比

不要再想象这样一番景象了：橄榄球运动员撕开多汁的牛排，兜一围巾吃着使人发胖的食物，大快朵颐。现在不光是美国橄榄球运动员，越来越多的职业运动员，如篮球、足球、网球运动员等，开始吃全素食或者 80% 是植物来源的食物。

- 美国新英格兰爱国者橄榄球队四分卫汤姆·布拉迪在 30 多岁还能统治赛场，在 40 岁依然强壮，2017 年已经是第 8 次参加超级碗决赛，他把这一切归功于素食（80% 植物源食物）和肌肉的柔韧性训练
- 这些职业运动员改吃素食或者 80% 植物源食物后，感觉非常棒
  - ◎ 往身体里加了好的能源
  - ◎ 能量水平上升了
  - ◎ 有助于减重
  - ◎ 身体恢复得更快
  - ◎ 运动水平也提高了
  - ◎ 肌腱炎缓解或者消失了（身体的炎症与肉食有关）

研究发现素食也给普通大众带来好处：

- 提高身体的整体健康状况

■ 情绪更加稳定，焦虑、抑郁、疲劳感明显改善
■ 提高员工的工作效率和工作量
■ 低脂、高抗氧化物和B族维生素，有助于降低身体内炎症的发生概率

《黄帝内经》中的推荐饮食模式是："五谷为养，五果为助，五畜为益，五菜为充。""五谷"指的是：稷（小米）、麦（小麦）、稻（大米）、黍（黏黄米）和菽（豆类）。都是"种子"。种子是植物特有的繁殖体，种子都有生发之力、繁殖之性。人类依靠这种具有生发之力、繁殖之性的谷物才得以存活，繁衍不息。

梅西不只是足球场上才华横溢的当代球王，还是球员中的铁人，他在欧洲联赛中的出勤首屈一指，其中的诀窍就是注重营养。

■ 梅西改变了饮食结构：不再吃那些贮藏性食品，腌肉、肉脯等转换类食物，及过于油腻的东西，改为吃富含维生素、矿物质的食品，以谷物、豆制品、蔬菜、水果为主，还有鱼肉和橄榄油
■ 有些食品对人体有害，有利于炎症产生和扩散；而有些食品正相反，可以抵抗和减少炎症

现在物质丰富的年代，有两种人非常可悲，在无谓地伤害身体：

■ 摄食过多而又营养不良。饮食结构不合理，使很多人成了营养不良的胖子
■ 极度克制食物的摄入，进行不科学的节食。长期缺乏营养素，人体为活命而"节衣缩食""拆东墙补西墙"，代价是牺牲健康

三、远离垃圾食品

远离垃圾食品不仅仅是一句口号，而应该成为健康生活的准则之一。世界卫生组织公布的全球十大垃圾食品：

■ 油炸食品
■ 腌制食品
◎ 发酵的蔬菜、乳制品、豆类等含有丰富的酶，有助于消化食物，可以少量食用
■ 加工肉类食品（香肠、肉干、肉松）
■ 饼干类食品（不包括低温烘烤饼干和全麦饼干）
■ 汽水类食品
■ 方便类食品（方便面、甜点等膨化食品）
■ 罐头类食品
■ 蜜饯类食品

- 冷冻甜品类食品（冰激凌、冰棒、雪糕）
- 烧烤类食品

科学研究证明，食物中的某些成分是诱发癌症的决定性因素。目前已经确定的第一类致癌物有 87 种，部分是：

- 黄曲霉素，最喜欢藏在发霉的食物里，尤其是发霉的淀粉含量高的食物和坚果类食物，如发霉的花生、自榨花生油是黄曲霉素的重灾区
- 酒精，在人体内的中间产物——乙醛是强致癌物，任何酒类、任何酒量都是不安全的
- 咸鱼、咸菜中含有大量的亚硝酸胺类混合物，长期食用腌制食品的人，患鼻咽癌的概率是不长期食用者的几十倍
- 烧烤类食物中含有大量的苯类化合物，这些物质是癌症诱发的直接因素
- 槟榔中含有多种生物碱，是诱发口腔癌的直接元凶
- 隔夜饭菜中含有亚硝酸盐，它们进入人体内会转化成亚硝胺，亚硝胺具有强烈的致癌作用，主要会引起食管癌、胃癌、肠癌等
- 未经过高温煮熟不能完全杀死螺类中的华支睾吸虫，这种寄生虫一旦进入人体，会引发胆管发炎、肝纤维化和肝硬化等疾病，与胆管癌、肝癌的发生有密切关系
- 吸烟会增加心血管疾病、呼吸道疾病的发病率，且吸二手烟的危害超过一手烟。烟草中的尼古丁、焦油等是致癌物质

第二类致癌物，有较大的可能性对人体致癌。与第一类致癌物相比，没有直接证据表明其可致癌，但已通过动物身上实验得到了验证：

- 薯条、油条
- 发霉的生姜
- 被霉菌污染的牛奶
- 有些酱油中含有“柠檬黄”“日落黄”等人工合成色素，这些合成色素过多会转换成致癌物质，进而引发皮下肉瘤、肠癌和恶性淋巴癌等

还要强调一点：追求健康的人要远离可乐、果汁饮料。因为：

- 我们在正常情况下是靠吸取饮食中的营养素，获得热量。而直接喝饮料获得的热量叫“虚卡路里”，它里面的糖没有任何营养，只有热量
  - ◎ 这些饮料含有各种人工色素
  - ◎ 这些饮料还含有很多的磷
    - △ 小孩儿喝了以后，钙磷比例失调，影响骨骼发育

△ 老年人喝了会诱发骨质疏松

中国古人就说“民以食为天”，我也认为饮食的重要性怎么强调都不过分。关于饮食模式我们有很多似是而非的观念需要检讨，我想引用康奈尔大学教授、一位颇具良知的营养学家科林·坎贝尔对营养学研究的世纪之问：

- 在多大程度上，营养素摄取的量能够预测组织水平的营养素功能？
- 以药片的方式吃营养素和以食物的方式吃营养素，给身体带来的好处一样吗？
- 某一种营养素在人体组织内的功能，在多大的程度上受到其他营养素的影响？
- 营养素在体内要经过以下诸多阶段：消化—肠道吸收—血管内以活性或非活性形式的转运—组织内配置—细胞内代谢、储存和分泌。而营养素在体内的转移速率并不是恒定的，比如说其转移速率变化范围是上下浮动 5%~25%，那么怎么根据速率的变化去估计营养素摄取量和该营养素在组织中的作用之间的关系呢？
- 营养素和营养素之间的相互作用有很多未解之谜，能通过化学的方法进行预测，进行生物学解释吗？
- 当某一营养素的一个有功能的代谢中间物活性高 2~3 倍，而且其生成的速率还在不断变化时，那么这个营养素以什么形式储存才有意义？
- 身体维持稳态的特性，在调节营养素在组织中的功能过程中起到什么作用呢？
- 为什么医学院不教营养科学？为什么国家卫生研究院没有专门的营养研究所？为什么营养科学的教学中缺乏批判性思维和实际意义？
- 为什么在平价医疗法案的激烈辩论中，两党都没有考虑将营养作为降低医疗费用的一个手段？

我们吃什么身体就是什么——我们吃进去的食物，消化吸收后成为改建细胞、组织结构的原料：

- 吃进去的是油条、勾兑的牛奶，怎么能长成小鲜肉呢？
- 合理的饮食模式是维护健康最有力的武器，食物是良药
- 吃一把蓝莓不可能治愈癌症，但是如果是饮食不当导致的头痛、反胃、痤疮，就不要靠吃药治疗了
- 很多人不知道正确的饮食模式可以预防很多疾病，包括癌症
- 许多医生知道吃得好再加上运动，对身体好，但是不知道食物是如何影响身体的，不会教病人该如何选择食物
- 有些食物可以消炎，有些可以引起慢性病，医生应该像开处方药一样开饮食处方
- 医疗保健应该从超市而不是医生诊室开始

人体并不是一架天平，也不是一个方程式，至少不是一个线性的方程式，其复杂程度不是现在的简单解读方式可以认识的。关于饮食模式我们基本的态度应该是：

- 从健康管理角度看，降低人体熵、保护基因和肠道微生物是饮食的基本使命
- 从科学进步的角度看，现行的研究思路可能需要改变

不管是减重还是改善健康状况，最好的饮食模式是：

- 既不要紧盯主要营养素也不要紧盯卡路里
- 要吃合理的健康食物组合
- 甚至不用考虑我们的基因和胰岛素水平
- 有益健康的食物优先于个性化饮食
- 马吃草虎吃肉，人类也应该有自己物种的饮食模式
  - ◎ 跨越地域、种族、文化的差异，养育活力和延长寿命
  - ◎ 真正的食物，即接近自然、最少加工的植物源食物
  - ◎ 蔬菜、水果、坚果、种子、豆类、全谷物
  - ◎ 肉类可有可无
  - ◎ 奶制品可有可无

顺便一提，几十年前我做实习医生时，实习的第一个科室是心内科，老师刘医生是一个胖子。跟他值班的时候，他的鼾声震耳欲聋，我根本无法入睡，每个值班的夜里我都是在办公室看书。有一次值夜班，他没有睡，我们交谈了很多内容，他还向我表达了歉意，说："自己太胖所以呼噜声无法避免。"随后很正式地给我建议：年轻的时候要尽量把好东西都吃遍了，要不然像他这个年纪还贪嘴，就无法控制体重了。

到现在我还觉得这个建议非常好，把人性的两方面都照顾到了。

第四节　呵护消化系统

"吃饭，不要太多，以植物为主。" ——迈克尔·宝兰

"道生之，德蓄之，物形之，势成之。" ——老子《道德经》

现代的生活方式造成了很多的消化道问题，美国的统计数字显示美国人：

- 15% 的人有便秘
- 15% 的人有肠道激惹综合征（特点是体征复杂，如腹痛、腹部绞痛、腹泻、便

秘、腹胀、恶心等）

- 7% 的人患有溃疡病
- 7% 的人有烧心（胃酸返流）的症状
- 每年还有新增的数以万计的胃肠道的恶性肿瘤的病例

消化系统出现这么多问题的原因有：

- 食物过度加工，营养素流失
- 生鲜食物少
- 食物咀嚼不够，吃得太快
- 食物遭有毒物污染
- 膳食纤维（特别是可溶性纤维）摄入量不足
  - ◎ 可溶性纤维能延缓胃排空速度，增加饱腹感，让小肠的营养素吸收过程更充分
  - ◎ 不可溶性膳食纤维可促进肠道蠕动，软化大便，预防便秘

我们在中学学生物的时候就知道酶是生物反应的催化剂，是身体正常运转所必需的，多数酶是蛋白质。这些酶和消化系统乃至全身的健康关系密切。酶可以分成两大类：

- 代谢酶，参与细胞的各种生理活动
  - ◎ 呼吸
  - ◎ 产生能量
  - ◎ 吸收营养素
  - ◎ 调节激素含量
  - ◎ 愈合
  - ◎ 减轻炎症
  - ◎ 延迟老化
- 消化酶，帮助身体消化食物
  - ◎ 消除聚集在消化道的毒素
  - ◎ 人的年龄每增加 10 岁，酶的潜能下降 13%，即随着年龄增长，身体消化食物的能力在下降。这是吃入富酶食物的主要原因之一，有的人需要在食用烹饪食物前吃一些消化酶也可弥补消化食物能力的不足
  - ◎ 总是吃加工食物，只吃烹调过的食物，就会剥夺了身体酶的体外来源，所以会导致胰腺过度分泌酶，引起炎症。由此，影响消化功能，进而影响身体其他系统的功能，继发其他问题
  - ◎ 加速身体老化，缩短寿命

饮食模式对健康的重要性已经非常明确，但是食物能否发挥最大的作用，关键要

由消化系统决定。消化系统机能协调就可以把食物消化成营养素吸收到体内，把消化后的废物排出体外；消化系统机能失调，就会造成很多慢性疾病。

消化系统的重要性：

■ 消化系统功能正常，食物才能发挥颐养生命的作用

■ 消化系统功能失衡，会继发出很多问题

◎ 会急速消耗人体的能量，使人疲倦困顿，身躯沉重，整日昏昏欲睡

◎ 神经衰弱

◎ 思绪混乱

◎ 抵抗力下降，经常生病

◎ 肠道吸收更多的食物消化过程中产生的毒素

△ 靛苷

△ 腐肉素

△ 神经碱

△ 尸胺

△ 尸毒

◎ 情绪不稳定、易怒、神经质

◎ 注意力缺失，对工作失去兴趣

◎ 是人体很多慢性疾病的根本原因

△ 口臭、身体异味

△ 失眠

△ 头痛、偏头痛

△ 背痛

△ 胸痛

△ 腰痛

△ 神经痛

△ 呼吸短促

△ 眩晕

△ 神经肌张力异常

△ 关节炎

△ 手脚冰凉（血管痉挛）

△ 大量出汗

△ 痤疮

△ 皮肤老化

△ 皮疹

△ 才起床就感到疲乏

△ 人体衰退老化加速

■ 如果便秘，肠道黏膜功能下降，肠道内的毒素可以轻易进入血液和淋巴液，这种情况称为肠漏综合征

◎ 造成肝脏的沉重负担，损害肝脏

◎ 毒素也可以转移到其他部位，造成这些部位细胞、血管、腺体、神经尤其是神经感觉器官的损害

■ 肠道蠕动不活跃和中毒，可以导致：

◎ 胃炎

◎ 胃下垂

◎ 胃溃疡

◎ 肠道溃疡

◎ 腹痛

◎ 胃肠胀气

◎ 腹泻

◎ 肠道癌症

◎ 肝脏、胆囊、胰腺功能失调及产生病症

◎ 痔疮

■ 结肠不应该只是被看作一个蓄粪池，其功能的重要性要引起足够重视，结肠功能失调会引起心脏、免疫系统、肝脏、肾脏等部位的问题

■ 食道和胃肠的恶性肿瘤占所有恶性肿瘤的 50% 以上，如果再算上肝、胆、胰腺的癌症，消化系统的恶性肿瘤占全身肿瘤就更多了

■ 消化系统健康的现代人少之又少，因此消化系统需要用心加倍呵护

呵护消化系统的建议：

■ 吃饭时，专注进食，放松心情

■ 小口吃饭，细嚼慢咽，让食物与唾液充分混合

■ 控制食量

■ 构建合理的饮食结构，良好的饮食模式会保护体内珍贵的代谢酶和消化酶储量，扩大营养素的颐养效应，让你身体精壮

◎ 全谷物碳水化合物为主食

◎ 控制高蛋白食物摄入量，减少毒素的产生
◎ 低脂饮食
◎ 生食新鲜的水果、蔬菜
◎ 适当地吃些发芽的种子
◎ 多吃坚果、豆类
◎ 多吃添加消化酶的食物
◎ 多吃富含消化酶的食物
◎ 每餐高纤维食物占 50%
◎ 尽量少吃精制食品、垃圾食品

■ 人类过量食入肉食的害处多
◎ 肉食动物的肠道短而直，便于在没有纤维素的情况下也能快速排出难以消化的蛋白质、胆固醇和油脂
◎ 而人类的肠道更像是草食动物的，不能快速排泄难以消化的蛋白质、胆固醇和油脂
△ 肉类在肠道内腐败产生毒素，被吸收进入体内危害健康
△ 结肠癌高发，和吃肉过多有直接关系
△ 引发便秘
△ 引发憩室症
△ 引发肠躁症
△ 引发痉挛性结肠炎
△ 引发阑尾炎
△ 引发痔疮

■ 除了良好的饮食结构外，还要坚持以下保护结肠的好习惯：
◎ 每天喝足够的水
◎ 不要忽视排便需求，不能憋
◎ 经常运动
◎ 保持情绪稳定
◎ 心理健康，缓解压力和紧张
◎ 少吃刺激性食物和不接触烟酒，如辣椒、咖啡、巧克力、烟草、酒精

■ 纠正身体不良姿态

■ 清除宿便

■ 肠道内细菌可以帮助分解食物，合成维生素，因此要保护肠道细菌

◎ 不要过量摄入食物
◎ 尽量少摄入不健康食物
◎ 慎用抗菌素
◎ 必要时食用一些益生菌和益生素

第五节 睡眠

“所谓死亡，是一种会让人流泪的事件；然而，我们却有三分之一的人生经过这样的状态。”

——拜伦

现在的生活方式让很多人感觉时间不够用，所以睡眠常常是一个被忽略的问题。工作加班、交友叙旧、彻夜狂欢等，睡眠时间似乎可以任意剥夺用来做这些事情。尤其是很多人经常各种舟车劳顿，这些事情加起来会造成他们睡眠不足，睡眠质量不佳。而睡眠又会影响他们的身体状况、心情和专注度等。高质量的睡眠能够让他们持续有良好表现，可以更快地从伤病中恢复，激发更大的动力，保持积极向上的心态。

一个睡眠周期是 90 分钟左右，睡到自然醒一般是几个 90 分钟。完整的睡眠周期包括 4 个阶段：

■ 眼球慢速运动阶段 1：发生在入睡或者睡醒前，浅睡眠状态，肌肉放松，眼球慢速运动
■ 眼球慢速运动阶段 2：眼球停止运动，脑电波波动缓慢
■ 眼球慢速运动阶段 3：脑电波波动非常缓慢，出现 δ 波，进入深度睡眠，内分泌系统分泌激素
　◎ 作用于身体，改建身体
■ 眼球快速运动阶段：大脑会强化白天的训练记忆和动作技能
　◎ 有助于提升大脑的表现

我们需要认真对待睡眠。如果你有良好的睡眠，它能增加你的集中力、注意力、决策力、创造力、社会技能和提升健康程度。否则，会让人疲惫，造成持续的压力。

关于睡觉的原因及意义，有以下主要观点：

■ 修复和再生
　◎ 在白天我们已经用尽了所有精力，夜间需要补充

◎ 我们需要在夜间得到细胞和组织的修复、更换

◎ 使人体的所有系统都焕然一新

■ 大脑处理和记忆整合

◎ 大脑能够整合新的记忆，整理白天学到和体验到的东西，将它们从临时储存区转移到长期储存区

◎ 如果睡眠被剥夺了的话，那么学习某项事物的能力就被破坏了

◎ 一晚的睡眠可以大大加强我们用新颖的办法解决复杂问题的能力

◎ 晚上睡觉增强了我们的创造力。在大脑中，那些重要的神经连接将继续工作，那些重要的突触连接会连接在一起并得到加强，而那些不重要的东西会被弱化，显得更不重要了

■ 梦境帮助我们维持情绪的平衡，如果没有梦境，各种纷扰的情绪会陪我们进入新的一天

■ 节约能源，当你睡觉时你是在保存热量

睡眠不足会：

■ 降低情绪的稳定性和精神的敏感性

◎ 影响第二天的情绪和精神状态

◎ 损害长期的健康

■ 影响我们的认知能力：反应变慢，变迟钝，更容易出错

■ 导致免疫功能被抑制。所以，缺乏睡眠、疲惫的人更容易受到感染

■ 导致神经肌肉反应变得迟钝，进而影响身体姿态或者使无效的神经肌肉活动方式出现，时间长了会形成错误的动作模式

■ 破坏健康的饮食模式

■ 增加血液循环中的葡萄糖。当葡萄糖在血管中含量上升时，身体对葡萄糖的耐受性降低，人会患上 2 型糖尿病

■ 增加心血管疾病患病概率，血压升高

■ 引起大脑轻度受损，记忆力丧失

有利于睡眠的一些建议：

■ 卧室尽可能地保持黑暗，至少在睡前半个小时就需要少接受光线的照射，睡前最不适合做的是站在一个光线明亮的浴室内对着镜子清洁牙齿

■ 关闭手机、电脑等所有会让大脑兴奋的东西

■ 建议让室温稍微低一些，如 20℃左右最适宜睡眠

■ 使用那些超细纤维制作而成的羽绒被，而非一些塞满自然填充物的又厚又重的

被子

■ 建议调整卧室墙壁和床单的颜色的视觉空间，从而有利于引导你入睡
■ 最自然的睡眠姿势是采用类似胎儿在母亲子宫内的姿势，侧躺在你的非优势一边
■ 调整作息时间，使其与自然光的变化周期、荷尔蒙的分泌和体温的变化相一致
■ 要学会顺应自己的睡眠类型，从而可以提高训练状态和缩短恢复周期
　◎ 早起的百灵鸟型
　◎ 晚睡的猫头鹰型
■ 培养固定的睡前惯例，形成仪式感，自然进入睡眠状态，比如
　◎ 放松性拉伸，恢复性瑜伽
　◎ 呼吸模式练习
　◎ 冥想
　◎ 避免在床边放上一杯水（喝水是一种触发你觉醒的行为）
　◎ 在晚间将日光灯调成红色、黄色或烛光色，避免光线的过度刺激
■ 以 90 分钟为周期来安排睡眠，因为人在睡眠周期的结束时刻醒来总比在周期中醒来要好
■ 成年人通常要保证 7 至 8 小时的睡眠时间
　◎ 首先确定你需要几点钟起床
　◎ 然后以 90 分钟为单位进行倒推，确定你的睡觉时间
　◎ 如果你需要早上 6 点起床的话，那么你应该在晚上 11 点就准备睡觉，这样你可以睡够 5 个 90 分钟周期。如果你错过了 11 点入睡的时机，那么等到下一个周期再躺到床上
　◎ 每晚睡眠时间小于 5 小时或者大于 9 小时都对身体健康不利
■ 午睡的时间不要过长，20 ~ 30 分钟为宜
　◎ 不要超过半个小时，时间长了进入深度睡眠，醒来会感到不适应
　◎ 如果午休时间充裕，而且睡眠有欠账，可以睡 90 分钟即一个完整的睡眠周期

第三章

整体健康金字塔第二层

——让生命的质量跃升

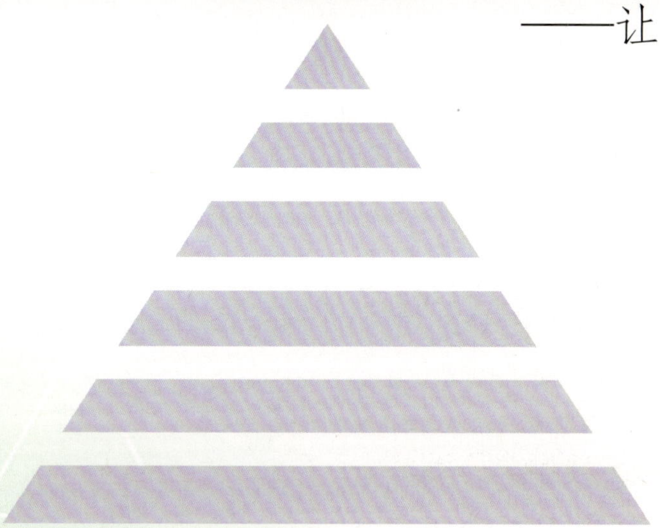

第一节　治疗伤病　稳定病情

这里的伤病是指需要在医院治疗的内外科疾病，比较严重的情况。这一节不是本书的重点，在此略过。有几点提醒：

■ 平时养成好的生活方式，重视身体给你的疼痛信号，避免泰极否至

■ 万一伤病需要医院治疗，应该积极寻找合理的治疗，相信否极泰来

■ 有过医院就医经历的人，需要在很多方面进行重大改变，避免复发再次入院

第二节　缓解肌肉骨关节疼痛

约翰·克利斯朵夫在逆流中走了一夜，他渡过了河。他向左肩上娇弱而沉重的孩子问道："唉，你多重啊！你究竟是谁呢？"孩子回答说："我是即将来到的日子。"

——罗曼·罗兰《约翰·克利斯朵夫》

几乎所有人对疼痛都不陌生，疼痛对个人、单位和全社会造成的危害巨大。慢性疼痛（不包括癌性疼痛和人在临终前的疼痛）在世界范围内广泛流行，至少有 15 亿人患有慢性疼痛，仅在美国每年诊断和治疗慢性疼痛的花费就高达 6350 亿美元。

国际疼痛研究学会这样定义疼痛——"与身体的组织损伤或者潜在损伤相关的，不愉快的感觉和情感体验"。

疼痛可以分为急性和慢性，疼痛持续 3~6 个月即成为慢性疼痛。

慢性疼痛的特点：

■ 不是单一的体验，常伴有情绪低落、懊悔等

■ 过往的经历和对未来的期望，可以影响疼痛的认知

■ 疼痛源消除后，疼痛仍然可能持续

■ 慢性疼痛本身就可以是一种疾病状态
■ 疼痛还可以导致身体各部分功能越来越差，越发不愿意寻求和配合治疗
■ 没有明确原因的慢性疼痛，可以让病人完全失能
■ 痛生痛，即当一个人有慢性疼痛时，疼痛阈值就会降低，以前感受不到的疼痛信号会被感受到
■ 超出疼痛的组织损害模型的内涵，疼痛不仅是一个生理过程，同时也是一个复杂的心理过程
■ 疼痛还有很多未知

疼痛也可以分为：

■ 局部疼痛，发生问题的组织和感受到疼痛的部位一致
■ 放射痛，疼痛沿着周围神经的走行方向放射
■ 反射痛，又叫牵涉痛。牵涉痛对于治疗运动系统失调的重要性，在于帮助人们认识到针对局部疼痛的治疗之所以没有效果，是因为发生病变的组织并不在痛点

疼痛还可以分为：

■ 感受性疼痛，由炎症和损伤组织引起
  ◎ 浅表性
  ◎ 深在性
    △ 躯体性：由韧带、肌腱、骨、血管、筋膜和肌肉里的感受器感受到的疼痛，通常是钝性、定位不明确的
    △ 内脏性：疼痛来源于内脏，定位异常困难
■ 神经性疼痛，是与神经有关的疼痛
  ◎ 周围神经性：与脑和脊髓以外的神经有关，经常描述为烧灼痛、麻痛、刺痛等
  ◎ 中枢神经性：起源于脑和脊髓的疼痛

疼痛的危害有多大？

■ 不舒服，难受，抑郁
■ 疼痛可以导致肌肉痉挛和损伤部位的躲避，造成：
  ◎ 血液循环不足
  ◎ 肌肉萎缩
  ◎ 习惯性地不使用这个肢体
  ◎ 有意或者无意的躲避，减少使用可能导致严重的功能障碍
■ 改变人体的运动控制
■ 影响协调能力

■ 影响肌肉的长度、力量、耐力，进而影响人体运动的平衡能力
■ 改变身体姿态
■ 影响动作模式
■ 影响身体的感知，出现代偿、不自然的动作以减轻疼痛的情况
  ◎ 继而产生更多的问题
  ◎ 代偿在身体其他部位产生更多应力，影响运动能力，造成损伤
■ 疼痛刺激可使病人出现失眠、焦虑，甚至一种无助的感觉，这种心理因素无疑会延缓病人的康复进程
■ 形成恶性循环：代偿增多、错误动作模式增加、应力增大造成更多微损伤，疼痛加重，直到发生大的伤害

慢性疼痛的治疗为什么这么难？可能与下列因素有关：

■ 发病原因多样
■ 发病过程复杂
■ 每个人的特殊性
■ 治疗疼痛的行业繁多，各自为营
■ 治疗疼痛的相关专业人士受制于专业性思维模式，对疼痛并没有一个全面认识
■ 科学还没有完全认识并找到解决疼痛问题的方法

目前治疗疼痛相关的行业有：

■ 医院里与肌肉骨关节直接相关、治疗疼痛的科室至少有 4 个
  ◎ 骨科。有的医院单骨科就分成几个科室，休息、吃药、打封闭针、做手术是常用手段
  ◎ 中医骨科。采用中药、针灸、针刀、推拿、按摩、拔火罐等手段
  ◎ 康复理疗科。采用手法治疗、运动疗法、声光电等物理因子治疗等手段
  ◎ 疼痛科。以吃药、打封闭针为主
■ 分布在商业中心、街边巷尾、写字楼的各种工作室、养生馆等
  ◎ 康复工作室
  ◎ 健身工作室
  ◎ 中医针灸
  ◎ 中医正骨
  ◎ 按摩推拿
  ◎ 拔火罐
  ◎ 西方的正骨、整脊

◎ 健身房

◎ 养生馆

在健身和运动中，要正确认识疼痛，做出正确的应对：

■ 疼痛是身体提出的警告和抗议，在告诉你可能有以下问题

◎ 姿势和力线不良

◎ 运动技能不好

◎ 没有做好热身

◎ 没有牵拉，柔韧性和灵活性与运动不匹配

◎ 神经控制不足

◎ 小肌肉不平衡

◎ 身体的左侧和右侧没有一起合作

◎ 有异常应力产生，即能量泄漏

■ 重视疼痛的警告，借机审视自己的运动和训练，提高体能和改善动作模式、技术，提高自己的运动能力

■ 找出造成疼痛的根本原因，予以解除。如果不是一次明确的伤害，如坠落、碰撞或者其他外伤，就应该考虑动作模式、弱链、能量泄漏、应力集中点等问题。磨刀不误砍柴工，发现这些小问题及时治疗，若久拖不治，酿成大祸，费时难治

■ 训练后肌肉的酸胀是正常的，但是不能超过 48 小时

■ 肌肉、骨关节疼痛演变成肿胀并且持续 72 小时以上，则表示运动过量，需要调整运动时间或者强度，也要延长休息时间

■ 训练后关节不应该感到疼痛，因为运动中产生的应力应该被肌肉吸收而不通过关节，从而保护关节

■ 剧烈比赛或者难度大的跑步之后，关节可以有一些僵硬甚至一些疼痛

■ 如果疼痛发生在同一个固定位置，你要特别小心，需要及时咨询、治疗，以免造成严重后果

■ 如果发生肿胀、炎症和激惹现象，通过改进动作技术等是解决不了的，需要采取措施（如休息、冰敷、加压包扎、抬高肢体）。并且要找原因，解决问题之后再运动，不然一直都是隐患

在健身和运动中，对疼痛的误解和错误做法有：

■ 笃信“一分耕耘，一分收获”，认为刻苦训练就应该有疼痛，不疼就没进步

■ 认为疼痛既恼人又分心，通过打封闭针、吃止痛药、冰敷止痛掩盖住疼痛，这是鸵鸟策略

◎ 快速搞定和掩盖疼痛，以后会让你付出高昂代价

◎ 失去改进动作和提高感知力的绝佳机会

■ 忽视这些警告，就失去了提高体能和改善训练的机会，增加了受伤的风险

■ 运动后疼痛，想通过训练克服疼痛。慎重！需要很有经验的人指导，多数时候最好有康复师、训练师指导，并严格观察疼痛发展情况

◎ 运动开始阶段感觉疼痛，随后逐渐消散，这种情况下可以维持同样的运动方式，降低运动强度

◎ 运动中感觉疼痛，并且逐渐加重，停下来拉伸肌肉，如果不能缓解疼痛需要停止运动

◎ 运动后疼痛，积极做恢复性康复，如拉伸、按摩、冰敷等，调整运动量、运动方式和运动强度

◎ 晚上疼痛，无法入睡或者半夜从疼痛中醒来，则表示运动过量，疼痛缓解前应停止运动锻炼，可以做一些低强度活动

◎ 早晨醒来时感觉疼痛，稍后缓解，也意味着运动过量，疼痛缓解前应停止运动锻炼，可以做一些低强度活动

对待疼痛的正确态度：

■ 疼痛是生命的体征，只要活着就会有疼痛

■ 疼痛不是敌人，而是朋友，没有痛感身体将走入禁区

■ 疼痛是身体发出的信号，提示身体的某个地方出现问题，需要重视

■ 感受到疼痛，不应该忍受，必须使疼痛得到合适的处理

■ 太追求舒适，身体变得脆弱，容易发生疼痛

■ 正确的运动使人强壮，远离疼痛

■ 一个好的疼痛治疗专家应该具有多元思维能力和综合技能，能够找到并解除引起疼痛的根源，而不仅是止痛

第三节 体态和基本运动姿势

“简洁是极致的复杂。”

——达·芬奇

体态通常指一个人保持脊柱、上肢和下肢的姿势；体态习惯指在休息和运动时身体保持的姿势，是在运动和体力活动中形成的习惯，和体力活动习惯共同影响人体运

动的方式。研究发现身体姿态不良严重影响健康，如驼背可以独立于骨质疏松之外单独预测寿命长短。

建立和保持正确的姿势的关键点：

■ 用腹肌支撑你的躯干
  - ◎ 在处于站立、端坐、行走等不同体位或者从事任何活动的时候，都要用腹部而不是腰部传导力量
  - ◎ 激活从肋骨到骨盆的内在肌肉（腹内斜肌和腹横肌）
    - △ 身体静止时，感到这些肌肉在支撑你
    - △ 当行走、跑步或者做其他运动的时候，在每条腿向前迈出时要感受到这些肌肉从一侧到另外一侧相互支撑

■ 放松你的颈部和肩膀
  - ◎ 将你的胳膊放在身体两侧或者膝上休息，不要手臂交叉放在胸前和肋骨上，也不要架在前台或者扶手上

■ 腰部挺直
  - ◎ 当站立、坐着和仰卧（髋关节和膝关节弯曲）的时候，有意识地下降肋骨，同时向上拉骨盆

■ 站立时，膝关节和踝关节的力线正好在髋关节下方
  - ◎ 站立时，激活大腿内侧肌肉，可以使髋膝踝的力线保持良好

与良好的姿势相比，不良姿势可能会产生一些错觉，如感觉使用较少的肌肉力量，感觉动作容易一些，更加熟悉，更加舒服。

但是，不要被这种假象所迷惑，从长远角度来看，只有正确的姿势才是肌肉习惯的，它能够产生需要的动作，有效率，才不会造成劳损。

常见的不良姿态有：

■ 头前引

■ 圆肩

■ 驼背

■ 脊柱侧弯

■ 骨盆前倾 / 后倾

■ 上 / 下交叉综合征

一、姿势与动作模式

动作模式是指以一连串姿势完成某个动作，有正确和错误之分。姿势和动作模式

有很大的关系：

■ 起始姿势会影响随后的动作
■ 如果起始姿势欠理想，大脑会改变身体的力学即代偿来克服不佳姿势带来的影响
■ 以理想的姿势完成动作效率高，没有能量泄漏，才是正确的动作模式
■ 否则，动作效率低，有能量泄漏，是错误的动作模式

另一种动作模式是指参与完成某一动作的肌肉的激发顺序。体力活动习惯就是动作习惯：

■ 身体有无数方式去做一个动作
■ 感觉最舒服的方式并不一定是最好的动作方式

没有经过训练的、本色的动作模式是由以下因素决定的：

■ 习惯——不断重复的行为即形成了习惯
■ 活动——活动发展出一定的动作模式，不活动会使某些动作模式退化
■ 优势手或者优势腿
■ 存在灵活性和稳定性的问题——存在弱链，即会出现代偿
■ 疼痛——身体会以某种代偿形式完成动作来减轻疼痛
■ 以前的损伤
  ◎ 没有完全康复时，存在灵活性和稳定性的问题，形成弱链
  ◎ 即使是完全康复了，暂时性的代偿也会存在。例如，膝关节损伤或者手术后，即使康复治疗结束了，还会有一段时间跛行，这会造成
    △ 相应的踝关节或者髋关节僵硬或者无力，发生硬件的改变
    △ 踝关节或者髋关节肌肉协调性的顺序发生变化，即软件——动作控制程序也改变了

如果身体有弱链，则不能以理想的姿势完成效率高的动作，大脑和身体将对该弱链缺陷产生代偿而以错误的动作模式完成此动作。

如果姿势不理想，在动作模式不正确的情况下进行运动，一开始可能不影响运动表现，但是长此下去就会发生：

■ 衰弱，动作变形
■ 运动表现不稳定
■ 疲劳
■ 酸痛
■ 直至发生运动损伤

可以用下面两个链式反应做一个小结：

■ 姿势不理想→代偿动作效率低→能量泄漏→错误的动作模式→不良的生物力学→微损伤劳损→普通人腰酸背痛，运动的人发生损伤

■ 姿势理想→动作效率高→正确的动作模式→良好的生物力学→没有微损伤→人体功能良好→普通人没有腰酸背痛，运动的人发生损伤的危险性降低

没有经过正规的评估和训练，一般人都存在肌肉不平衡：

■ 肌肉不是无缘无故变得短而紧张的

◎ 肌肉用得不对，就会变得紧张

◎ 短距离使用肌肉，即肌肉工作时没有拉长到最大限度，长期下去就会形成使用肌肉缩短的动作模式的习惯

◎ 大脑也会记住肌肉缩短的姿势

■ 肌肉也不是无缘无故变得力弱的

◎ 肌肉用得不对，就会变得力弱

◎ 做动作时，某块肌肉没有有效使用或者没使用

◎ 肌肉如果拉伤、挫伤或者患肌腱炎，动作模式会改变，不使用这块肌肉

◎ 如果某块肌肉的拮抗肌紧张，该肌肉就会拉长以做代偿

◎ 大脑会记住这些改变，即使在原发情况恢复正常时，也不会自动改回来

综上，由此可见：

■ 没有经过评估和训练的本色的动作模式不是完美的，都存在某种缺陷甚至错误

■ 在这种姿势不良，肌肉不平衡的情况下，即使不去运动场运动，平时的坐立行走也会对身体产生微小的损伤，日积月累就会腰酸背痛

■ 在这种情况下，如果是喜欢运动的人，就容易受伤，请记住：运动场上的受伤大多数并不是所谓的“意外”，80% 都是可以预防、本不该发生的！

■ 所以，仅从本色的动作模式都存在不足这一点上来说，我们都需要功能训练，因为功能训练的第一阶段就包括对动作模式进行专业的评估和训练

■ 只有在动作模式正确的情况下锻炼，人体才能变得越来越强壮，同时身体的灵活性也越来越好

■ 动作训练有时候可以代替静态拉伸，即成为动态拉伸。灵活性明显受限时，单纯静态拉伸不够，要配合动作训练（即动态拉伸）

二、基本运动姿势

（一）握姿

1. 握距

窄握距：双手握距窄于肩宽（图 3–1）。

等肩握距：双手握距与肩同宽（图 3–2）。

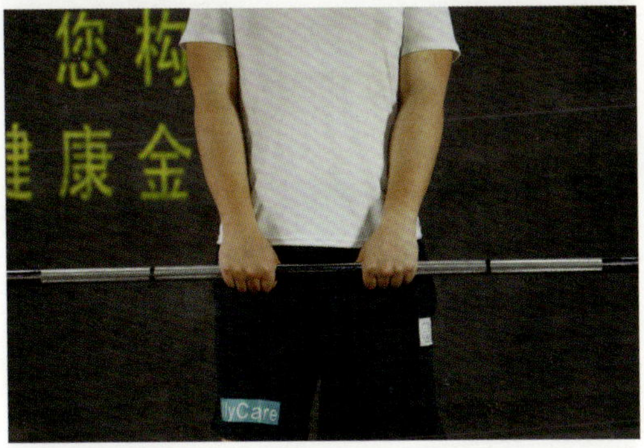
图 3–1

图 3–2

等髋握距：双手握距与髋同宽（图 3–3）。

宽握距：双手握距宽于肩（图 3–4）。

图 3–3

图 3–4

2. 握法

正握：掌心朝下，拇指叠于食指、中指之上（图 3–3）。

反握：掌心朝上，拇指叠于食指、中指之上（图 3–5）。

对握：掌心相对，拇指叠于食指、中指之上（图 3–8）。

正反握：一手掌心朝上反握，一手掌心朝下正握，拇指叠于食指、中指之上（图3-6）。

锁握：食指、中指叠于拇指之上（图 3-7）。

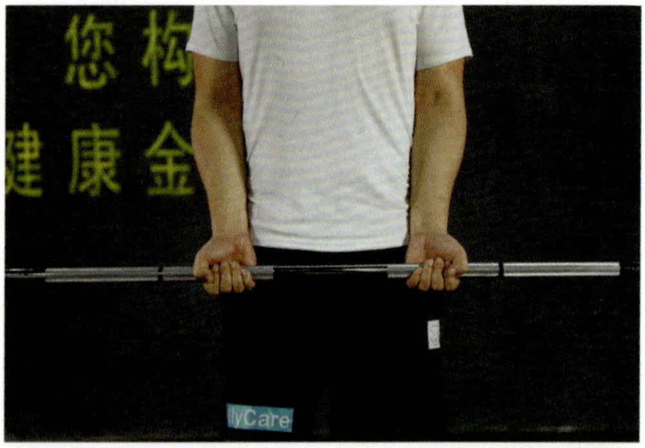

图 3-5

图 3-6

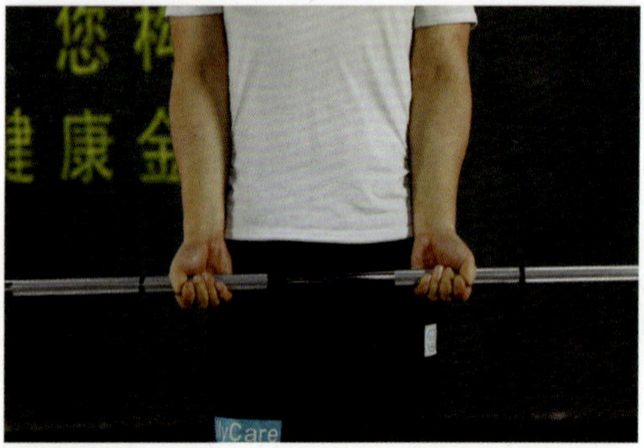

图 3-7

图 3-8

（二）跪姿

1. 直立双膝跪姿

技术要点（图 3-9）：

■ 双膝跪于地面，屈膝呈 90°，脚趾撑地

■ 抬头挺胸，上身挺直，目视前方

■ 保持腹部绷紧，两臂自然下垂

2. 单膝跪姿

技术要点（图 3-10）：

■ 单膝跪于地面，一腿屈膝呈 90°，脚趾撑地，另一腿屈髋屈膝呈 90°，脚掌着地

■ 后腿大腿与前腿小腿垂直地面

■ 骨盆放正，抬头挺胸，目视前方，保持腹部绷紧，两臂自然下垂

图 3-9

图 3-10

3. 跪撑

技术要点（图 3-11）：

■ 双膝跪地，屈髋俯身，双手撑地

■ 双膝间距与髋同宽，双手间距与肩同宽

■ 大腿、手臂垂直地面，手在肩部正下方，膝在髋部正下方

■ 保持腹部绷紧，背部挺直，将骨盆脊柱放于中立位

图 3-11

（三）站姿

1. 双脚站姿

（1）直立姿

技术要点：

■ 直立双脚平行站立，抬头挺胸，目视前方，保持腹部绷紧，两臂自然下垂，分为与肩同宽的正常站位、宽于肩的宽站位和窄于肩的窄站位（图 3-12、图 3-13）

（2）运动基本姿

技术要点：

■ 俯身双脚站立，膝关节微屈，重心前倾，躯干与大腿呈 90° 夹角，背部挺直，腹部绷紧（图 3-15）

(3)俯身姿

技术要点:

■ 俯身双脚站立,屈膝屈髋,重心前倾,躯干与地面接近平行,背部挺直,腹部绷紧(图 3-17)

2. 单脚站姿

(1)直立姿

技术要点:

■ 单脚站立,支撑腿伸直,另一腿屈膝屈髋呈 90° 并微微抬离地面,脚尖勾起(图 3-14)

(2)运动基本姿

技术要点:

■ 俯身单脚站立,支撑腿膝关节微屈,重心前倾,后脚微微抬离地面,躯干与大腿呈 90° 夹角,背部挺直,腹部绷紧(图 3-16、图 3-17)

图 3-12

图 3-13

图 3-14

图 3-15

图 3-16

图 3-17

3. 分腿站姿

（1）直立姿

技术要点：

- 直立双脚前后分开站立，抬头挺胸，目视前方，保持腹部绷紧，两臂自然下垂（图 3–18）

（2）运动基本姿

技术要点：

- 俯身双脚前后分开站立，膝关节微屈，重心前倾，保持腹部绷紧，两臂可做摆臂状（图 3–19）

图 3-18

图 3-19

三、 生活中要避免的错误姿势与动作

日常生活中的一些不良姿势与动作习惯，都会增加我们患疼痛的风险。注意并避免这些不良姿势与动作习惯，可以最大限度地降低我们患肌肉骨骼疼痛的风险。以下

列出的是我们在日常生活中应该注意和避免的一些不良姿势与动作习惯。

（一）睡觉或休息

1. 躺在床上睡觉或休息时应该选择合适高度的枕头，过高或过矮对脊柱都会有影响，侧卧时使颈椎与脊柱处于同一平面内，仰卧时保持颈椎自然的生理弯曲，这些做法都会对颈椎以至整个脊柱有更好地保护。床垫硬度适中，仰卧时以后背皮肤能接触床垫为宜。

2. 无论你采用侧卧还是仰卧姿势，在膝关节处放一个枕头都是很有必要的，它能缓解你髋部肌肉的紧张程度，从而减小给脊柱的压力。如果你是侧卧，就请将枕头夹在膝关节中间；如果你是仰卧，就把枕头放在膝关节下方。

（二）起床

起床的时候人们往往喜欢猛地坐直，有一种雷利风行的感觉，但是这并不是一个好的习惯甚至对于下背痛患者是危险的。你应该滚到床边，然后侧身用手臂将身体撑起，接着再慢慢坐起，这样才能更好地保护脊柱。

（三）刷牙洗脸

刷牙的时候不要过度弯腰，将另一只手扶在洗手台上以支撑身体，这样的姿势会更好。如果有可能的话，在装修时可以把洗手台安在更高的位置。

洗脸的时候不要过度向前弯腰，蹲低一点或者双腿分开大一点都是不错的选择，这些细节往往是躲避下背痛的隐形杀手的好方法。

（四）日常坐姿

1. 我们每天都在重复的一个重要动作，就是从椅子上站起或坐下。在从椅子上站起的时候，如果不去注意，也会对我们的脊柱带来不易察觉的伤害，所以，用可以保护脊柱的姿势站起来。首先将双膝、双脚放于身体下方，挺胸，身体要通过髋而不是通过脊柱弯曲向前倾，把重心转移到双脚上，这时骨盆还是置后的位置，然后在身体逐渐站起来时注意，想象“把髋向前拉”而不是背部向上抬。

2. 久坐不动也会给我们的脊柱及身体带来各种各样的伤害，但如果你恰巧又是经常久坐的上班族的话，在有靠背的椅子上再增加一个腰垫，也许是更好的选择，这会给你脊柱的自然生理弯曲多带来一些支撑。当然，如果你能每工作 20 分钟左右就从椅子上站起来一次，会对你更有好处。从双手手臂上举开始，从 1 数到 10，手臂尽量向上、向后伸展，再从 1 数到 10，保持运动状态，深吸气，身体站直，尽量放松，手臂放下放松。然后，你的腰背已经准备好迎接下一个 20 分钟的工作了。

（五）站立

不良的站姿与含胸驼背的体态消磨我们的意志，影响我们的身体健康。不平衡的肌肉张力，会让我们看起来总是垂头丧气。我们可以这样做来时刻提醒自己：站好后先用一根手指将向前伸出的头部推回中间，然后再双臂自然下垂，伸出拇指指向前方，然后肩关节外旋，挺胸，使拇指指向身体两侧，胸腔与髋在一条直线上。这样，你的姿势会看起来更好。如果你本身就有腰背部的不适，那就在站立的时候将双手背放在身体后面，这样做会减少背部肌肉和脊柱的负荷，会使你的脊柱感觉更加舒服。

（六）捡物

在地上捡起东西时，向后抬起一条腿，单腿去捡拾，能够更好地保持脊柱的中立位置。你也可以用不捡东西的那只手扶住椅子或其他物体来为自己保持平衡。或者用下蹲姿势而不是弯腰来捡东西。

（七）驾驶

开车的时候也应该调整你的座椅使后背坐得更加挺拔。有些汽车座椅的座位设计得过于倾斜，也许看起来好像很舒服，但这其实并不能让驾驶员有一个好的姿势。如果你的座位趋向于倾斜的话，添加一个坐垫，会对你更有好处。

（八）背包

也许你从来没有想过背包也需要正确姿势，但是你应该要知道，背包的姿势不正确会影响身体姿态，甚至限制运动能力，引发疼痛。斜挎包的背带背在同侧，双肩包只背单侧或是曲肘将手拎包挂在手臂上，这都不是好的选择。这会使脊柱处于不稳定状态，你只能靠倾斜身体或耸肩来补偿，久而久之，身体上的问题就会出现。不过这些姿势都是可以避免的，你只需要将斜挎包的背带背在对侧，双肩包背在双侧肩部，手拎包拎在手里，就能把影响身体姿态，甚至限制运动能力，引发疼痛的可能性降至最低。

（九）使用手机

是时候抬起头了，因为低头玩手机而导致肩颈出现问题的人数正在成倍增长。如果你不想成为下一个要去 X 光机前拍片的人的话，那你可能真的需要注意了。使用手机或其他智能设备时，将它们举高，再举高一点，就会让你离肩颈疼痛及姿势体态问题远点，再远一点。当然，如果你能控制自己，尽量减少手机及其他智能设备的使用时间，那就再好不过了。

（十）工作姿势

如果你需要经常使用电脑办公，推荐你把你的显示器抬高一些距离，并让它的中心可以与你的视线平行。你还应该注意几个位置关系：首先打字时，手腕的位置尽可能要处于中立位，就是保持双手与前臂平行的姿势。然后也应该注意双手放在桌子上的位置，双肘不应该过分地外展，自然地位于身体两侧，会使双肩的姿势更加地自然。

（十一）搬重物

这个是许多人在日常生活中最容易受伤的姿势，多数患者的急性下背部损伤都是因为不正确地搬运重物而导致的。正确的做法是，在从地面搬起重物时，你应该蹲下而不是弯腰，弯腰时重物对腰椎产生的剪切力相当大，应当利用腿的力量将重物搬起，这会更安全也更省力。

在搬运时你也应该让重物紧贴身体，以最大限度地减少力矩，将脊柱所承受的负荷降至最低。

（十二）鞋子的选择

鞋子的选择是十分重要的。现代社会通常流行着一种被称为“死足”的非常常见的症状，就是指那些不能分开或屈曲脚趾，足弓塌陷或失去足部原有功能的脚。我们在尊重潮流与时尚的基础上，提出几个观点。先说高跟鞋，我们其实是不提倡穿高跟鞋，因为它给身体所带来的伤害是非常巨大的，坡跟或矮跟的会更好一些，但我们又不能完全不穿高跟鞋，所以我们建议将高跟鞋放在最应景的场合穿。皮鞋与时装鞋非常漂亮，但是有些鞋子有厚厚的鞋底与坚硬的鞋面，它们其实会损伤你的双脚，甚至有些男士或女士的皮鞋采用尖头的设计，会妨碍脚趾的正常活动，使足部失去原本的功能。关于运动鞋，不同种类的运动鞋，适应不同的运动，比如做力量练习时，就不适合穿着有气垫或者较软的鞋子，而在跑步或做灵敏训练时就不适合穿较为笨重或鞋底过硬的鞋子。注意观察常见的鞋子，你会发现，有的鞋子的底部会有一块硬塑料，而有的鞋子鞋底又是一整块橡胶，这样的设计，实际上是为了保证鞋子底部的灵活或者稳定。足弓处有一块硬塑料的鞋子，是为了给鞋底提供一个支撑来对抗落地时的扭转力，如果你的体重较重，建议你在涉及跑动的练习中穿着这类型的鞋子。而整体都是橡胶的鞋，是为了保证足部在落地时能足够的轻便以及灵活，所以如果你的体重适中，在进行跑动及灵敏性练习时，应该穿着这类型的鞋子。

无论你是工作场合、社交场合、休闲场合，还是运动场合，在你体重正常的情况下，我们都建议选择一双鞋底较薄、前脚掌足够宽的鞋子，这样可以给你的脚趾提供足够的活动空间，保证脚趾被正常使用，避免“死足”情况的发生。

第四章

整体健康金字塔第三层

——让生命的动力链条强韧和顺畅

第一节　评估和发现弱链

"我们眼中的事物，不在于他们本身是怎样的，而在于我们本身是这样的。"

——《塔木德》

一、弱链和能量泄漏

身体的运动功能训练是把身体看成一个整体，一个完整的运动链。运动链的各个环节性能匹配良好，彼此有序连接，在神经系统控制下形成统一的整体。如果生物力学链上存在薄弱环节，即弱链，则人体的运动功能就会受到很大的影响，将降低神经－肌肉的控制能力、稳定性，从而导致骨骼肌的功能下降、能量泄漏。弱链是运动损伤的根源。

弱链是指身体的某种限制，如，

- 尚未完全复原的损伤
- 疼痛的部位
- 柔韧性和灵活性不足
- 错误的动作模式
- 耐力不足
- 动作不稳定
- 协调能力差
- 代偿性动作
- 动作左右非对称
- 运动技术不佳（职业运动员）

身体存在弱链时，做动作就不能做得正确，就会发生代偿，即：

- 关节力线不在理想状态
- 肌肉协调性差
- 姿势不良

■ 能量泄漏

身体在做某项任务或者动作时，需要产生能量来做功；但是产生的能量没有全部用来完成某项任务或者动作，即发生能量泄漏，说明身体存在低效率情况。通常，这些泄漏的能量会在身体内产生应力，应力有几种表现形式：

■ 在身体的其他部位产生没有必要的做功或者动作，这样会有较大的应力作用在肌肉和肌腱上，造成肌肉或者肌腱的拉伤，乃至断裂

■ 使脊柱或者肢体产生不自然的活动，在关节或者韧带上产生较大的应力，即造成扭伤

综上所述，身体存在弱链会产生能量泄漏，能量泄漏又会产生破坏性应力，造成关节、肌肉、肌腱的扭伤、拉伤甚至断裂。

■ 通常这些损伤几个星期甚至几个月也没有被发现，直到发生严重损伤。如弯腰捡东西腰"闪"着了，其实这是长期存在的腰的弱链、能量泄漏和小的扭伤导致的。运动员也一样长期存在腰的弱链、能量泄漏，如果不及时发现和克服，最终会导致严重的损伤

■ 严重时，一个动作就可能造成肌肉或者肌腱的断裂，如跟腱断裂常发生在刚开始做某个动作时

弱链的测试是有顺序的：

■ 首先是动作测试

■ 其次是体能测试

■ 最后是测试技术

二、运动功能检查

（一）静态姿势评估

1. 正 / 背面观

检查目的：检查在静态姿势下，身体可能存在的异常排列问题。

检查方法：采取最自然舒适的姿势站立，双眼目视前方。

观察：

■ 正面：观察两侧耳朵、肩膀或乳头、手肘、手、膝盖是否在同一水平线上，有无不等高或不平行；鼻尖、下颌、肩膀、肚脐、髋、膝盖、双脚是否在同一平面内，有无旋转或倾斜；观察手部位置，是否处于身体两侧，有无掌心向后或向前

- ■ 背面：观察两侧耳朵、肩膀、手肘、手、臀部、腘窝是否在同一水平线上，有无不等高或不平行；脊柱是否有一条平滑优美的曲线，有无旋转或倾斜；跟腱是否垂直于地面

2. 侧面观

- ■ 观察耳朵、肩膀、手肘、髋、膝盖、脚踝是否在同一垂线内，足弓是否塌陷
- ■ 正面或背面观察，上述部位出现左右两侧连线间不平行或左右两侧不等高，可能是由于脊柱骨盆段的侧弯侧倾及旋转引起的
- ■ 侧面观察出现上述部位排列不整齐，以及头前引，掌心向后，骨盆前倾，可能为交叉综合征，这些排列问题极易引起身体功能代偿或失代偿，从而引发疼痛。如若出现明显或严重的畸形，又或已经出现疼痛，应停止体育锻炼并咨询相关专业人士，进一步排查或纠正

（二）功能测试

在运动及体育锻炼之前做一个身体运动模式检查，会帮助我们更好地进行日后的锻炼，也可以发现身体存在的问题及不正确的运动模式，及时地发现这些问题，能帮助我们避免损伤的发生。我们在众多测试动作中推荐 7 个，它们不受场地及器材的限制，而且操作简单，容易掌握。只要根据提示，就能找到一些平时不会注意到但又不容忽视的运动模式限制。

1. 呼吸测试

检查目的：检查错误呼吸模式。

测试方法：

- ■ 仰卧，将脚放在椅子上，屈膝屈髋呈 90° ，双手放于身体两侧
- ■ 保持这一姿势，椅子撤掉，双腿悬空
- ■ 自然呼吸（图 4–1、图 4–2）

观察：

- ■ 正常呼吸，观察吸气时腹部是否向上鼓起，两侧肋骨是否横向扩展。如果吸气时腹部下陷，两侧肋骨不向两侧扩张，胸廓向头的方向移动，则说明存在呼吸模式的问题

你的发现代表什么？

- ■ 如果吸气时腹部下陷，两侧肋骨不向两侧扩张，胸廓向头的方向移动的话，那就说明存在异常的呼吸模式，或没有正确使用膈呼吸。错误的呼吸模式将会导致非常多的代偿出现，如果你正在运用反常的呼吸模式或身体已经出现疼痛，那么此时不适宜进行体育锻炼，应咨询相关专业人士，进行评估和训练

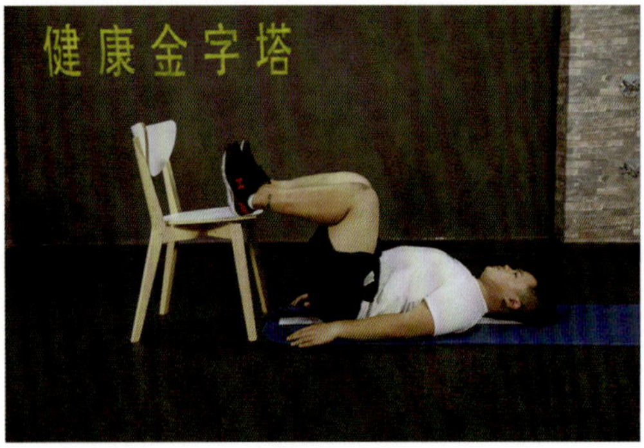

图 4-1

图 4-2

2. 主动直腿抬高测试

检查目的：检查屈髋的主动灵活性及侧髋的伸展能力。

测试方法：

- 平躺，双脚并拢，双臂放在身体两侧，掌心朝下
- 双腿伸直，将测试腿尽可能抬高（图 4–3）

图 4-3

观察：

- 双腿分开是否可达 70°
- 非活动腿是否紧贴地面

你的发现代表了什么？

- 如果分开不足 70° 或无法完全伸直，那说明髋部可能存在灵活性受限问题。导致髋部灵活性受限的原因是多种多样的，主要有关节活动度的问题、组织延展性的问题及运动控制的问题。如果你无法完成该测试或已经出现疼痛，应停止体育锻炼并咨询相关专业人士，进一步排查、纠正或治疗。

3. 背后手指触摸测试

检查目的：检查肩关节、胸椎的灵活性。

测试方法：

- 双脚并拢站立，手掌伸开，双手同时抬起
- 一手在下，一手在上，于背后指尖相触（图 4–4）

图 4-4

注意：以自然动作幅度为准，不要用力过度。

观察：

■ 双手指尖是否可以相触

你的发现代表了什么？

■ 未能达到测试动作的标准，可能意味着你的肩关节和胸椎的灵活性受限。导致肩关节、胸椎的灵活性受限的原因是多种多样的，主要有关节活动度的问题、组织延展性的问题以及运动控制的问题。如果你无法完成该测试或已经出现疼痛，应停止体育锻炼并咨询相关专业人士，进一步排查、纠正或治疗

4. 单腿平衡站测试

检查目的：检查单腿支撑并保持身体稳定的能力。

测试方法：

■ 睁眼，屈单膝 90°，单脚站立，目视前方，保持 30 秒

■ 闭眼继续重复测试，保持 10 秒（图 4–5）

图 4–5

观察（出现下述任一点即结束测试）：

■ 支撑脚离开原地

■ 不能维持平衡，伸手寻求扶助

■ 屈起的腿不自觉放低高度

你的发现代表了什么？

■ 未能达到测试动作的标准，可能意味着你的本体感觉、肌肉稳定性不足。导致本体感觉、肌肉稳定性不足的原因是多种多样的，主要有前庭觉、本体感觉、灵活性方面的问题以及运动控制方面的问题。如果你无法完成该测试或已经出现疼痛，应停止体育锻炼并咨询相关专业人士，进一步排查、纠正或治疗

5. 俯卧撑抗扭转测试

检查目的：检查身体的抗扭转能力及核心的稳定性。

测试方法：

■ 身体做俯卧撑的准备姿势，身体呈一条直线

■ 接下来可分为两个测试进行

◎ 测试 A：保持身体稳定，抬起一侧手触摸另侧肘部（图 4–6）

◎ 测试 B：保持身体稳定，一侧腿伸直抬起，与身体成一直线（图 4–7）

图 4-6

图 4-7

观察：

■ 进行测试 A 时，身体或双肩是否出现扭转，双肩是否平行于地面

■ 进行测试 B 时，身体或骨盆是否出现扭转，骨盆是否平行于地面

你的发现代表了什么？

■ 未能达到测试动作的标准，可能意味着你身体的抗扭转能力以及核心的稳定性存在不足。导致抗扭转能力以及核心的稳定性不足的原因是多种多样的，主要有灵活性问题以及运动控制的问题。如果你无法完成该测试或已经出现疼痛，应停止体育锻炼并咨询相关专业人士，进一步排查、纠正或治疗

6. 单腿下蹲

检查目的：检查身体的额状面稳定能力以及下肢是否存在功能性代偿。

测试方法：

■ 单腿站在高约 20 厘米的平台边上，双手向前平举

■ 下蹲至腾空腿微微触地，恢复至起始动作（图 4–8）

观察：

■ 是否能蹲至屈膝 30°

■ 膝关节是否内扣

■ 膝盖是否超过脚尖

你的发现代表了什么？

■ 未能达到测试动作的标准，可能意味着你的减速能力不足或下肢存在功能性代偿。导致减速能力不足或下肢存在功能性代偿的原因是多种多样的，主要有灵活性以及运动控制等方面的问题。如果你无

图 4–8

法完成该测试或测试时出现疼痛，应停止体育锻炼并咨询相关专业人士，进一步排查、纠正或治疗。

7. 上举深蹲

检查目的：检查肩、髋、膝、踝的双侧对称灵活性，胸椎伸展能力及整体的运动控制能力。

检查方法：

- 双脚与肩同宽，平行站立，双手举过头顶，掌心朝前
- 下蹲至最低点（图 4–9）

图 4–9

观察：

- 脚跟是否离地或脚是否离开原来的位置
- 膝盖是否内扣
- 双手正投影连线是否在两脚脚尖内
- 髋是否低于膝
- 大腿与手臂延长线是否平行

你的发现代表了什么？

- 未能达到测试动作的标准，可能意味着你的灵活性或运动控制能力不足。如果你无法完成该测试或测试时出现疼痛，应停止体育锻炼并咨询相关专业人士，进一步排查、纠正或治疗

附 1：心血管疾病风险评价

运动前心血管疾病风险筛查问卷

请如实陈述下列问题以评价你的健康状况	
病史 你曾经有过 ——心脏病发作 ——心脏手术 ——心脏导管插入术 ——经皮冠状动脉腔内成形术（PTCA） ——起搏器 / 植入式心脏复律除颤器 ——心瓣膜疾病 ——心力衰竭 ——心脏移植 ——先天性心脏病	如果你有其中的任何情况，请在运动前咨询医生或健康指导相关专业人士。你可能需要在某个拥有执照的医务人员监护下才能进行健身

续表

<table>
<tr><td colspan="2">症状
——在用力时有过胸部不适
——有过不明原因的呼吸困难
——有过头晕眼花、晕倒或眩晕
——有过脚踝肿胀
——有过由快而强的心跳而导致感觉不适
——正在服用治疗心脏病的药物
——有限制体力活动的肌肉骨骼问题
——正在服用处方药
——怀孕</td><td rowspan="2">如果你有两个或两个以上的情况，则需要咨询医生或健康指导相关专业人士，或在有资质的专业人员指导下运动</td></tr>
<tr><td colspan="2">其他健康问题
——有糖尿病
——有哮喘或其他肺部疾病
——短距离行走时，你的小腿有发热或抽筋的感觉</td></tr>
<tr><td colspan="3">心血管危险因素
——男性≥ 45 岁，女性≥ 55 岁
——吸烟或戒烟不足 6 个月
——血压≥ 140/90 毫米汞柱
——血浆胆固醇≥ 200 毫克每立方分米
——体重指数≥ 30 千克每平方米
——不知道自己的血压
——不知道自己的血浆胆固醇
——正在服用降压药
——有一个近亲有心脏病或做过心脏手术，其中男性亲属≤ 55 岁，女性亲属≤ 65 岁
——很少进行体力活动
——有糖尿病史
——不知道自己是否处于糖尿病前期</td></tr>
<tr><td colspan="3">心血管危险因素分层</td></tr>
<tr><td>低危
无症状
男性< 45 岁，女性< 55 岁
< 2 个危险因素</td><td>中危
无症状
男性> 45 岁，女性> 55 岁
≥ 2 个危险因素</td><td>高危
有症状或有已确诊的心血管、肺脏、肾脏及代谢类疾病</td></tr>
</table>

附 2：体格测量与膳食模式评估

1. 体重指数（BMI）与腰臀比（WHR）

BMI 可用来表示身高和体重的相对关系，是简单实用的评判工具之一。其计算方法是以体重（千克）除以身高（米）的平方值。计算出你的 BMI 值并与下面的表格进行对比，即可知道自己是否存在超重或肥胖的风险。

体重指数等级划分及基于体重指数、腰围的疾病风险

比较项	BMI 值	肥胖分类	相对于正常 BMI 值及腰围的疾病风险	
			男性≤ 102 厘米 女性≤ 88 厘米	男性＞ 102 厘米 女性＞ 88 厘米
超轻	＜ 18.5	—	—	—
正常	18.5~24.9	—	—	—
超重	25.0~29.9	—	增加	高
肥胖	30.0~34.9	Ⅰ	高	非常高
非常肥胖	35.0~39.9	Ⅱ	非常高	极度高
极度肥胖	≥ 40	Ⅲ	极度高	极度高

（改编自 ACSM 运动测试与运动处方指南）

除此之外，WHR 也是评判身体肥胖与脂肪量和疾病的风险的简单常用方法之一。健康风险会随 WHR 的增长而增长，所以，通过 WHR 的测量，也可以知道是否存在超重或肥胖的风险。腰围测量方法为受试者放松站立，用皮尺在髂嵴上方水平测量；臀围的测量方法则是测量臀部最粗的地方。皮尺不要勒紧，贴在皮肤上即可。将测到的腰围除以臀围，即可得出 WHR 值，最终结果对比下面的表格。

男性腰臀比参数

年龄 / 岁	危险等级			
	低	中	高	极高
20~29	＜ 0.83	0.83~0.88	0.89~0.94	＞ 0.94
30~39	＜ 0.84	0.84~0.91	0.92~0.96	＞ 0.96
40~49	＜ 0.88	0.88~0.95	0.96~1.00	＞ 1.00
50~59	＜ 0.90	0.90~0.96	0.97~1.02	＞ 1.02
60~69	＜ 0.91	0.91~0.98	0.99~1.03	＞ 1.03

女性腰臀比参数

年龄 / 岁	危险等级			
	低	中	高	极高
20~29	< 0.71	0.71~0.77	0.78~0.82	> 0.82
30~39	< 0.72	0.72~0.78	0.79~0.84	> 0.84
40~49	< 0.73	0.73~0.79	0.80~0.87	> 0.87
50~59	< 0.74	0.74~0.81	0.82~0.88	> 0.88
60~69	< 0.76	0.76~0.83	0.84~0.90	> 0.90

（改编自 *Bray and Gray* 1988）

以上两个方法虽然简单实用，但都存在一定的局限性，比如用 BMI 评价体脂百分比存在较大标准差（ ± 5% 脂肪）。所以，在评估中如果想获得更加精准的数据，建议除使用以上两个方法以外，还可以增加例如生物电阻抗分析法或其他更加精确的方法。

2. 膳食模式评估

中国居民膳食模式扇形图

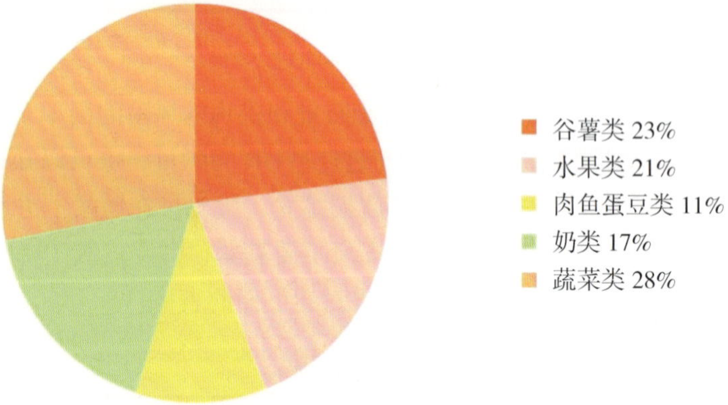

根据中国营养学会在《中国居民膳食指南（2017）》中给出的标准，我们每餐的食物种类所占的比例应该至少符合扇形图中所给出的比例。我们可以从中清楚地知道我们这一餐当中，应该包含哪些食物种类，及每一种类应当占有的比例。如谷薯类应占到 23%，蔬菜类应占到 28%，水果类应占到 21%，肉、鱼、蛋及豆类应占到 11%，并每餐尽可能摄入 120 克或 120 毫升的牛奶。

根据中国营养学会的推荐和建议，我们制作了膳食情况记录表，来帮助你自己评估一天当中所摄入的食物量及种类是否均衡，进食的时间及频次、餐次是否规律。

将自己连续 3 日的膳食情况记录在表格中，并注明食物名称、原料名称、食物类别、预估占比、进食时间及进食地点，然后对比根据中国营养学会给出的标准所制作出来的饼图。

膳食情况记录表

<table>
<tr><th>餐次</th><th>食物名称</th><th>原料名称</th><th>食物类别</th><th>预估占比</th><th>进食时间</th><th>进食地点</th></tr>
<tr><td rowspan="4">1</td><td></td><td></td><td></td><td></td><td rowspan="4"></td><td rowspan="4"></td></tr>
<tr><td></td><td></td><td></td><td></td></tr>
<tr><td></td><td></td><td></td><td></td></tr>
<tr><td></td><td></td><td></td><td></td></tr>
<tr><td rowspan="4">2</td><td></td><td></td><td></td><td></td><td rowspan="4"></td><td rowspan="4"></td></tr>
<tr><td></td><td></td><td></td><td></td></tr>
<tr><td></td><td></td><td></td><td></td></tr>
<tr><td></td><td></td><td></td><td></td></tr>
<tr><td rowspan="4">3</td><td></td><td></td><td></td><td></td><td rowspan="4"></td><td rowspan="4"></td></tr>
<tr><td></td><td></td><td></td><td></td></tr>
<tr><td></td><td></td><td></td><td></td></tr>
<tr><td></td><td></td><td></td><td></td></tr>
<tr><td rowspan="4">4</td><td></td><td></td><td></td><td></td><td rowspan="4"></td><td rowspan="4"></td></tr>
<tr><td></td><td></td><td></td><td></td></tr>
<tr><td></td><td></td><td></td><td></td></tr>
<tr><td></td><td></td><td></td><td></td></tr>
<tr><td rowspan="4">5</td><td></td><td></td><td></td><td></td><td rowspan="4"></td><td rowspan="4"></td></tr>
<tr><td></td><td></td><td></td><td></td></tr>
<tr><td></td><td></td><td></td><td></td></tr>
<tr><td></td><td></td><td></td><td></td></tr>
<tr><td rowspan="4">6</td><td></td><td></td><td></td><td></td><td rowspan="4"></td><td rowspan="4"></td></tr>
<tr><td></td><td></td><td></td><td></td></tr>
<tr><td></td><td></td><td></td><td></td></tr>
<tr><td></td><td></td><td></td><td></td></tr>
</table>

- 食物类别：1. 谷薯类　2. 蔬菜类　3. 水果类　4. 肉蛋类　5. 乳制品及大豆坚果类　6. 油盐调料类　7. 不健康食品类
- 进餐时间：1. 6：30 左右　早餐　2. 9：30 左右　上午餐　3. 12：30 左右　午餐　4. 3：30 左右　下午餐　5. 6：30 左右　晚餐　6. 9：00 以后　夜宵
- 进餐地点：1. 自己家　2. 单位 / 学校　3. 饭馆 / 摊点　4. 亲戚家 / 朋友家　5. 庆典现场

第二节 改善弱链的训练

弱链的发现和训练要根据评估结果来开展，本节就一般性问题展开论述。

一、呼吸训练

1. 仰卧呼吸练习 A

动作功能：优化呼吸策略，辅助腹腔上下扩张，纠正错误呼吸模式。

技术要点：

■ 仰卧，屈膝屈髋，脚掌着地，将一只手放于腹部之上，另一只手放于胸部之上（图 4–10）

■ 自然呼吸，将气吸向腹部，吸气时感受到腹部的手被顶起，吸气结束后停顿 2 秒

■ 呼气时腹部慢慢下沉，肋骨内收

注意：呼吸力度不要过大，尽量将呼气放缓放长，吸气呼气时间比率为 1 : 2。

图 4–10

图 4–11

2. 鳄鱼式呼吸练习

动作功能：优化呼吸策略，辅助腹腔横向扩张，纠正错误呼吸模式。

技术要点：

■ 俯卧，双手交叠，将前额放在小臂上。置一书于腰部（图 4–11）

■ 自然呼吸，将气吸向腹部，吸气时感受到腰部的书被顶起，吸气结束后停顿 2 秒

■ 呼气时腹部下沉，肋骨内收

注意：呼吸力度不要过大，尽量将呼气放缓放长，吸气呼气时间比率为 1∶2 。

3. 坐姿呼吸练习

动作功能：优化呼吸策略，抑制上提胸廓的肌群，纠正错误呼吸模式。

技术要点：

■ 坐在椅子上全脚掌着地，双手放在桌子上

■ 自然呼吸，将气吸向腹部

■ 吸气时双肘及小臂压向桌子，吸气结束后停顿 2 秒

■ 呼气时手臂放松，肋骨内收

注意：向下压时配合动作呼吸节奏，呼吸力度不要过大，尽量将呼气放缓放长，吸气呼气时间比率为 1∶2（图 4–12）。

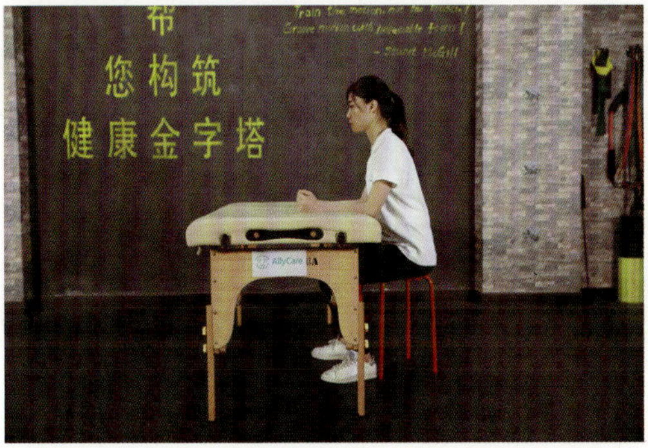

图 4–12

图 4–13

4. 仰卧呼吸练习 B

动作功能：优化呼吸策略，辅助腹腔向四周扩张，纠正错误呼吸模式。

技术要点：

■ 仰卧，屈膝屈髋，脚掌着地，双手放于肋骨下缘

■ 自然呼吸，将气吸向腹部，吸气时感受到双手向上向外被顶起，吸气结束后停顿 2 秒

■ 呼气时腹部下沉，肋骨内收

注意：呼吸力度不要过大，尽量将呼气放缓放长，吸气呼气时间比率为 1∶2，感受吸气时腹腔向四周扩张（图 4–13）。

5. 90/90 吹气球练习

动作功能：优化呼吸策略，激活膈肌，促进最佳姿势，纠正错误呼吸模式。

技术要点：

■ 仰卧屈膝屈髋，双脚掌轻贴在墙上，尾骨微微抬起，使下背部贴在地上，膝盖之间夹一个直径 15 厘米左右的小球或其他轻软的东西

■ 右手举过头顶放于地面，左手扶气球

■ 鼻子吸气嘴巴呼气，慢慢吹起气球

■ 用舌头抵住上颚，防止气球漏气，然后再次用鼻子吸气，用嘴巴呼气吹起气球

■ 完成 4 次呼吸，拿开气球，将气放掉

■ 重复练习，完成规定次数

注意：双脚不要踩墙，脚跟向下拉，夹住小球，动作过程中保持大腿内侧与后侧收紧，吸气时舌头抵住上颚，不要用唇或牙齿咬住气球。吸气呼气时间比率为 1∶2，每次呼吸之间屏息 2~4 秒（图 4–14）。

图 4–14

除了呼吸模式，动作模式不正确也是弱链，灵活性训练和运动控制训练等有助于弱链的改善。动作模式是指以一连串姿势完成某个动作。在动作模式不正确的情况下进行运动，一开始可能不影响运动表现，但是长此以往就会产生疲劳、酸痛，直至发生运动损伤。只有在动作模式正确的情况下锻炼，人体才能变得越来越强壮，同时灵活性也越来越好。

建议喜欢运动的人请有资质的教练对动作模式进行专业评估并对训练进行辅助。下面一些训练有助于动作模式的改善。

二、灵活性训练

1. 猫式伸展

动作功能：发展脊柱在矢状面的灵活性。

技术要点：

■ 四点支撑姿势，吸气同时骨盆开始前倾，腰部随之下压，背部逐渐从脊柱向前反躬，过渡至头部抬起，同时肩胛骨向后夹紧，眼睛看向天花板

■ 呼气同时骨盆开始后倾，腰部随之上躬，背部逐渐从脊柱向前躬起，过渡至头部下垂，同时肩胛骨向前张开，眼睛看向肚脐

■ 重复练习，完成规定次数

注意：吸气时背部反弓，想象肚脐贴近地板，眼睛看向天花板；呼气时背部弓起，想象后背贴近天花板，动作要从骨盆开始，感受脊柱逐节运动，脊柱呈现出波浪式的优美曲线（图 4–15a、4–15b、4–15c、4–15d）。

图 4-15a

图 4-15b

图 4-15c

图 4-15d

2. 跪姿旋转

动作功能：发展胸椎段旋转的灵活性。

技术要点：

- 双膝跪地，双手撑地，将其中一侧手臂抬起
- 在保持骨盆位置不动的前提下，旋转躯干，使手臂在对侧腋下穿过
- 转身还原，将手放在耳朵上，同时继续转身，使肘指向天花板
- 重复练习，完成规定次数

注意：动作一气呵成，过程中保持骨盆位置不动，身体不要偏移（图 4-16a、图 4-16b、图 4-16c）。

图 4-16a

图 4-16b

图 4-16c

3. 木棍肩部环绕

动作功能：发展肩关节在多平面的灵活性。

技术要点：

■ 自然站立，双手持木棍或 PVC（聚氯乙烯）管，超宽握距，手臂与木棍或 PVC 管的夹角在 45° 左右

图 4-17a

图 4-17b

图 4-17c

图 4-17d

■ 手臂伸直，将木棍或 PVC 管上举至头顶，继续绕过头顶向后伸展，直至触碰到臀部

■ 恢复至起始动作，重复练习，完成规定次数

注意：保持腹部绷紧，动作过程中手臂尽可能伸直，手不要移动，握距不要过窄，控制在可完成动作的握距内（图 4–17a、图 4–17b、图 4–17c、图 4–17d）。

4. 靠墙天使

动作功能：发展肩关节在额状面的灵活性。

技术要点：

■ 后背、臀部、头部贴紧墙壁，腰部离开墙壁约一掌的距离，微屈膝屈髋

■ 肘关节 90° 屈曲，双臂水平外旋，贴在墙壁上

■ 保持躯干不动，双臂贴近墙壁向上举过头顶，尽可能伸直

■ 双臂贴近墙壁向下，使肘关节低于肩，向躯干靠拢

■ 重复练习，完成规定次数

注意：动作过程中，手臂尽可能不要离开墙壁（图 4–18a、4–18b）。

图 4–18a

图 4–18b

5. 左右摆腿

动作功能：主要发展髋关节在矢状面的灵活性。

技术要点：

■ 自然站立于墙壁前，双手扶墙

■ 一腿往外踢伸，幅度尽可能大

■ 重复练习，完成规定次数

注意：保持腹部绷紧，尽可能保持盆骨不动（图 4–19）。

图 4–19

6. 格雷弓步矩阵

由世界著名物理治疗师加利·格雷（Gary Gray）提出，包括 5 个方向的弓箭步动作，可作为灵活性练习进行训练，有助于发展多方向的灵活性，也可作为跑前热身或其他跑动类运动的准备动作。通常建议左右两侧共做 50 次，对改善动作灵活性，激活髋部肌群有很大的帮助作用。

（1）前弓箭步

动作功能：发展髋关节在矢状面的灵活性。

技术要点：

- 一侧腿向前迈一步，两脚间距约 1 米，前腿屈膝成 90°，后腿屈膝，呈弓步姿势
- 双臂前后摆动，背部挺直
- 恢复至起始动作，两侧交替练习，完成规定次数

注意：保持腹部绷紧，双脚不要移动，脚尖始终朝前，脊柱不要反弓，腹部不要向前顶（图 4–20a）。

（2）前弓箭步转体

技术要点：

- 一侧腿向前迈一步，两脚间距约 1 米，前腿屈膝成 90°，后腿屈膝，呈弓步姿势
- 背部挺直，躯干向前腿一侧方向转动
- 恢复至起始动作，两侧交替练习，完成规定次数

注意：保持腹部绷紧，双脚不要移动，脚尖始终朝前，脊柱不要反弓，腹部不要向前顶（图 4–20b）。

图 4–20a

图 4–20b

（3）侧弓箭步

技术要点：

- 向一侧迈一步，双脚平行，脚尖朝前，两脚间距约 1 米

■ 双手胸前抱拳，背部挺直，一侧腿弯曲，另一侧腿伸直
■ 恢复至起始动作，两侧交替练习，完成规定次数
注意：保持腹部绷紧，脚尖始终朝前，下蹲时重心偏向弯曲腿一侧（图 4-20c）。
（4）侧后弓箭步
技术要点：
■ 一腿向侧后方迈一步，脚尖指向侧后方，另一腿脚尖朝前，两脚间距约 1 米
■ 双手胸前抱拳，背部挺直，一侧腿弯曲，另一侧腿伸直
■ 恢复至起始动作，两侧交替练习，完成规定次数
注意：保持腹部绷紧，脚尖始终朝前，下蹲时重心偏向弯曲腿一侧（图 4-20d）。
（5）后弓箭步
动作功能：发展髋关节在矢状面的灵活性。

图 4-20c

图 4-20d

技术要点：
■ 一侧腿向后迈一步，两脚间距约 1 米，前腿屈膝成 90°，后腿屈膝，呈弓步姿势
■ 双臂前后摆动，背部挺直
■ 恢复至起始动作，两侧交替练习，完成规定次数
注意：保持腹部绷紧，脚尖始终朝前，脊柱不要反弓，腹部不要向前顶（图 4-20e）。

图 4-20e

7. 小腿箱式运动

动作功能：发展髋部的多方向的灵活性及稳定控制能力。

技术要点：

■ 双手交叠于胸前

■ 右腿外旋，左腿内旋，左脚脚底贴于右腿膝盖处，左右腿屈膝 90° 平放在地面上

■ 挺髋起身使双膝呈跪姿，此时两小腿夹角应为 90°

■ 右腿向前迈步，呈单膝跪地姿势；站起同时左腿提膝，大腿与小腿呈 90°

■ 左腿落下，恢复至起始动作

■ 换边重复练习，完成规定次数

注意：保持躯干挺直（图 4-21a、图 4-21b、图 4-21c、图 4-21d）。

图 4-21a

图 4-21b

图 4-21c

图 4-21d

8. 3D（三维）髋部伸展

动作功能：发展髋部的多方向的灵活性。

技术要点：

■ 双膝跪地，双手撑地，右腿后撤，进入梨状肌伸展姿势

■ 左腿向前迈一步，单膝跪地

■ 骨盆摆至中立位，髋部向前推出，髋肌伸展，同时双手上举至头顶，掌心朝上

■ 骨盆回至中立位，右手抓住左腿外侧，左手掌心向上水平伸出，同时眼睛看向手掌，躯干向后转动至最大幅度

■ 还原至单膝跪地姿势，将左腿向外侧迈出，使左足与右小腿呈 90° 夹角

■ 躯干向左腿方向下压，左腿膝盖指向脚尖的方向

■ 左腿后撤，回到梨状肌伸展姿势

■ 单侧重复练习，完成规定次数

注意：保持跪姿支撑腿位置始终不变（图 4–22a、图 4–22b、图 4–22c、图 4–22d、图 4–22e、图 4–22f）。

图 4–22a

图 4–22b

图 4–22c

图 4–22d

图 4-22e

图 4-22f

9. 仰卧腿下落

动作功能：增强髋关节灵活性和双腿分离能力。

技术要点：

■ 仰卧，将双腿伸直，脚尖勾起，同时抬起

■ 一条腿保持不动，另一条腿慢慢下落

注意：始终保持双腿伸直（图 4-23）。

10. 牛仔坐姿

动作功能：发展足部第一跖趾关节灵活性。

技术要点：

■ 单膝跪地，支撑腿脚趾撑地

■ 臀部坐在支撑腿的脚后跟上

■ 交替练习，在规定时间内完成数次动作

注意：保持上身挺直（4-24）。

图 4-23

图 4-24

三、灵活性和稳定性要协调发展

灵活性和稳定性是人体运动功能的基础，二者交织在一起，要相互匹配、平衡发展，如果其中一样过于突出则会影响运动功能，也会增加受伤的风险。

- 只关注训练动作，当灵活性超过平均水平时，如果没有足够的稳定性和力量控制位置和姿势，则损伤风险非常大
- 不要在关节活动度达到极限时做拉伸和重量提举，如在做哑铃弓箭步时，不要既给前腿加负荷，又给后腿和髋关节做屈肌和拉伸
- 即使关节活动度正常或者较好，训练也不应超过关节活动度极限（即阻力点），这样既可以训练身体的感知力，也保护了关节和肌肉免受损伤
- 如果关节活动度不够，训练内容主要是拉伸过紧的肌肉，在保证训练方式正确的前提下使用重量会影响训练次数
- 如果关节活动度不够，在做如卧推、坐姿推举和倒蹬推举的训练时主要内容是提高关节灵活性：
    - ◎ 轻柔地拉伸，关键是放松
    - ◎ 拉伸的不是紧张的肌肉，而是使用不当的肌肉
    - ◎ 每次重复、每组训练，都要保持完美的技术
        - △ 保持脊柱挺拔
        - △ 放松肢体
        - △ 肩关节后缩
        - △ 头向上
        - △ 呼吸深沉、缓慢
        - △ 控制动作
        - △ 感受身体发生的一切
    - ◎ 如果感到某一块肌肉紧张，很可能是因为用错了时间、顺序、位置。此时，应停下来，不要用这块肌肉了，你可能会对以前不太注意的部位敏感起来
    - ◎ 慢慢来，要有耐心

训练灵活性和稳定性首先从脊柱训练开始，脊柱的稳定性训练不能在脊柱运动中进行，而是要在脊柱稳定且肢体以脊柱为基础做运动时进行。

四、动作控制训练

1. 靠墙胸椎伸展

动作功能：发展胸椎段的伸展灵活性。

技术要点：

■ 面对墙壁坐在椅子的前 1/3 上，脚尖贴墙

■ 双手交叠放于墙面，小臂撑于墙面，闭上双眼，将额头放在手背上

■ 保持腰部微屈，胸椎后伸，想象胸部贴近墙壁

■ 呼气时胸椎后伸，眼睛向上看，吸气时胸椎不动，眼睛向下看

■ 重复练习，完成规定次数

注意，坐到约 1/3 处，动作幅度要小，主要感受背侧胸椎段的挤压感，动作要配合呼吸节奏（图 4–25a、图 4–25b）。

图 4–25a

图 4–25b

2. 三屈壶铃旋转

动作功能：增强胸椎旋转时的控制能力。

技术要点：

■ 侧卧，屈膝屈髋屈踝均呈 90°，右手持壶铃，左手放在右腿膝盖后方

■ 呼气转身，眼睛看向壶铃，同时曲肘，保持小臂与上臂垂直

■ 重复练习，完成规定次数

注意：动作过程中保持下身稳定（图 4–26a、图 4–26b）。

图 4-26a

图 4-26b

3. 蛙式

动作功能：强化髋关节灵活性，优化髋部动作模式。

技术要点：

- 双膝跪地，双手撑地，双腿距离宽于髋，尽可能分开
- 双手慢慢推地，将臀部慢慢后坐
- 保持姿势，在规定时间内完成数次动作

注意：保持背部平直，伴随呼气慢慢后坐（图 4-27a、图 4-27b）。

图 4-27a

图 4-27b

4. 侧卧髋内旋

动作功能：强化髋主动内旋能力。

技术要点：

- 侧卧，屈膝屈髋，双手伸直，持瑜伽砖，双膝夹瑜伽砖，并将一个泡沫轴放于大腿前侧
- 头部抬至中立位，双手紧握瑜伽砖，双膝夹紧瑜伽砖，保持呼吸，吸气时保持静止，呼气时将髋部尽力内旋

■ 重复练习，完成规定次数

注意：动作过程中保持腿部尽可能不要碰到大腿前侧的泡沫轴 (图 4–28)。

图 4–28

5. 仰卧背部下压

动作功能：激活核心深层肌群，改善骨盆前倾。

技术要点：

■ 将弹力带一端绑在固定物体上，一端套至腰部，仰卧
■ 保持呼吸，呼气时将腰部下压，使其对抗弹力带并压在地板上
■ 在规定时间内保持动作

注意：动作过程中保持呼吸，吸气时身体静止不动（图 4–29a、图 4–29b）。

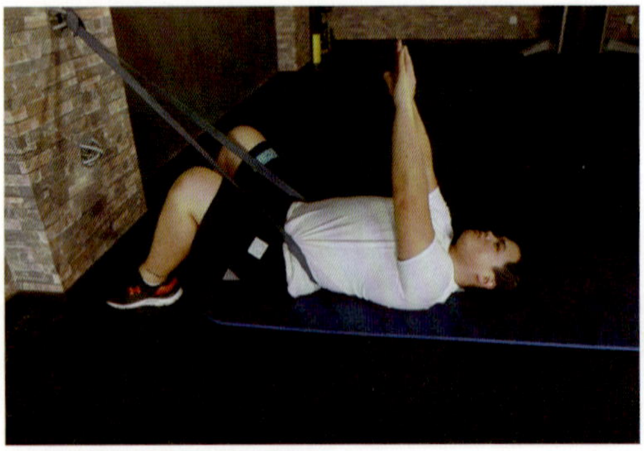
图 4–29a

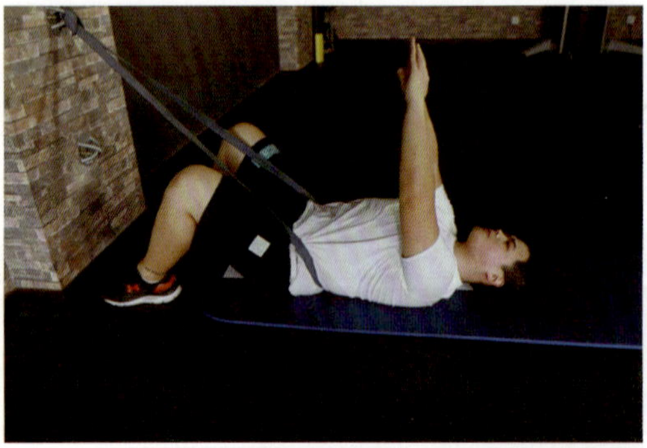
图 4–29b

6. 弹力带核心发力后坐

动作功能：增强核心稳定，强化屈髋能力。

技术要点：

■ 双膝跪地，双手撑地，将弹力带一端绑在固定物体上，一端套至臀部尾骨处
■ 双手推地，臀部向外拉弹力带，沿拉力方向后坐
■ 恢复至起始动作，重复练习，完成规定次数

注意：以髋关节为轴，腹部绷紧，动作过程中保持背部平直（图 4–30）。

图 4–30

7. 深蹲壶铃推拉

动作功能：增强踝关节灵活性，激活全身稳定控制力。

技术要点：

■ 双手倒持壶铃下蹲，前后推拉壶铃

注意：动作过程中身体跟随重心变化可以前后晃动(图 4–31)。

图 4–31

8. 窄距单膝跪地

动作功能：发展髋部控制能力。

技术要点：

■ 单膝跪于地面，一腿 90° 屈膝，小腿放平，另一腿 90° 屈髋，脚掌着地

■ 前脚在后腿膝盖正前方，脚掌与后小腿成一直线

■ 后腿大腿与前腿小腿均垂直于地面

■ 骨盆放正，抬头挺胸，目视前方，两臂自然下垂

■ 在规定时间内保持稳定

注意：保持腹部绷紧，躯干挺直，双脚不要挪动（图 4–32）。

图 4–32

9. 单膝跪地壶铃环绕

动作功能：发展静态姿势控制能力，为动态运动控制能力做过渡。

技术要点：

■ 单膝跪于地面，屈膝 90°

■ 双手倒持壶铃于脸前侧，壶铃沿水平面，经过鼻子、耳朵、后脑，环绕头部一周

■ 保持稳定，完成规定次数

注意：保持腹部绷紧，躯干挺直，双脚不要挪动（图 4–33a、图 4–33b）。

图 4-33a

图 4-33b

10. 单膝跪地下劈与上拉模式

动作功能：发展静态姿势控制能力，为动态运动控制能力做过渡。

技术要点：

■ 单膝跪地，躯干微微后转，手臂伸直

■ 双手在胸前斜向画弧

■ 恢复至起始动作，重复练习，完成规定次数

注意：保持腹部绷紧，背部挺直，躯干稳定，上拉时以支撑腿为起点，下劈时以支撑腿为止点，防止腿部阻挡动作（图 4-34a、图 4-34b）。

图 4-34a

图 4-34b

11. 泡沫轴单腿硬拉模式

动作功能：提高髋部稳定性，优化屈髋能力。

技术要点：

■ 双脚站立，然后悬空脚，并与同侧手夹一长泡沫轴

■ 以髋关节为轴身体前倾，悬空脚勾起脚尖与同侧手夹紧泡沫轴，向后抬高

■ 悬空腿与背部平直，前倾至与地面接近平行

■ 恢复至起始动作，重复练习，完成规定次数

注意：保持腹部绷紧，背部挺直，躯干稳定，夹紧泡沫轴，身体尽量不要晃动（图 4-35a、图 4-35b）。

动作感受：腘绳肌有明显拉伸感与发力感。

图 4-35a

图 4-35b

12. 土耳其起立

动作功能：校正身体动力链，发展全身稳定肌群。

技术要点：

■ 将壶铃放于身体右侧，屈髋屈膝侧卧，头部离开地面，与躯干成一条直线

■ 左手掌穿过壶铃握把握住，右手掌抱住左手

■ 将壶铃拉向胸口，翻身平躺双腿伸直分开成仰卧状

■ 模仿用手枪射击姿势，将壶铃从胸口正上方推出

■ 左手臂伸直，握紧壶铃，右手向外侧展开，放于地板上，同时左腿屈膝屈髋，脚掌踩地

■ 利用左脚蹬地和脊柱翻滚的力量，将壶铃举起，同时肩膀离地，右手肘关节撑地

■ 继续向上，过渡为右手手掌撑地

■ 右手撑地，将右腿从身体下方向后撤出，成右腿单膝跪地右手撑地姿势

■ 右小腿向外旋转放正，右手离地同时身体伸直，目视前方

■ 蹬地起身站立

■ 回到侧卧姿势，换侧练习

退阶：将壶铃改为鞋子或其他轻量物体，将物体放在拳面上。

进阶：在仰卧位时倒持壶铃，完成倒持壶铃土耳其起立。

注意：做肘撑与手撑姿势时，上方手应与下方手成一直线；至单膝跪地前，保持

眼睛一直看向壶铃，动作过程中应可以自然呼吸，出现屏息、呼吸困难等不适时，则表明手持物重量过大（图 4–36a、图 4–36b、图 4–36c、图 4–36d、图 4–36e、图 4–36f）。

图 4–36a

图 4–36b

图 4–36c

图 4–36d

图 4–36e

图 4–36f

13. 农夫行走（单手提物行走）

动作功能：发展行进过程中的单侧髋的负载能力。

技术要点：

■ 单手持壶铃向前行走

■ 完成规定距离

注意：重量可以稍微大一点，但不要选择握持不住的重量，保持腹部绷紧，想象将壶铃压向地面，躯干挺直，匀速向前行走（图 4–37）。

14. 壶铃高架行走

动作功能：发展行进过程中的胸椎负载能力。

技术要点：

■ 单手持壶铃，架于手臂上，向前行走

■ 完成规定距离

注意：重量可以稍微大一点，但不要选择握持不住的重量，保持腹部绷紧，躯干挺直，匀速向前行走（图 4–38）。

图 4–37

图 4–38

15. 过头举物行走

动作功能：发展行进过程中的全身的负载能力。

技术要点：

■ 单手持壶铃，举过头顶向前行走

■ 完成规定距离

注意：重量可以稍微大一点，但不要选择握持不住的重量，保持腹部绷紧，躯干挺直，匀速向前行走（图 4–39）。

图 4–39

16. 悬吊带上举深蹲

动作功能：纠正深蹲动作模式，强化胸椎灵活性及核心控制能力。

技术要点：

■ 将悬吊带套在手背上，双手上举至头顶

■ 双脚分开站立，脚尖略微朝外打开，髋关节外旋，足弓拱起，抬头挺胸

■ 保持手臂高举，臀部后坐，屈髋屈膝下蹲至髋部略低于膝盖或大腿，保持背部挺直

■ 双脚推地，髋关节外旋，伸膝伸髋站起，恢复至起始动作

■ 重复练习，完成规定次数

注意：保持腹部绷紧，双手高举，重心位于两脚之间，膝关节外展，指向脚尖的方向（图 4-40a、图 4-40b）。

图 4-40a

图 4-40b

17. 提踵

动作功能：增强踝关节灵活性和控制能力。

技术要点：

■ 双脚站立，与肩同宽，脚后跟离地站起

■ 重复练习，完成规定次数

注意：保持躯干稳定（图 4-41）。

图 4-41

18. 站姿体前倾

动作功能：增强踝关节灵活性和控制能力，激活足横弓。

技术要点：

■ 双脚站立，与肩同宽，身体保持挺直

■ 在身体保持挺直的前提下前倾至接近摔倒

■ 重复练习，完成规定次数

注意：保持躯干稳定（图 4–42）。

19. 单腿站立头部旋转

动作功能：强化本体觉与前庭觉，发展动态稳定能力。

技术要点：

■ 单腿站立，双手放于身体两侧

■ 保持躯干稳定，匀速左右转头

■ 在规定时间内完成数次

注意：保持腹部绷紧，躯干挺直，动作过程中保持躯干稳定（图 4–43）。

图 4–42

图 4–43

20. 平衡软榻单腿跳

动作功能：发展本体觉、前庭觉以及身体的动态稳定能力。

技术要点：

■ 双手自然下垂，单脚站立

■ 单脚跳上平衡软榻，保持躯干稳定

■ 重复练习，完成规定次数

注意：保持腹部绷紧，躯干挺直，动作过程中保持躯干稳定（图 4–44a、图 4–44b）。

图 4-44a

图 4-44b

第三节　核心柱训练

核心柱指的是身体的躯干、髋关节和肩关节，是人体力量的基础，是力量传递的纽带，是爆发力的发动机。核心柱训练的重要性已经为多数人所知，但是如何正确训练却较为混乱，很多人还是采用大重量、多次、多组数的训练方式。其实，深层次的腹肌和腰背肌运动是在神经反射层面上的，意思是：

■ 其不能被召唤，不能像肱二头肌、股四头肌一样被单独训练
　◎ 腹肌是核心训练的重要部分
　◎ 核心训练不只是腹肌训练
　◎ 腹肌永远不能被单独训练，腹肌和臀肌、腰背肌要协同工作
■ 由动作带动着这些肌肉
■ 在做动作和受到阻力时，这些肌肉被自动激活

下面这些情况可以改变动作，继而改变核心柱肌肉的反应能力和稳定能力：

■ 姿态不良
■ 柔韧性较差
■ 肌肉不平衡
■ 不合理的训练，如热身不够、编排不科学
■ 一维的训练习惯
■ 缺乏核心训练的前提：灵活和稳定的身体

核心柱训练不是力量训练，而是稳定性和协调性的训练。力量是产生“力”的能力，而稳定性是控制“力”的能力，是控制动作和力量的能力，它既不产生力量，也不产生动作。

核心柱训练的重要性怎么强调都不过分：

- 运动中的每个动作都需要进行能量的转移，如从一侧腿到另一侧腿、从腿到手等，而核心柱是这些能量转移的公分母
- 核心柱稳定、强壮了，身体才能有一个发挥功能的坚实的平台
- 核心柱训练可以为力量、爆发力、速度和敏捷性的训练打下坚实的基础
- 核心柱是身体的陀螺仪：
    - ◎ 在核心上的力量网络发挥平衡作用
    - ◎ 重新合理分配力量
    - ◎ 为左、右肩关节灵活性的差别做代偿
    - ◎ 为左、右髋关节灵活性的差别做代偿
    - ◎ 为脊柱灵活性的不足做代偿
- 核心柱是爆发力的源泉，核心柱稳定可以提高运动表现

要做好核心柱训练应做好以下几点：

- 核心柱训练的核心是训练动作模式和稳定性
- 最好的核心柱训练是脊柱稳定在自然位或者中立位，同时呼吸，手臂和腿做模拟运动或者日常活动的功能动作
- 核心柱训练最大错误是考虑组数、次数和单独训练某个肌肉组
- 核心柱训练可以设计为热身和放松训练的一部分

每天起床后先做核心柱训练，你会有惊奇地发现。

一、肩部训练

1.Y、T、W、L、A 练习

动作功能：强化肩袖肌群、肩部肌群，防止肩部损伤。

技术要点：

- 可将手臂摆成形似 Y，T，W，L，A 这 5 个字母的姿势（图 4–45）
- 俯身趴在瑞士球上

图 4–45

■ 保持躯干稳定，肩胛骨内收，肩部后伸至最大幅度

■ 恢复至起始动作，重复练习，完成规定次数

注意：肩关节运动，其余部位均保持稳定，除摆出形似字母 A 姿势时拇指向下外，其余均伸出拇指向上。

动作感受：肩后部、上背部均有明显发力感（图 4–46a、图 4–46b）。

图 4−46a

图 4−46b

2. 器械钢索肩外 / 内旋

动作功能：强化肩袖肌群，肩部肌群，防止肩部损伤。

（1）外旋

技术要点：

■ 将钢索阻力点调整至接近肘关节的高度

■ 自然站立，手持握把，钢索位于身体前侧，屈肘 90° ，将肘关节紧贴于身体一侧，掌心朝内

■ 保持肘部贴紧身体，以大臂为轴，小臂向外展开

■ 恢复至起始动作，重复练习，完成规定次数（图 4–47）

图 4−47

（2）内旋

技术要点：

■ 将钢索阻力点调整至接近肘关节的高度

■ 手持握把，钢索位于身体外侧，屈肘 90° ，将肘关节紧贴于身体一侧，掌心朝内

■ 保持肘部贴紧身体，以大臂为轴，小臂向内收回

■ 恢复至起始动作，重复练习，完成规定次数

注意：保持背部挺直，腹部绷紧，肩胛骨内缩下沉，肘始终紧贴于身体一侧，位置保持不变。

动作感受：肩后部有明显发力感（图 4–48）。

图 4–48

3. 悬吊带 T、Y 练习

动作功能：强化肩袖肌群、肩部肌群，防止肩部损伤。

技术要点：

■ 补偿脚站姿，手握悬吊带握把，双手臂摆至 T 型或 Y 型，重心微微后倒，双眼看向锚点，保持悬吊带张力

■ 躯干保持稳定，身体后仰，双手还原至对握前的平举姿势，保持悬吊带张力

■ 双肩外展，将身体拉回起始位置，重复练习，完成规定次数（图 4–49a、图 4–49b）

图 4–49a

图 4–49b

4. 肩胛骨俯卧撑

动作功能：激活肩胛骨周围肌群，增强肩胛骨活动度与控制能力，提高肩胛骨稳定性，防止肩部损伤。

技术要点：

■ 以俯卧撑姿势撑于地面，身体呈一直线，手臂伸直

■ 俯身，使肩胛骨后缩至最大限度

■ 肩胛骨外展至最大限度，使躯干抬起

■ 重复练习，完成规定次数

注意：除肩胛骨运动外，其余部位均保持不动，保持躯干稳定，身体呈一直线，腹部绷紧。

动作感受：核心肌群、上背部肩胛骨周围有明显发力感（图 4–50a、图 4–50b）。

图 4–50a

图 4–50b

5. 肩胛骨时钟

动作功能：强化对肩胛骨的控制及本体觉能力，增加肩关节活动度与稳定性，防止肩部损伤。

技术要点：

■ 面对墙壁自然站立，一手掌将弹力球按在墙壁上，手臂伸直

■ 想象肩胛骨处有一时钟，控制肩胛骨分别朝 12 点钟、3 点钟、6 点钟、9 点钟方向移动，最后回到 12 点钟，顺时针完成一圈后，逆时针再做一圈

■ 重复交替练习，完成规定次数

注意：保持腹部绷紧，手臂伸直，弹力球不得出现移位。

动作感受：肩胛骨及上背部肌群有明显发力感（图 4–51a、图 4–51b、图 4–51c、图 4–51d）。

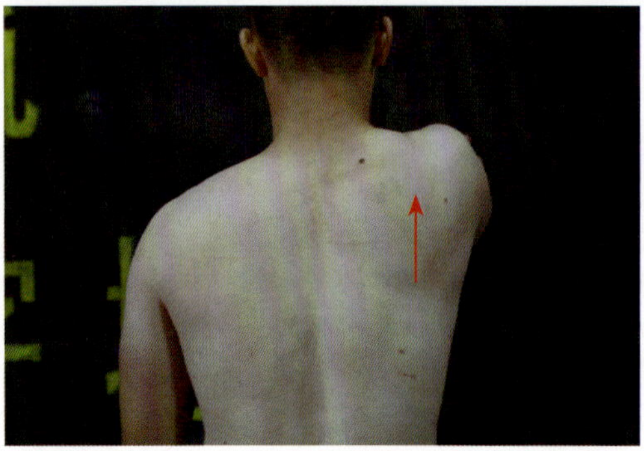

图 4–51a

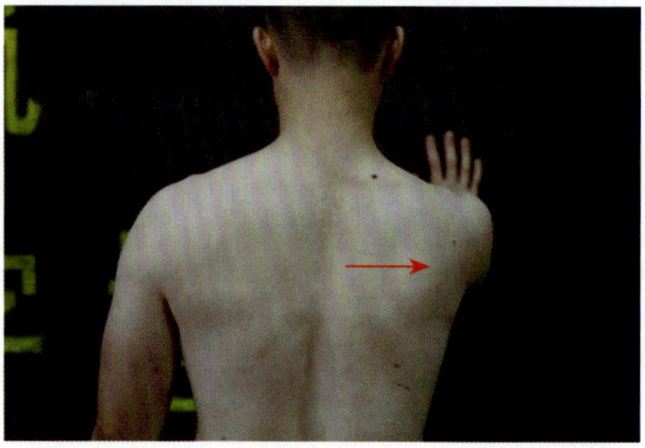

图 4–51b

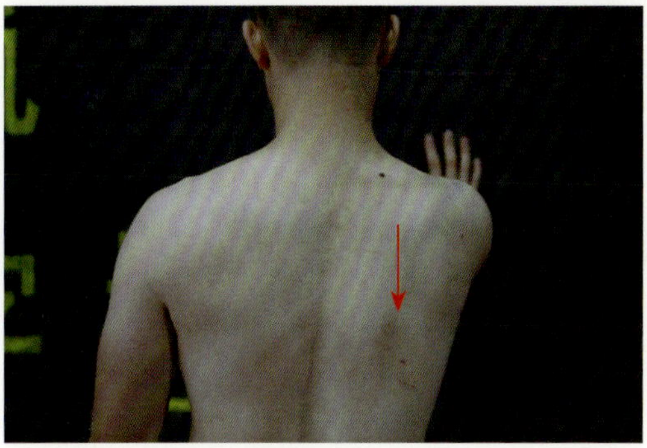

图 4-51c

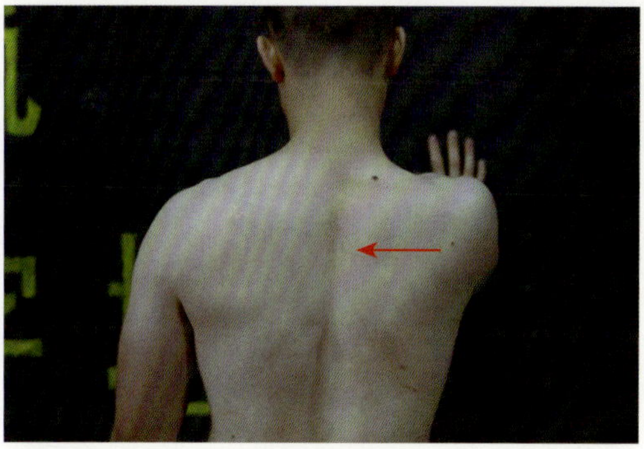

图 4-51d

二、躯干训练

1. 亡虫式

动作功能：强化核心肌群，提高躯干稳定性，预防脊柱损伤。

技术要点：

■ 仰卧，屈髋屈膝 90° ，双腿分开与骨盆同宽，双手指向天花板，掌心相对，保持下背部紧贴地面

■ 一只手向头的方向伸展，同时同侧腿膝盖上抬，对侧腿伸直，在下背部紧贴地面的前提下，尽可能增大幅度

■ 回到起始位置，交替练习，完成规定次数

注意：保持腹部绷紧，动作全程下背部紧贴地面，肩膀放松，不要耸肩。

动作感受：躯干肌群有明显发力感（图 4–52）。

图 4-52

2. 拉锯式

动作功能：强化核心肌群，提高躯干稳定性，预防脊柱损伤。

技术要点：

■ 呈俯卧姿势，双脚并拢，脚趾撑地，小臂贴于地面

■ 将身体撑起，保持背部挺直

■ 脚趾蹬地，同时保持小臂不动，大臂下压，使身体前后晃动，如同拉锯

■ 保持节奏练习，完成规定次数

注意：动作过程中，腹部绷紧，除脚踝与肩部外，其余部位保持稳定。

动作感受：腿部、躯干、肩膀均有明显发力感（图 4–53）。

3. 俯卧动态肘撑球

动作功能：强化核心肌群与躯干控制力，提高躯干稳定性，预防脊柱损伤。

技术要点：

■ 俯卧呈平板支撑姿势，双脚分开与肩同宽，小臂撑在瑞士球上

■ 晃动手臂，使其前后左右转动

■ 重复练习，完成规定次数

注意：保持躯干稳定，背部平直。

动作感受：全身有明显发力感（图 4–54）。

图 4–53

图 4–54

4. 鸟与狗

动作功能：强化核心肌群，提高躯干稳定性，预防脊柱损伤。

技术要点：

■ 双膝跪地，手臂伸直撑地，背部挺直，大腿、手臂垂直于地面

■ 同时伸展对侧手臂与腿，使它们平行于地面，保持 1 秒以上

■ 恢复至起始动作，换对侧交替练习，完成规定次数

注意：手臂伸出时紧握拳头，保持腹部绷紧，躯干稳定，动作过程中身体不要偏向一侧。

动作感受：腿部、躯干、肩膀均有明显发力感（图 4–55）。

图 4–55

5. 侧桥

动作功能：强化核心肌群，提高抗侧屈能力，提高躯干稳定性，预防脊柱损伤。

技术要点：

■ 侧卧，小臂放于地面，指尖向前，大臂与小臂垂直，肘关节在肩膀正下方

■ 将身体撑起呈一直线，另一只手放于身体一侧，保持躯干稳定

■ 两侧交换练习，完成规定次数（图 4–56）

图 4–56

退阶：屈腿侧桥

■ 侧卧屈膝，小臂放于地面，指尖向前，大臂与小臂垂直，肘关节在肩膀正下方

■ 将身体撑起呈一直线，另一只手放于身体一侧，保持躯干稳定

■ 两侧交换练习，完成规定次数

注意：保持腹部绷紧，躯干稳定，动作过程中身体不要偏向一侧，头部放正。

动作感受：腿部、躯干、肩膀均有明显发力感（图 4–57）。

图 4–57

6. 侧桥行军步

动作功能：增强核心肌群力量，强化动力链传递，提高髋部稳定性，预防脊柱损伤。

技术要点：

■ 分腿侧卧，下支撑腿在前，上支撑腿在后，小臂放于地面，指尖向前，大臂与小臂垂直，肘关节在肩膀正下方

■ 将身体撑起呈一直线，另一只手放于身体一侧或者撑腰，保持躯干稳定

■ 下支撑腿抬离地面，屈膝屈髋 90°，保持由上支撑腿支撑维持身体稳定

■ 恢复至起始动作，由下支撑腿支撑，上支撑腿外展

■ 两侧交替重复练习，完成规定次数

注意：保持腹部绷紧，躯干稳定，动作过程中身体不要偏向一侧，头部放正。

动作感受：髋部、躯干、肩膀均有明显发力感（图 4–58a、图 4–58b、图 4–58c）。

图 4–58a

图 4-58b

图 4-58c

7. 球上俄罗斯旋转

动作功能：强化核心旋转肌群，提高抗旋转能力和躯干稳定性，预防脊柱损伤。

技术要点：

- 仰卧于瑞士球上，肩胛骨触球
- 肩胛骨向内向下收紧，双臂伸直，双手并拢
- 保持腹部绷紧，伸髋保持躯干和大腿与地面平行，向一侧转体直至双掌与地面平行
- 恢复至起始动作，向另一侧转体，交替练习，完成规定次数

注意：转体时保持腹部绷紧，躯干和大腿与地面平行。

动作感受：躯干有明显发力感（图 4-59a、图 4-59b）。

进阶：双手持药球，完成上述动作（图 4-60a、图 4-60b）。

图 4-59a

图 4-59b

图 4-60a

图 4-60b

三、髋部训练

1. 迷你弹力带侧卧直腿髋外展

动作功能：强化髋部外展肌群力量，提高髋部稳定性，预防下肢损伤。

技术要点：

- 侧卧，将手枕于头部下方，将迷你弹力带套在膝关节上方
- 躯干呈一直线，双腿伸直，脚尖勾起
- 抬起上方一条腿使臀部达到充分收缩状态，同时另一侧腿下压贴于地板上，保持躯干稳定
- 恢复至起始动作，重复练习，完成规定次数

注意：保持腹部绷紧，动作过程中保持脚尖勾起。

动作感受：髋部肌群有明显发力感（图 4-61）。

图 4-61

2. 蚌式

动作功能：强化髋部外展肌群，提高髋部稳定性，预防下肢损伤。

技术要点：

- 侧卧，将手枕于头部下方，屈膝屈髋，将迷你弹力带套在膝关节上方
- 上方一条腿向上抬起，双脚足跟并拢，脚尖勾起，膝盖分开使臀部达到充分收缩的状态

■ 恢复至起始动作，重复练习，完成规定次数

注意：保持腹部绷紧，动作过程中保持脚尖勾起。

动作感受：髋部肌群有明显发力感（图 4–62）。

图 4–62

3. 跪撑髋绕环

动作功能：强化髋部伸展肌群，提高髋部稳定性，预防下肢损伤。

技术要点：

■ 跪撑姿势

■ 一侧腿保持屈膝的同时伸髋至小腿垂直地面

■ 髋关节外展后内收，旋转一圈

■ 恢复至起始动作，重复练习，完成规定次数

注意：保持腹部绷紧，背部挺直，躯干稳定，膝关节角度不变。

动作感受：髋部肌群有明显发力感（图 4–63）。

图 4–63

4. 仰卧挺髋

动作功能：加大髋部肌群运动幅度，提高髋部稳定性，预防下肢损伤。

技术要点：

■ 仰卧，双手放于身体两侧，屈膝屈髋，勾起脚尖，脚跟着地靠近臀部

■ 脚跟蹬地，臀部用力将身体顶起，肩部着地，使躯干、髋成一条直线

■ 恢复至起始动作，重复练习，完成规定次数

注意：动作过程中保持腹部绷紧，躯干稳定，背部挺直。

动作感受：背部、臀部、大腿后侧有明显发力感（图 4–64）。

图 4–64

5. 抱膝挺髋

动作功能：提高髋部肌群主动分离能力与运动幅度，强化髋部稳定性，预防下肢损伤。

技术要点：

■ 仰卧，屈膝屈髋，脚掌着地

■ 双手抱住一侧腿，使膝关节贴近胸前

■ 支撑腿脚跟蹬地，臀部发力将身体顶起，使躯干、髋成一条直线

■ 恢复至起始动作，重复练习，完成规定次数

注意：动作过程中保持腹部绷紧，躯干稳定，不要晃动，背部挺直。

动作感受：背部、臀部、大腿后侧有明显发力感受（图 4–65）。

进阶：库克挺髋。

动作功能：增强髋部肌群主动分离能力，加大其运动幅度，提高髋部稳定性，预防下肢损伤。

技术要点：

■ 仰卧，双手放于身体两侧，屈膝屈髋，脚掌着地

■ 一侧腿抬起，使膝关节贴近胸前，并将一个网球夹于屈髋处

■ 支撑腿脚跟蹬地，臀部发力将身体顶起，使躯干、髋成一条直线

■ 恢复至起始动作，重复练习，完成规定次数

注意：动作过程中保持腹部绷紧，躯干稳定，背部挺直，保证将球夹紧，在力度保持不变的前提下，将髋部抬高。

动作感受：背部、臀部、大腿后侧有明显发力感（图 4–66）。

图 4–65

图 4–66

6. 臀桥军步

动作功能：强化髋部肌群，提高髋部稳定性，预防下肢损伤。

技术要点：

■ 仰卧，双手放于身体两侧，屈膝屈髋，脚尖勾起，脚跟着地并尽量靠近臀部

■ 脚跟蹬地，臀部用力将身体顶起，使肩部着地，躯干、髋成一条直线

■ 保持身体抬起姿势不变，单脚着地，一条腿屈膝屈髋成 90° 抬起

■ 恢复至臀桥姿势，交替换腿练习，完成规定次数

注意：动作过程中保持腹部绷紧，躯干稳定，背部挺直，抬起一条腿时保持臀部高度不变。

动作感受：背部、臀部、大腿后侧有明显发力感（图 4–67）。

图 4–67

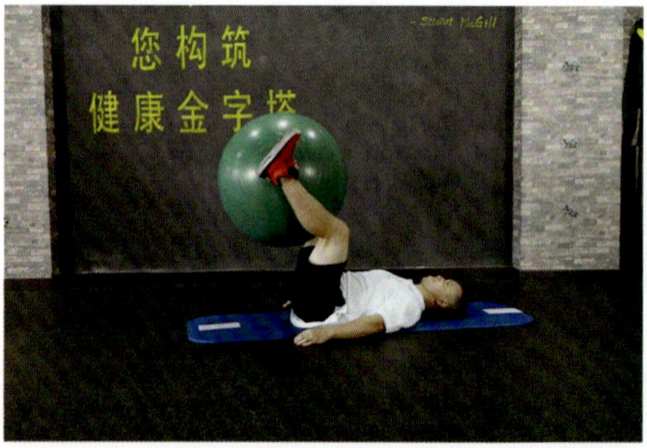

图 4–68

7. 夹球屈髋

动作功能：强化屈髋肌群，提高髋部稳定性、髋部动态控制能力，预防下肢损伤。

技术要点：

■ 仰卧，将瑞士球夹于两腿之间

■ 慢慢将球夹起，臀部抬离地面，膝盖靠向胸部

■ 恢复至起始动作，重复练习，完成规定次数

注意：保持腹部绷紧，躯干稳定。

动作感受：腹部及屈髋肌群有明显发力感（图 4–68）。

8. 夹球转髋

动作功能：激活髋部、核心旋转肌群，提高髋部灵活性、髋部动态控制能力，预防下肢损伤。

技术要点：

■ 仰卧，将瑞士球夹于两腿之间

■ 夹球向左转髋，恢复至起始动作，再向右转髋

■ 重复练习，完成规定次数

注意：肩部紧贴地面，转动过程中膝盖不要触地。

动作感受：髋部、核心旋转肌群有明显牵拉及发力感（图 4-69）。

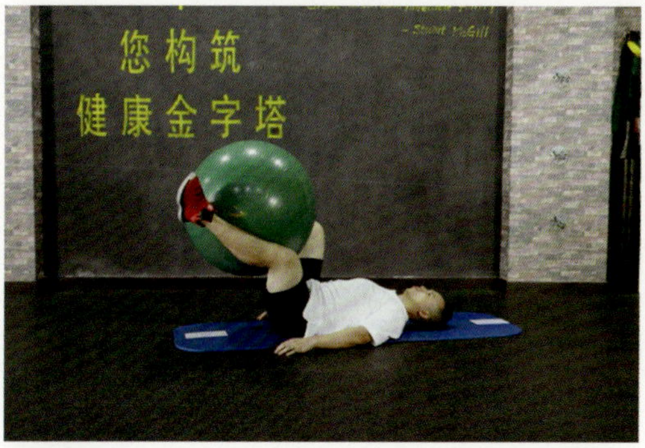

图 4-69

四、基础性表现训练

基础性表现训练，如脚的站位、重心交替、重心转移等做得越多，耐力和持久力越强，就可以有更长的训练时间来打磨技术，反之，只注重技术训练不做基础性表现训练，则很容易疲劳，训练时间减少。

基础性表现训练是专项运动技术发展的地基，是各种专项运动技术的基本构成要素：

■ 核心稳定

◎ 保持脊柱挺拔

◎ 做双侧髋关节反向运动、上肢单侧动作等任何动作时都要保持核心平衡

■ 力量与灵活性同步发展

■ 人体力学

◎ 克服本能地随意大力抛、投、击打的倾向

◎ 注意养成好的符合人体力学的动作模式

■ 线性和旋转力

■ 卷曲动作和随后的还原动作

◎ 始于髋关节，然后肩关节、手臂

■ 重心交替

◎ 犹如一把夹板锤，决定爆发力的大小

◎ 不是直接产生旋转爆发力，而是把线性力或者重心交替转化为旋转爆发力

■ 降低重心和控制能力

◎ 减速是关键

◎ 快，不仅需要短时间内启动动作的能力，还需要短时间内停住一个动作的能力

◎ 减速对关节和肌肉施加很大的冲击力，所以做减速训练能预防损伤发生，尤其在落地、停住和转向时

■ 旋转或者摆动的对称性

■ 放松的心理状态

第五章

整体健康金字塔第四层

——认真、科学运动，让你像猎豹一样健康

第一节 运动前准备

一、一般性热身

一般性热身是对参与运动的大肌肉群进行的准备活动，如慢跑、骑车、开合跳等练习，其目的是加快心率，加速血液循环，提高深层肌肉温度，加快呼吸频率，降低关节滑液、肌肉的黏滞性。因此，在进行身体活动时，一般性热身也是必不可少的。

二、激活

1. 臀肌激活

动作功能：可以通过这类动作激活臀部肌肉，加强臀大肌在动作模式中的主动发力，减轻由于臀肌薄弱而引发的代偿及膝关节损伤。

器材：迷你带一根。（一般情况下，可将其置于膝关节上方 3~5 厘米处，若想增加练习难度，可使用两根迷你带，将另一根置于踝关节上方 3~5 厘米处，可选择不同强度的迷你带调整练习难度。）

（1）髋关节外旋训练

技术要点：

- 屈膝屈髋站立，双脚与肩同宽，重心微微前倾
- 背部挺直，保持腹部绷紧，双手自然放于髋部
- 双腿同时内扣，外展
- 重复练习，完成规定次数

注意：双脚平行，紧贴地面，保持稳定。

动作感受：臀部发力（图 5–1）。

图 5-1

图 5-2

（2）向前 / 后直线走

技术要点：

■ 屈膝屈髋站立，双脚与肩同宽，重心微微前倾
■ 背部挺直，保持腹部绷紧
■ 以一个步长为基准向前或者向后行进，双手随之摆臂或背于身后
■ 循环往复，完成规定次数

注意：始终保持双膝分离，避免膝内扣，脚尖指向前方，迷你带始终保持张力。

动作感受：臀部发力（图 5-2）。

（3）侧向走

技术要点：

■ 屈膝屈髋站立，双脚与肩同宽，重心微微前倾
■ 背部挺直，保持腹部绷紧
■ 以 1~2 个脚长为基准向身体一侧迈进，后脚随之跟进，双手随之摆臂或背于身后
■ 循环往复，完成规定次数

注意：始终保持双膝分离，避免膝内扣，脚尖指向前方，迷你带始终保持张力。

图 5-3

动作感受：臀部发力（图 5-3）。

2. 肩带激活

（1）俯卧支撑摸肩

动作功能：激活肩带与稳定核心，防止肩部损伤。

技术要点：

■ 以俯卧撑姿势撑于地上，身体呈一直线，手臂伸直

■ 以单手支撑身体，另一手抬起摸对侧肩

■ 恢复至起始动作，换手继续动作，交替练习，完成规定次数

注意：保持躯干稳定呈一直线，臀肌收紧，腹部绷紧，尽量减少身体晃动。

图 5-4

动作感受：核心肌群、肩部肌群有明显紧张感（图 5-4）。

（2）肩胛骨伸缩

动作功能：激活肩胛骨周围肌群，增强肩胛骨活动度与控制能力，提高肩胛骨稳定性，防止肩部损伤。

技术要点：

■ 以跪撑姿势撑于地面

■ 手臂伸直向下俯身，使肩胛骨后缩夹紧至最大限度

■ 躯干抬起，肩胛骨外展至最大限度

■ 重复练习，完成规定次数

注意：除肩胛骨外，其余部位均保持不动。

动作感受：核心肌群、上背部肩胛骨周围有明显发力感（图 5-5a、图 5-5b）。

图 5-5a

图 5-5b

3. 神经激活

碎步跑

动作功能：激活神经系统，提升神经系统专注度与兴奋度。

技术要点：

- 以运动基本姿势站立，呈起跑姿势
- 用最快的频率碎步跑动，同时缓慢向前移动
- 始终保持较慢的摆臂频率，结束时可向前跑 5～10 米进行放松

注意：保持动作协调，脚每次抬离地面高度不超过 5 厘米，脚步由慢到快逐渐至高速，动作过程中脚要离地（图 5-6）。

图 5-6

三、动态拉伸

动态拉伸是一种有运动针对性的功能性拉伸，它能加强练习者身体的柔韧性、协调性和平衡力，同时让身体准备好进行更高强度的练习。在进行动态拉伸时，应逐渐增加对肌肉的负荷，激活和拉长肌肉，并让关节活动起来。因此，正确的热身步骤应是从滚动到拉伸，再到灵活性和激活练习，逐渐加大运动的强度。练习时应首先强调柔韧性，然后再是动作。值得注意的是，动态拉伸与静态拉伸的最大区别就是动态拉伸过程中，肌肉突然被拉长会引起牵张反射，肌肉、关节、肌腱、韧带都会在这种牵拉状态下反射性收缩，从而在增加动作幅度的同时提高功能动作能力。热身时正确采用动态热身练习，能起到事半功倍的作用。

1. 头上击掌

动作功能：提高肩部和胸椎的灵活性。

技术要点：

- 两脚分开，身体直立，抬头挺胸
- 双臂伸直由体侧缓慢上举至头顶上方合掌
- 双掌分开，双臂下压并垂落于体侧
- 重复练习，完成规定次数

注意：保持腹部绷紧。

动作感受：舒展流畅（图 5-7a、图 5-7b）。

图 5-7a

图 5-7b

2. 交叉摆臂

动作功能：提高肩部灵活性。

技术要点：

- 两脚分开，身体直立，抬头挺胸
- 双臂前平举，掌心相对
- 一侧上举至头侧，同时另一侧手臂落至体后侧
- 双臂再反向抡摆
- 重复练习，完成规定次数

注意：保持腹部绷紧。

动作感受：舒展流畅（图 5–8）。

图 5–8

3. 抱腿贴胸行走

动作功能：提高髋部的灵活性，提高动态平衡和控制能力。

技术要点：

- 自然站立，抬头挺胸
- 右腿屈膝上提，双手抱膝向上拉近至胸前，同时左脚脚尖踮起
- 身体垂直向上挺起，力达头顶，保持约 1 秒
- 放开右膝向前迈步，左膝上提并重复练习，完成规定次数

注意：保持身体挺直，腹部绷紧。

动作感受：臀部与对侧屈髋肌有明显牵拉感（图 5–9）。

图 5–9

4. 摇篮抱腿走

动作功能：提高髋部的灵活性，提高动态平衡和控制能力。

技术要点：

- 自然站立，抬头挺胸
- 左腿屈膝上提，同侧手抱膝向上拉至胸前
- 另一侧手抓住左腿胫骨，使大腿外旋
- 身体垂直向上挺起，力达头顶，同时支撑腿脚尖踮起，保持约 1 秒
- 放开左膝向前迈步，右膝上提并重复练习，完成规定次数

注意：保持身体挺直，腹部绷紧，双手不可同时抓住胫骨。

动作感受：臀部与对侧屈髋肌有明显牵拉感（图 5–10）。

5. 行进股四头肌伸展

动作功能：增强髋部屈肌和股四头肌的柔韧性，提高单腿平衡和控制能力。

技术要点：

- 自然站立，抬头挺胸
- 左腿屈膝后摆，左手抓脚
- 同时右脚尖踮起，保持约 1 秒

图 5–10

图 5–11

- 放开左手向前迈步，右侧重复练习
- 双腿交替练习，完成规定次数

注意：保持身体挺直，腹部绷紧。

动作感受：大腿前侧有明显牵拉感（图 5–11）。

6. 提膝展髋走

动作功能：提高髋部灵活性，提高上下肢协调能力。

技术要点：

■ 自然站立，抬头挺胸，双臂展开与肩同高，掌心向前
■ 一侧腿提膝，外展时带动膝关节摆向腋下
■ 腿放下，向同侧行走
■ 双腿交替练习，完成规定次数

图 5-12

进阶：提膝外展时加入跳步，增强协调性。

注意：保持身体挺直，腹部绷紧，双手举至与肩同高。

动作感受：大腿内侧与后侧有明显牵拉感（图 5-12）。

7. 交叉弓步下压

动作功能：增强髋关节的灵活性、臀肌及髂胫束的柔韧性。

技术要点：

■ 自然站立，一侧腿后伸至另一侧腿外侧
■ 后脚脚尖指向前脚后脚跟
■ 身体朝前摆正，重心放至前脚，身体下蹲，保持前脚全脚掌着地
■ 前脚用力蹬起，身体站起恢复至起始动作，左右交替练习，完成规定次数

注意：腹部绷紧，前脚脚尖向前。

动作感受：髋部、臀部及大腿外侧有明显牵拉感（图 5-13a、图 5-13b）。

图 5-13a

图 5-13b

8. 弓步转体走

动作功能：提高髋部屈肌和核心区肌肉的灵活性。

技术要点：

- 自然站立，抬头挺胸
- 左腿上步屈膝成弓步约 90°，右腿弯曲，膝关节下沉
- 同时右手抓住左腿膝关节外侧，左手掌心朝上侧平举、外展
- 眼睛看向左手手掌，同时身体向左侧扭转
- 恢复至起始动作，重复上述动作，左右交替练习

图 5–14

注意：保持身体挺直，躯干稳定，腹部绷紧，动作过程中眼睛看向手掌，转身到最大限度。

动作感受：后腿屈髋肌、前腿臀肌有明显牵拉感（图 5–14）。

9. 手足爬行

动作功能：提高股后肌群和髋部灵活性。

技术要点：

- 俯身，髋部折叠，手掌触地
- 手臂与双腿伸直，双手在地面尽量向前放
- 双腿小碎步逐步向前挪动，尽量靠近双手
- 双手向前爬行，直至恢复至起始动作，重复练习，完成规定次数

注意：动作全程保持腹部绷紧，肩胛骨内收、下压，肩部稳定，手臂和腿伸直，后背尽可能保持挺直，脚跟不可离地。

动作感受：大腿后侧有明显拉伸感（图 5–15a、图 5–15b、图 5–15c、图 5–15d）。

图 5–15a

图 5–15b

图 5-15c

图 5-15d

10. 最伟大拉伸

动作功能：增加髋关节、大腿后侧肌群、腰部、躯干、腹股沟、屈髋肌及股四头肌的灵活性。

技术要点：

- 一侧腿向前迈出一大步，对侧手掌触地，重心放于支撑手和前侧腿
- 将另一手肘关节放于前侧腿内侧，尽可能使肘关节触地，并保持后腿膝盖不触地
- 旋转躯干，支撑手撑地，将另一侧手臂外展向上，指向天花板，与支撑手平行
- 双手撑地，前脚脚尖上提，脚后跟着地，使前腿蹬直
- 后腿向前迈进形成下一个弓步，重复动作，完成规定次数

注意：脚尖向前，后腿膝盖不要触地，肘关节压向地面时呼气。

动作感受：腹股沟、后侧腿屈髋肌、前侧腿臀肌，以及腿后侧肌群有明显牵拉感。（图 5-16a、图 5-16b、图 5-16c、图 5-16d、图 5-16e、图 5-16f）。

图 5-16a

图 5-16b

图 5-16c

图 5-16d

图 5-16e

图 5-16f

第二节　运动功能训练

一、力量和耐力训练

力量，是肌肉对抗外部阻力做功的能力，有效的抗阻肌力训练可以使肌肉纤维增粗，肌力增大，肌耐力增加。

运动成功的关键不仅是做出好的动作，更是保持好的姿势（如运动准备姿势等），所以不只要训练动作，也要训练支撑、保持的能力。力量是运动功能的重要元素，没有足够的力量保证，别的功能很难完成。

力量训练的主要方法是抗阻训练，抗阻训练增强力量的生物学基础有：

- 6~8 周，抗阻训练使神经系统产生适应，肌肉力量增大
- 6~8 周以后，肌肉纤维肥大使肌肉力量增大

■ 继续训练，即使肌肉的维度不再增大，力量还会增加，这也是神经系统的作用

■ 抗阻训练中，神经系统增强力量的机制：

◎ 使肌肉纤维同步收缩

◎ 调动更多肌肉纤维共同完成一个动作

◎ 保护肌肉免受损伤的神经抑制会随着训练时间的延长逐渐减少

◎ 拮抗肌减少收缩

力量训练的原则：

■ 目的性：训练内容决定身体适应、改善的方向和性质，因此训练要与目的相符合

■ 渐进性：训练不断进阶

■ 定制化：根据个人的不同情况不断调整训练内容

■ 力量训练和稳定性、灵活性协调发展

■ 用进废退原则：停止训练后肌肉会逐渐萎缩、力量下降，要保持力量需要每周训练一次

耐力，是肌肉长时间做功的能力。耐力训练也被称作有氧训练，是指在利用氧气、代谢稳定、心率和呼吸不过分变化的情况下，身体发挥正常功能的训练，一般不会使肌肉肥大。耐力训练可以：

■ 改善心血管功能

■ 提高意志力

■ 对抗疲劳

■ 保持警觉

■ 在运动和休息恢复阶段，训练放松

运动员从快速、爆发性活动中恢复的能力很重要。运动的耐力：

■ 不只是肌肉做功的能力，也不是指在稳定的活动状态中能坚持多久，而是不管面对什么情况，如在长时间、高强度训练或者比赛时，都能够爆发、对抗、复原、保持技术的能力

■ 间歇性训练是提高耐力的最好方法，能提高对疲劳的抵抗力，改善身体复原的能量

耐力训练：

■ 跳绳，是非常好的基础训练

◎ 可以自己训练，跳绳不允许有很差的姿势和技巧，错误的动作模式不被强化

◎ 可以强化良好的动作模式，跳绳是一种效果好、效率高的训练方法
◎ 可以通过姿势变化，纠正左右不对称的身材
◎ 可以训练速度、敏捷性和爆发力，这些是运动表现的基础
◎ 器材体积小，携带极其方便
◎ 可以强化三个基本的动作模式——下蹲、跨栏步、弓箭步
◎ 可以训练大多数运动中最常用的三个关键的站姿——下蹲、跨栏步、弓箭步
◎ 锻炼意志力
◎ 保持脊柱挺拔
◎ 不只是训练下肢肌肉，也锻炼腹肌，还训练腹肌和腰背肌的协调来形成腹内压，类似于起举重腰带一样的作用
◎ 跳绳时脚趾着地能减轻大多数人跑步时脚跟着地对人体造成的伤害
◎ 使用小腿肌肉，整合股四头肌、腘绳肌、臀肌和核心肌群的爆发力
◎ 训练时脚趾着地，小腿肌肉随时准备做动作，即自我控制大多重量在脚趾上，尽量以一个强壮的脚作为支点旋转身体，避免膝关节损伤
◎ 与跑步相比，用更少的时间取得同样的训练效果

■ 山地跑，也是非常好的基础训练
◎ 自然使身体前倾
◎ 自动地、较大幅度屈踝关节、膝关节和髋关节，才能保证身体前倾动作，同时脊

柱挺拔、腹肌绷紧
◎ 增加步幅
◎ 最大程度地伸展髋关节
◎ 增加摆臂速度可以提高步速和改善身体稳定性

■ 拉雪橇，仅次于山地跑，比跑跑步机、爬楼梯都好

■ 跑跑步机，是极为流行但危害健康的运动，不推荐

抗阻训练是非常特殊的一种运动形式，可以通过调整阻力大小、重复次数、休息时间和组数，让身体产生不同的适应，从而取得不同的效果。所以，抗阻训练可以设计为爆发力训练、耐力训练、肌肥大训练和最大肌力训练，如下表所示。

抗阻训练的多种用途

项目	阻力 1RM%*	每组次数	组数	组间休息时间
爆发力训练	50%	3～5	3～5	3～5 分钟
耐力训练	<70%	>12	2～3	30～45 秒
肌肥大训练	70%～85%	8～12	3～6**	30～90 秒
最大肌力训练	>85%	2～6	2～6	3～5 分钟

注：* 一次能负荷的最大重量百分比；** 需要几种不同的动作训练同一组肌肉

二、基础肌力训练

（一）胸部

1. 俯卧撑

动作功能：主要发展胸大肌、三角肌前部、肱三头肌的力量与耐力。

技术要点：

- 双手手掌撑地，与肩同宽，肩部位于手臂正上方 ，双腿伸直，脚趾撑地
- 重心位于手部中央，肩关节外旋，想象手掌将地面撕开
- 保持小臂垂直地面，将身体放低
- 下降至底部，保持躯干稳定，姿势不变，将身体撑起
- 重复练习，完成规定次数

注意：动作过程中应时刻保持腹部与臀部绷紧，躯干保持在同一直线上。

动作感受：胸大肌、三角肌前部与肱三头肌皆有明显发力感（图 5–17a、图 5–17b）。

退阶：跪姿俯卧撑。

- 练习者可屈膝呈 90° ，膝关节着地，踝关节交叉后再完成上述步骤以降低难度

图 5−17a

图 5−17b

2. 平板杠铃卧推

动作功能：主要发展胸大肌、三角肌前部、肱三头肌的力量与耐力。

技术要点：

- 仰卧在长凳上，使杠铃杆正对颈部，保持腹部绷紧
- 双手握住杠铃，握距略比肩宽，肩胛骨内收，膝关节外展，臀部收紧
- 将杠铃取下，置于肩部正上方，手臂伸直，手腕保持绷紧，并位于肘部正上方
- 保持肩胛骨内收，将杠铃下放至胸部，双肘略低于躯干，前臂尽可能保持平行并与地面垂直，使肱三头肌和胸部负重
- 杠铃向上推起，至双臂伸直，回到起始姿势
- 重复练习，完成规定次数

注意：手腕不要超伸，肘部不要过分外展，不要借助杠铃的重力进行卧推，臀部不要离开长凳，想象将杠铃杆折弯。

动作感受：胸大肌、三角肌前部与肱三头肌皆有明显发力感（图 5–18a、图 5–18b、图 5–18c）。

图 5–18a

图 5–18b

图 5–18c

3. 哑铃飞鸟

动作功能：主要发展胸大肌、三角肌前部的力量与耐力。

技术要点：

- 用五点接触姿势仰卧在长凳上，保持腹部绷紧
- 双手握哑铃，掌心相对，将哑铃举至胸部正上方，两臂伸直并相互平行
- 双臂以相同速度向两侧张开，使哑铃接近胸部或肩部的高度
- 保持手腕绷紧，肘关节略微弯曲，略低于躯干
- 将哑铃从两侧举至胸部正上方，想象拥抱一棵大树
- 重复练习，完成规定次数

注意：在动作中途，保持肘部夹角不变，臀部与头部不要离开长凳，哑铃下放时不得低于胸部以下。

动作感受：胸大肌内侧有明显挤压与发力感（图 5-19a、图 5-19b）。

图 5-19a

图 5-19b

（二）肩部

1. 哑铃侧平举

动作功能：主要发展三角肌、斜方肌的力量与耐力。

技术要点：

- 双手持哑铃站立，掌心相对，两脚与肩或髋同宽，上身挺直，膝盖微屈，双眼平视
- 肘关节略微弯曲，手臂从身体两侧举起，上臂与肘关节领先，使肘关节略高于前臂与手
- 将手臂抬至与地面接近平行状，保持手肘略高于前臂与双手，还原至起始位置
- 重复练习，完成规定次数

注意：保持腹部绷紧，身体稳定，不要蹬地借力。动作过程中双手微微向内旋转，想象手持两个杯子，微微转动将杯中的水倒掉。

动作感受：三角肌有明显发力感（图 5–20a、图 5–20b）。

图 5−20a

图 5−20b

2. 直立杠铃划船

动作功能：主要发展三角肌和斜方肌中束的力量和耐力。

技术要点：

- 双手持杠铃站立，两脚分开，与肩或髋同宽，上身挺直，膝盖微屈，双眼平视
- 肩胛骨后缩，肘关节上提，垂直向上拉起杠铃至胸部高度
- 有控制地下放，回到起始位置
- 重复练习，完成规定次数

注意：保持肩胛骨稳定，腹部绷紧。

动作感受：三角肌和斜方肌中束有明显发力感（图 5–21a、图 5–21b）。

图 5−21a

图 5−21b

3. 坐姿杠铃推举

动作功能：主要发展三角肌、斜方肌、肱三头肌的力量和耐力。

技术要点：

■ 坐在训练凳上，使背部与臀部紧贴训练凳

■ 肘关节屈曲，双肘略超出杠铃杆，双手稍比肩宽握住杠铃杆，肩关节外旋，保持肩部绷紧，将杠铃取出

■ 头部稍向后拉，推举杠铃至头部正上方，肘关节锁死，头部回到中立位

■ 保持腕部绷紧，头部稍向后拉，下放杠铃，回到起始位置

■ 重复练习，完成规定次数

注意：保持小臂接近垂直于地面，腹部绷紧，不要过分弓背。

动作感受：三角肌、斜方肌、肱三头肌有明显发力感（图 5 -22a、图 5 -22b、图 5 -22c）。

图 5-22a

图 5-22b

图 5-22c

（三）背部

1. 钢索下拉

动作功能：主要发展背部背阔肌、大圆肌、菱形肌、三角肌后侧的力量和耐力。

技术要点：

■ 两臂伸直，双手握住器械把手，略比肩宽

■ 面对器械坐下，双腿放在器械的大腿卡板下

第五章 整体健康金字塔第四层

■ 调整身体位置，使器械负重片悬空
■ 屈臂将器械把手拉至胸部，挺胸，双脚、大腿和身体保持不动
■ 伸臂将器械把手有控制地还原至起始位置
■ 重复练习，完成规定次数

注意：动作过程中身体不要弯曲，下拉不要低于胸部，还原至起始位置时注意手臂伸直。

动作感受：背部背阔肌、大圆肌、菱形肌、三角肌后侧等肌群有明显发力感（图 5-23a、图 5-23b）。

图 5-23a

图 5-23b

2. 杠铃划船

动作功能：主要发展背部背阔肌、大圆肌、菱形肌、三角肌后侧的力量和耐力。

技术要点：

■ 双脚自然站立，距离略宽于肩，双膝微屈
■ 屈髋使躯干与地面接近平行状，挺胸，眼睛注视前下方
■ 双手握住杠铃杆，掌心向下，握距略比肩宽，将杠铃提起放于大腿前部
■ 屈臂将杠铃提至接触中腹部，双肘向两侧打开，保持腕部绷紧
■ 伸臂将杠铃缓慢放回起始位置，重复练习，完成规定次数

注意：杠铃提至最高时，肘部要高于身体，保持腹部绷紧，躯干稳定，膝关节微屈，不要耸肩，身体抬起，蹬地借力，猛提杠铃。

动作感受：背部背阔肌、大圆肌、菱形肌、三角肌后侧等肌群有明显发力感（图5–24a、图5–24b）。

图 5–24a

图 5–24b

3. 坐姿钢索划船

动作功能：主要发展背部背阔肌、大圆肌、菱形肌、三角肌后侧的力量和耐力。

技术要点：

- 面对器械坐下，屈膝屈髋，双脚放在脚踏上，上身挺直
- 双手握住器械把手，采用窄握握距
- 将器械把手后拉，调整身体位置使器械配重片悬空，身体保持挺直
- 屈肘将器械把手拉至腹部，使器械把手接触腹部
- 伸肘将器械把手有控制地还原至起始位置，重复练习，完成规定次数

注意：保持上身挺直，身体不要在动作过程中过分向后或向前倾。

动作感受：背部背阔肌、大圆肌、菱形肌、三角肌后侧等肌群有明显发力感（图5–25a、图5–25b）。

图 5–25a

图 5–25b

（四）臀部和腿部

1. 徒手深蹲

动作功能：主要发展臀大肌、腘绳肌、股四头肌的力量和耐力。

技术要点：

- 双脚分开站立，脚尖向前或略微朝外打开，髋关节外旋，足弓拱起，抬头挺胸，双手朝前平举，肩膀下沉，掌心向下
- 身体前倾，臀部后坐，屈髋屈膝下蹲，尽可能长时间保持小腿与地面垂直，下蹲至髋部略低于膝盖或大腿与地面平行位置，保持背部挺直
- 双脚推地，髋关节外旋，伸膝伸髋站起，还原至起始位置
- 重复练习，完成规定次数

注意：保持腹部绷紧，重心位于两脚之间，膝关节外展，指向脚尖的方向，下蹲后，躯干应与小腿平行。

动作感受：腿部有明显发力感（图 5–26a、图 5–26b）。

图 5–26a

图 5–26b

2. 高脚杯深蹲

动作功能：纠正错误深蹲模式，发展臀大肌、腘绳肌、股四头肌的力量和耐力。

技术要点：

- 双手捧住一只哑铃的一侧配重，将哑铃的两侧配重分别贴于胸骨与锁骨上
- 双脚分开站立，脚尖略微朝外打开，髋关节外旋，足弓拱起，抬头挺胸
- 身体前倾，臀部后坐，屈髋屈膝下蹲，尽可能保持小腿与地面垂直，下蹲至髋部略低于膝盖，或大腿与地面处于平行位置，保持背部挺直
- 双脚推地，髋关节外旋，伸膝伸髋站起，还原至起始位置
- 重复练习，完成规定次数

注意：保持腹部绷紧，重心位于两脚之间，膝关节外展，指向脚尖的方向，动作过程中哑铃时刻紧贴于胸骨与锁骨之上。

动作感受：腿部有明显发力感（图 5–27a、图 5–27b）。

图 5–27a

图 5–27b

3. 壶铃硬拉

动作功能：纠正错误深蹲模式，主要发展臀大肌、腘绳肌、股四头肌的力量和耐力。

技术要点：

- 双脚分开，与肩同宽，脚尖略微朝外，站于壶铃两侧，抬头挺胸
- 屈髋屈膝，臀部后坐，下蹲至双手能握住壶铃握把
- 握住壶铃，伸膝伸髋站起，臀部绷紧
- 重复练习，完成规定次数

注意：动作过程中保持背部挺直，腹部绷紧，重心位于两脚之间，膝盖指向脚尖方向，壶铃握把高度不可太低，下蹲至双手能握住壶铃握把时，大腿应与地面接近平行。

图 5–28a

动作感受：腿部有明显发力感（图 5–28a、图 5–28b、图 5–28c）。

图 5–28b

图 5–28c

4. 罗马尼亚硬拉

动作功能：主要发展臀大肌、腘绳肌的力量和耐力。

技术要点：

■ 双手正握杠铃，双脚分开，与肩同宽，脚尖略微朝外，抬头挺胸

■ 以髋关节为轴，臀部后坐，向前俯身，保持背部挺直，膝盖微曲，双臂自然下垂

■ 俯身至大腿后侧有牵拉感，向上站起，还原至起始位置

■ 重复练习，完成规定次数

注意：动作过程中保持背部挺直，腹部绷紧，不要用腰部借力。

动作感受：大腿后侧有明显发力感（图 5–29a、图 5–29b）。

图 5–29a

图 5–29b

（五）手臂

1. 杠铃弯举

动作功能：主要发展肱桡肌、肱二头肌、肱肌的力量和耐力。

技术要点：

■ 双手握住杠铃，握距略宽于肩或采用窄握姿势，掌心向上

■ 上身保持挺直，两脚间距略宽于肩，两膝微屈

■ 将杠铃放于大腿前侧，肘关节伸直，上臂贴于身体两侧

■ 屈肘使杠铃靠近肩部，保持躯干稳定，屈肘至离肩部 10~15 厘米

■ 伸肘并有控制地下放至起始位置，重复练习，完成规定次数

注意：保持腹部绷紧，躯干稳定，不要摇晃身体借力，肘关节不要离开身体。

动作感受：肱桡肌、肱二头肌、肱肌有明显发力感（图 5–30a、图 5–30b）。

图 5-30a

图 5-30b

2. 哑铃锤式弯举

动作功能：主要发展肱桡肌、肱二头肌、肱肌的力量和耐力。

技术要点：

- 两脚间距与肩同宽，两膝微屈
- 双手掌心相对并握住哑铃，将哑铃置于身体两侧，手臂伸直
- 保持大臂不动，屈肘使哑铃靠近肩部，保持躯干稳定
- 伸肘并有控制地下放至起始位置，双手交替练习，完成规定次数

注意：保持腹部绷紧，躯干稳定，不要摇晃身体借力，肘关节不要离开身体。

动作感受：肱桡肌、肱二头肌、肱肌有明显发力感（图 5–31a、图 5–31b、图 5–31c）。

图 5-31a

图 5-31b

图 5-31c

3. 仰卧哑铃臂屈伸

动作功能：主要发展肱三头肌的力量和耐力。

技术要点：

■ 用五点接触姿势仰卧在长凳上

■ 双手握住哑铃，双肘伸直，将哑铃置于胸部正上方，两臂平行，双肘朝外

■ 缓慢屈肘，下放哑铃靠近额头，保持手腕绷紧，大臂与地面垂直

■ 伸直双肘，将哑铃举到起始位置

■ 重复练习，完成规定次数

注意：腹部绷紧，动作过程中保持双肘不要张开，上臂保持与地面平行。

动作感受：肱三头肌有明显发力感（图 5-32a、图 5-32b）。

图 5-32a

图 5-32b

4. 钢索下压

动作功能：主要发展肱三头肌的力量和耐力。

技术要点：

■ 双手握住器械把手，掌心向下，小臂互相平行

■ 身体挺直，双脚分开与肩同宽，膝关节微屈

■ 将器械把手拉下使器械的负重片悬空，大臂贴紧身体

■ 向下拉器械把手，直到肘关节完全伸直

■ 缓慢屈肘，回到起始姿势

■ 重复练习，完成规定次数

注意：保持腹部绷紧，躯干保持稳定，大臂贴紧身体。

动作感受：肱三头肌有明显发力感（图 5-33a、图 5-33b）。

图 5-33a

图 5-33b

（六）腹部

1. 屈单腿卷腹

动作功能：激活腹肌，提高核心稳定性，保护腰椎，预防脊柱损伤。

技术要点：

- 仰卧，双手放于腰部下方，一条腿屈膝 90°，另一条腿放松伸直
- 头颈与肩部成一个整体，肘关节放于地面，头部及肩部以胸椎中部为轴，轻微抬离地面
- 回到起始位置，重复练习，完成规定次数（图 5-34a）

进阶：

图 5-34a

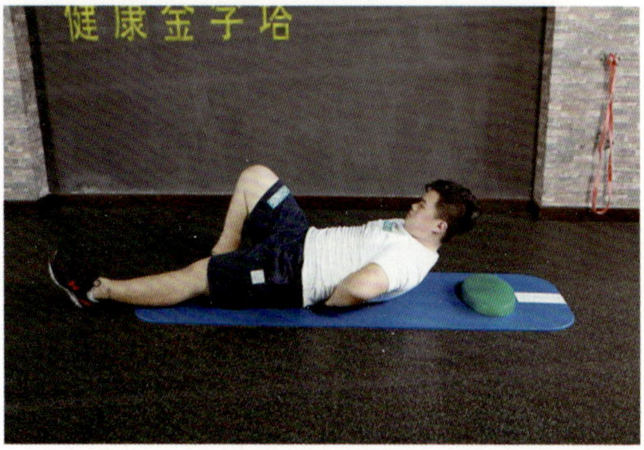

图 5-34b

■ 仰卧，双手放于腰部下方，一条腿屈膝 90°，另一条腿放松伸直
■ 头颈与肩部成一个整体，肘关节抬离地面 3 厘米左右，头部及肩部以胸椎中部为轴，轻微抬离地面
■ 回到起始位置，重复练习，完成规定次数

注意：动作应集中在胸椎，不能有颈椎或腰椎的屈曲。

动作感受：腹部肌群有明显发力感（图 5–34b）。

（七）全身肌耐力

1. 双手壶铃甩摆

动作功能：发展全身力量和耐力。

技术要点：

■ 自然站立，双脚分开，略宽于肩，将壶铃置于前方，屈膝屈髋下蹲
■ 双手抓住壶铃，向身体后方拖拽至胯下，顺势身体前倾，俯身至与地面接近平行，借助惯性快速挺髋站直，将壶铃甩摆至肩部高度

图 5–35a

图 5–35b

图 5–35c

图 5–35d

■ 双手随壶铃自由下落，依惯性回到胯下，再次俯身、挺髋、甩摆

■ 连续不间断重复，完成规定次数

注意：肩胛骨下沉收紧，保持腹部绷紧，挺髋时臀部收紧，借助惯性甩摆，切勿借用蛮力。

动作感受：全身皆有发力感（图 5-35a、图 5-35b、图 5-35c、图 5-35d）。

三、功能性训练

（一）推

1. 上肢

（1）平衡半球抬高俯卧撑

动作功能：强化上肢力量，提高核心的稳定性，发展上肢与躯干的本体感觉、力量和耐力。

技术要点：

■ 俯卧撑姿势，双脚抬高，双手分别抓住平衡半球两侧

■ 手臂伸直，双肘朝外打开

■ 屈肘 90°，将身体平稳下放

■ 伸直双臂，保持躯干稳定，将身体撑起

■ 重复练习，完成规定次数

注意：保持腹部绷紧，躯干挺直，身体稳定，眼睛向下看，不要抬头。

动作感受：胸大肌、三角肌前部、肱三头肌及躯干核心肌群皆有明显发力感（图 5-36a、图 5-36b）。

图 5-36a

图 5-36b

（2）靠墙倒立撑

动作功能：主要发展上肢和躯干、胸廓与骨盆的本体感受，强化上肢力量，提高核心的稳定性。

技术要点：

- 找一面墙，双手手掌放于距离墙根 15~25 厘米处，双手分开与肩同宽，手臂伸直
- 微微下蹲弓步，前脚使劲蹬地，后脚同时向后摆，呈倒立姿势
- 脚跟贴墙，背部挺直微微向后反弓，双臂伸直
- 弯曲肘部，头部微微触地，伸直手臂，返回起始位置
- 重复练习，完成规定次数

注意：头部下方可放橡胶垫保护，注意腹部绷紧，保持躯干稳定。

动作感受：三角肌、斜方肌、肱三头肌及核心肌群有明显发力感（图 5–37a、图 5–37b）。

图 5–37a

图 5–37b

（3）球上哑铃交替卧推

动作功能：强化不稳定平面内的力量传导能力，提高核心稳定性，发展胸大肌、三角肌前部、肱三头肌的力量和耐力。

技术要点：

- 仰卧在瑞士球上，保持腹部绷紧
- 双手握住哑铃，握距略比肩宽，掌心朝向脚的方向
- 将哑铃置于胸部正上方，两肘伸直
- 前臂保持平行且与地面垂直，手腕保持绷紧，并位于肘部正上方
- 保持肩胛骨稳定，一侧手臂伸直，

图 5–38a

图 5-38b

图 5-38c

另一侧手臂屈肘，使哑铃靠近胸部，肘略低于躯干

■ 向上推起哑铃至双臂伸直，换另一手臂曲肘，完成相同动作

■ 重复练习，完成规定次数

注意：手腕不要超伸，腹部绷紧，保持躯干稳定，身体不要晃动。

动作感受：胸大肌、三角肌前部、肱三头肌与核心肌群皆有明显发力感（图 5-38a、图 5-38b、图 5-38c）。

（4）高站姿壶铃推举

动作功能：强化分腿姿势下的力量传导能力，提高核心稳定性，发展三角肌、肱三头肌的力量和耐力。

技术要点：

■ 双手持壶铃，手掌穿过壶铃握把，对握，将其架于手臂与三角肌外侧

■ 一侧脚踩于与膝关节同高的高台或椅子上，中心前倾，后腿略有牵拉感

■ 肩胛骨下沉后缩，壶铃放置在胸前

■ 双手分别推起壶铃至头顶，手臂伸直，肩关节、肘关节与腕关节锁死

■ 竖直下放，还原至起始位置，重复练习，完成规定次数

注意：保持腰背挺直，腹部绷紧，躯干稳定，身体不要晃动，推起壶铃至最高时注意将肘关节锁死。

动作感受：三角肌前束、肱三头肌、核心肌群有明显发力感（图 5-39a、图 5-39b、图 5-39c）。

图 5-39a

图 5-39b

图 5-39c

（5）单膝跪地壶铃交替推举

动作功能：强化分腿姿势下的力量传导能力，提高核心肌群稳定性，发展三角肌、肱三头肌的力量和耐力。

技术要点：

- 双手持壶铃，手掌穿过壶铃握把，对握，将其架于手臂与三角肌外侧
- 单膝跪地，上身挺直，重心落于支撑腿一侧
- 肩胛骨下沉后缩，壶铃放置在胸前
- 单手推起壶铃，手臂伸直，肩关节、肘关节与腕关节锁死
- 竖直下放，还原至起始位置，换另一侧手完成相同动作
- 重复练习，完成规定次数

注意：重点在于单膝跪地姿势要标准，

图 5-40a

图 5-40b

图 5-40c

腹部绷紧，躯干稳定，身体不要晃动，推起壶铃至最高时注意将肘关节锁死。

动作感受：三角肌前束、肱三头肌、核心肌群有明显发力感，下肢本体感觉强烈（图 5-40a、图 5-40b、图 5-40c）。

变化：单臂推举（图 5-41a、图 5-41b）。

图 5-41a

图 5-41b

（6）站姿哑铃推举

动作功能：强化力量传导能力，提高核心稳定性，发展三角肌、斜方肌、肱三头肌的力量和耐力。

技术要点：

- 自然站立，抬头挺胸，目视前方，双手分持哑铃于肩上方
- 双臂接近平行，双手间距略比肩宽
- 双臂伸直，将哑铃举至头部正上方
- 缓慢向下屈臂至锁骨上方，还原至起始位置，保持腕部绷紧
- 重复练习，完成规定次数

注意：保持小臂接近垂直于地面，保持腹部绷紧，躯干稳定。

图 5-42a

图 5-42b

动作感受：三角肌、斜方肌、肱三头肌、核心肌群有明显发力感（图 5-42a、图 5-42b）。

2. 下肢

（1）杠铃深蹲

动作功能：提高身体的负载能力与核心稳定性，发展股四头肌、腘绳肌、臀大肌的力量与耐力。

技术要点：

- 双脚分开站立，脚尖略微朝外打开，髋关节外旋，足弓拱起，抬头挺胸
- 肩胛骨后缩，杠铃置于肩胛骨上部与三角肌上，握距宽于肩
- 身体前倾，臀部后坐，屈髋屈膝下蹲，尽可能保持小腿与地面垂直，下蹲至髋部略低于膝盖，或大腿与地面处于平行位置，保持背部挺直
- 双脚推地，髋关节外旋，伸膝伸髋站起，还原至起始位置
- 重复练习，完成规定次数

注意：保持腹部绷紧，躯干稳定，重心位于两脚之间，膝关节外展，指向脚尖的方向，脚跟不要离地。

动作感受：腿部有明显发力感（图 5-43a、图 5-43b、图 5-43c）。

图 5-43a

图 5-43b

图 5-43c

（2）高翻握法杠铃前蹲

动作功能：提高身体的负载能力与核心肌群稳定性，发展下肢的力量与耐力。

技术要点：

■ 双脚分开站立，脚尖略微朝外打开，髋关节外旋，足弓拱起，抬头挺胸，双手前平举，肩膀下沉，掌心向下
■ 肩胛骨下沉，杠铃置于三角肌上，靠近锁骨，抬肘将杠铃托住，握距宽于肩
■ 膝关节水平外展，髋部在两脚之间下沉，屈髋屈膝下蹲，下蹲至髋部略低于膝盖，或大腿与地面处于平行位置，保持背部挺直，眼睛向前看
■ 双脚推地，髋关节外旋，伸膝伸髋站起，还原至起始位置
■ 重复练习，完成规定次数

注意：保持肘部抬高腹部绷紧，臀部收紧，核心肌群稳定，重心位于两脚之间，膝盖指向脚尖的方向，脚跟不要离地。

动作感受：腿部有明显发力感（图 5-44a、图 5-44b）。

图 5-44a

图 5-44b

（3）壶铃分腿蹲

动作功能：发展单腿的力量与耐力。

技术要点：

■ 双手持壶铃，双脚分开与肩同宽，分腿站姿，间距约 1 米

图 5-45a

图 5-45b

■ 身体重心下放，直至膝盖接近触碰地板

■ 还原至起始位置，重复练习，完成规定次数

注意：保持腹部绷紧，躯干挺直，核心肌群稳定，重心位于前脚跟，膝盖不要跪到地板上，可以在膝盖下放置垫子保护。

动作感受：前侧腿部有明显发力感（图 5-45a、图 5-45b）。

（4）后脚抬高分腿蹲

动作功能：提高核心肌群与髋关节的稳定性，发展单腿的力量与耐力。

技术要点：

■ 双手持壶铃，分腿站姿，将后脚放在跳箱或训练凳上，脚面朝下

■ 身体重心下放，直至膝盖接近触碰地板

■ 还原至起始位置，重复练习，完成规定次数

注意：保持腹部绷紧，躯干挺直，核心肌群稳定，重心位于前脚跟，膝盖不要跪到地板上，可以在膝盖下放置垫子保护。

动作感受：前侧腿部有明显发力感（图 5-46a、图 5-46b）。

图 5-46a

图 5-46b

（5）Boyle 单腿深蹲

动作功能：提高核心与髋关节的稳定性，发展单腿的力量与耐力。

技术要点：

■ 双手持哑铃，一侧腿站在跳箱或训练凳上

■ 双臂前平举，身体前倾，同时下蹲至大腿与地面处于平行位置

■ 支撑腿发力还原至起始位置，重复练习，完成规定次数

注意：保持腹部绷紧，背部挺直，核心稳定，重心位于前脚跟，大腿不要下蹲过低，腾空的腿下落时尽可能不触地。

动作感受：支撑腿及核心肌群有明显发力感（图 5-47a、图 5-47b）。

图 5-47a

图 5-47b

（二）拉

1. 上肢

（1）引体向上

动作功能：提高核心稳定性，发展背部肌群和肱二头肌的力量和耐力。

技术要点：

- 双手正握器械握把，握距略比肩宽，胸廓下沉，双脚并拢，脚尖绷直
- 腹部绷紧，臀部收紧，完成上拉动作
- 让胸部靠近器械握把并稍作停留
- 身体下降，还原至起始位置
- 重复练习，完成规定次数

注意：保持腹部绷紧，躯干稳定，身体挺直，不要过度反弓，不要屈膝将双脚在身体后侧勾起，下放时手臂要完全伸直。如果上拉过程中下巴无法到达杠以上，那么注意头部不要过分后仰。

动作感受：背部肌群与肱二头肌有明显发力感（图 5-48a、图 5-48b）。

图 5-48a

图 5-48b

（2）跪姿交叉钢索下拉

动作功能：提高核心稳定性，发展背部肌群和肱二头肌的力量和耐力。

技术要点：

- 单膝跪地，双手在额头上交叉握住器械握把，拇指朝下
- 肩胛骨内收，带动大臂向下完成上拉动作
- 将器械握把拉至靠近腋窝，然后还原至起始位置
- 重复练习，完成规定次数

注意：保持腹部绷紧，背部挺直，躯干稳定，手交叉时尽可能伸直。

动作感受：背部肌群与肱二头肌有明显发力感（图 5–49a、图 5–49b）。

图 5–49a

图 5–49b

（3）悬吊带划船

动作功能：提高核心与肩袖肌群的稳定性，发展背部与核心肌群的力量和耐力。

技术要点：

- 悬吊带调整至腰部高度，双手握悬吊带于腋窝处，掌心相对，面向锚点
- 身体后倾适当角度，手臂伸直，掌心向下，脚尖抬起，将悬吊带拉紧
- 肩胛骨内收，带动大臂向后拉，身体还原至起始位置（图 5–50a、图 5–50b）

进阶：

- 身体与地面越接近平行难度越大，可将脚放于跳箱或训练凳上，以增加难度

注意：保持腹部绷紧，背部挺直，躯干稳定，身体尽量不要晃动，时刻保持悬吊带拉紧。

图 5-50a

图 5-50b

动作感受：背部与核心肌群有明显发力感（图 5-51a、图 5-51b）。

图 5-51a

图 5-51b

（4）站姿单臂单腿钢索划船

动作功能：提高髋部稳定性与力量传导能力，发展背部与核心肌群的力量和耐力。

技术要点：

图 5-52a

图 5-52b

■ 一侧腿支撑，对侧手臂伸直，握住钢索握把，掌心朝下
■ 保持身体稳定，手向后拉至腋窝位置，拇指朝上
■ 还原至起始位置，重复练习，完成规定次数

注意：保持腹部绷紧，背部挺直，躯干稳定，身体尽量不要晃动。

动作感受：背部与核心肌群有明显发力感（图 5-52a、图 5-52b）。

2. 下肢

（1）钢索硬拉

动作功能：优化屈髋模式，主要发展臀肌、腘绳肌的力量和耐力。

技术要点：

■ 双手持拉力器握把自然站立，身体微向后倾
■ 背部挺直，肩胛骨收紧，膝盖微屈，身体后坐使髋部屈曲，同时躯干向前俯身至腘绳肌有牵拉感
■ 髋部向前伸展，还原至起始位置

注意：保持腹部绷紧，双手始终处在钢索的延长线上，肩胛骨收紧的前提下，双手拉住钢索握把即可，不要额外发力。器械阻力点越接近地面越好。

动作感受：大腿后侧有明显拉伸感与发力感（图 5-53a、图 5-53b）。

图 5-53a

图 5-53b

（2）壶铃单腿硬拉

动作功能：提高髋部的稳定性，优化屈髋模式，主要发展臀肌、腘绳肌的力量和耐力。

技术要点：

■ 单脚站立，支撑腿对侧手臂握住壶铃
■ 以髋关节为轴身体前倾，腾空腿抬高，勾起脚尖
■ 将壶铃放在支撑脚内侧的地面上，此时腾空腿应与背部在同一直线上
■ 拉起壶铃，还原至起始位置

■ 重复练习，完成规定次数

注意：保持腹部绷紧，背部挺直，躯干稳定，身体尽量不要晃动，膝盖不要内扣，腾空腿应与背部在同一直线上，骨盆不要翻转。

动作感受：大腿后侧有明显拉伸感与发力感（图 5-54a、图 5-54b）。

图 5-54a

图 5-54b

（3）杠铃硬拉

动作功能：发展臀大肌、腘绳肌、股四头肌的力量和耐力。

技术要点：

■ 双脚分开站立，脚尖略微朝外打开，髋关节外旋，足弓拱起，抬头挺胸

■ 屈膝屈髋下蹲，双手握住杠铃，拉至贴近小腿位置

■ 伸膝伸髋站起，抬头挺胸，背部挺直，臀部收紧

■ 还原至起始位置，重复练习，完成规定次数

注意：动作过程中保持背部挺直，腹部绷紧，重心位于两脚之间，膝盖指向脚尖的方向，起身后身体不要后仰。下放时应做拉起时的逆向动作，不要做任何动作改变，要像录像回放一样。

动作感受：腿部有明显发力感（图 5-55a、图 5-55b）。

图 5-55a

图 5-55b

（4）农夫行走

动作功能：发展行进过程中的髋部负载能力。

技术要点：

■ 双手持壶铃向前行走

■ 完成规定距离

注意：重量可以稍微大一点，但不要选择握持不住的重量；保持腹部绷紧，想象将壶铃压向地面；躯干挺直，匀速向前行走（图 5–56）。

图 5–56

（5）跪姿身体前倾

动作功能：强化腘绳肌离心收缩的力量。

技术要点：

■ 双膝跪地，双手放于身体两侧保护

■ 同伴协助按住双脚，身体慢慢向前倾倒，直至触地

■ 还原至起始位置，重复练习，完成规定次数（图 5–57a、图 5–57b、图 5–57c）

图 5–57a

图 5–57b

图 5–57c

退阶：

俄罗斯腘绳肌练习

■ 可将弹力带像汽车安全带一样套在身上，然后完成动作

注意：保持腹部绷紧，背部挺直，躯干稳定。

动作感受：大腿后侧有明显拉伸感与发力感（图 5-58a、图 5-58b、图 5-58c）。

图 5-58a

图 5-58b

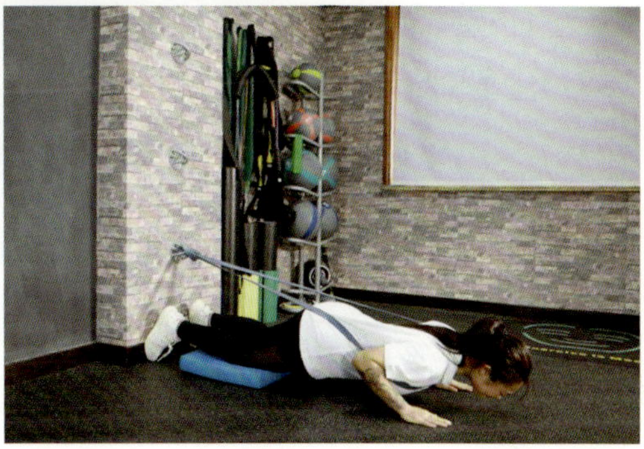

图 5-58c

（6）瑞士球屈腿

动作功能：提高核心稳定性，主要发展腘绳肌的力量和耐力。

技术要点：

- 仰卧，双脚脚跟放于瑞士球上，肩部着地，臀部离地，躯干与腿保持在同一直线上
- 用脚跟向后钩球，直至膝盖弯曲成 90°，同时继续保持肩部着地，臀部离地，躯干与腿在同一直线上
- 还原至起始位置，重复练习，完成规定次数

注意：保持腹部绷紧，背部挺直，躯干稳定，动作过程中臀部不可下落。

动作感受：臀部与大腿后侧有明显发力感（图 5-59a、图 5-59b）。

图 5-59a

图 5-59b

3. 复合动作

（1）壶铃深蹲推举

动作功能：上下肢推组合，通过复合动作发展全身的力量和耐力，强化力量传导能力。

技术要点：

- 自然站立，双手持壶铃，手掌穿过壶铃握把，对握，将其架于手臂与三角肌外侧
- 保持手臂稳定，完成深蹲动作
- 站起后保持身体挺直，双手将壶铃向上推起至头顶，手臂伸直，肩关节、肘关节与腕关节锁死
- 双肘下沉，手臂还原至起始位置
- 重复练习，完成规定次数

图 5-60a

图 5-60b

图 5-60c

注意：保持腹部绷紧，躯干稳定，推起壶铃至最高时注意将肘关节锁死。

动作感受：上肢、下肢至全身皆有明显发力感（图 5-60a、图 5-60b、图 5-60c）。

（2）钢索复合划船

动作功能：上下肢拉组合，通过复合动作发展全身的力量和耐力，强化力量传导能力。

技术要点：

- 双手持拉力器握把自然站立，身体向后微微倾斜
- 背部挺直，肩胛骨收紧，膝盖微屈，身体向后坐使髋部屈曲，同时躯干向前俯身至腘绳肌有牵拉感
- 髋部向前伸展时双臂紧贴身体，双手继续后拉，使双手靠近腹部
- 回到起始位置，重复练习，完成规定次数

注意：保持腹部绷紧，双手始终在钢索的延长线上且肩胛骨收紧的前提下，双手拉住钢索握把即可，不要额外发力。器械阻力点越接近地面越好。

动作感受：大腿后侧与背部有明显发力感（图 5-61a、图 5-61b、图 5-61c）。

图 5-61a

图 5-61b

图 5-61c

（三）旋转

1. 站姿药球劈砍

动作功能：强化动力链力量传导能力，发展躯干旋转肌群的力量和耐力，提高核心稳定性。

技术要点：

- 双脚分开，略宽于肩站立，将药球举起至高于左侧肩膀位置，手臂伸直
- 身体下蹲同时沿对角线旋转，将药球下劈至右脚踝外侧
- 起身还原至起始位置
- 重复练习，完成规定次数

注意：保持腹部绷紧，背部挺直，躯干稳定，动作过程中注意脚不要离地，手臂尽可能伸直。

动作感受：核心肌群、腿部及手臂皆有明显发力感（图 5–62a、图 5–62b）。

图 5–62a

图 5–62b

2. 单脚药球旋转推举

动作功能：强化动力链力量传导能力，发展躯干旋转肌群的力量和耐力，提高核心稳定性。

技术要点：

- 单脚站立，一侧腿屈膝成 90°，双手持药球于胸前
- 屈髋并微微俯身，腾空腿后撤，将药球置于支撑腿膝盖外侧
- 伸膝伸髋站起，腾空腿还原至起始位置，将药球举至腾空腿膝盖外侧头上方，手臂伸直
- 重复练习，完成规定次数

注意：保持腹部绷紧，背部挺直，躯干稳定，动作过程中注意支撑腿不要离开原

地，腾空腿不触地，手臂伸直。

动作感受：核心肌群、腿部及手臂皆有明显发力感，支撑腿本体感觉强烈（图 5-63a、图 5-63b）。

图 5-63a

图 5-63b

3. 杠铃炮筒架旋转

动作功能：强化动力链力量传导能力，发展躯干旋转肌群的力量和耐力，提高核心的稳定性。

技术要点：

- 运动姿站立，持杠铃一端于肩膀高度，掌心向下
- 将杠铃向外推出，同时以一侧脚为轴，旋转杠铃至对侧髋部高度
- 拉起杠铃，还原至起始位置
- 左右交替练习，完成规定次数

注意：保持腹部绷紧，背部挺直，躯干稳定，动作过程中注意脚不要离开原地。

动作感受：核心肌群、手臂、肩膀有明显发力感（图 5-64a、图 5-64b、图 5-64c、图 5-64d）。

图 5-64a

图 5-64b

图 5-64c

图 5-64d

4. 杠铃炮筒架硬拉转身推举

动作功能：强化动力链力量传导能力，发展躯干旋转肌群的力量和耐力，提高核心稳定性。

技术要点：

- 站于杠铃一侧，双手分别正反握抓住杠铃一端，外侧手掌心朝前，俯身呈硬拉姿势
- 伸膝伸髋，将杠铃拉起，同时以双脚为轴，转身呈分腿站姿，持杠铃于胸前
- 双手向上推起，将杠铃推举过头顶
- 还原至起始位置，重复练习，完成规定次数

注意：硬拉时杠铃靠近腿部，保持腹部绷紧，背部挺直，躯干稳定，动作过程中注意脚不要离开原地。

动作感受：臀腿部肌肉、核心肌群、手臂、肩膀有明显发力感（图 5-65a、图 5-65b、图 5-65c、图 5-65d）。

图 5-65a

图 5-65b

图 5-65c

图 5-65d

5. 单脚武士式

动作功能：强化躯干抗旋转能力，发展躯干旋转肌群的力量和耐力，提高核心肌群稳定性。

技术要点：

- 单脚运动姿站立，以靠近弹力带一侧的腿为支撑腿
- 双手将弹力带握持于胸前，沿身体中线为轴，前后推拉，保持身体稳定
- 重复练习，完成规定次数

注意：保持腹部绷紧，背部挺直，躯干稳定，动作过程中注意脚不要离开原地。

动作感受：核心肌群有明显发力感（图 5-66a、图 5-66b）。

图 5-66a

图 5-66b

进阶：

负重武士式

- 可将 2.5 千克的杠铃片挂于弹力带上，增加不稳定性，也可采用单脚姿势，继续提高挑战

6. 单膝跪地下劈

动作功能：强化动力链力量传导能力，发展躯干旋转肌群的力量和耐力，提高核心肌群稳定性。

技术要点：

■ 对握绳索，单膝跪地，拉杆锚点位于斜后侧上方头部高度，躯干微微后转，手臂伸直

■ 将拉杆拉至胸前，同时由外侧手引导，将拉杆下压至髋部高度

■ 还原至起始位置，重复练习，完成规定次数

注意：保持腹部绷紧，背部挺直，躯干稳定，动作过程中拉杆靠近躯干完成过渡，前腿在内，后腿在外，防止腿部阻挡动作。

动作感受：核心肌群、手臂、肩膀有明显发力感（图 5–67a、图 5–67b）。

图 5−67a

图 5−67b

7. 单膝跪地上拉

动作功能：强化动力链力量传导能力，发展躯干旋转肌群的力量和耐力，提高核心肌群的稳定性。

技术要点：

■ 对握绳索，单膝跪地，拉杆锚点位于斜后侧下方脚部高度，躯干微微后转，手臂伸直

■ 将拉杆拉至胸前，同时由外侧手引导，将拉杆推至头部高度

■ 还原至起始位置，重复练习，完成规定次数

注意：保持腹部绷紧，背部挺直，躯干稳定，动作过程中拉杆靠近躯干完成过渡，前腿在外，后腿在内，防止腿部阻挡动作。

动作感受：核心肌群、手臂、肩膀有明显发力感（图 5–68a、图 5–68b）。

图 5-68a

图 5-68b

（四）爆发力

爆发力，是由英文单词 power 翻译而来，有很多深层次的含义需要说明：

- 简单地说，爆发力 = 做的功 ÷ 时间，即单位时间内做功的能力
- 爆发力并不是简单地表现在拥有力量，而是表现在会使用你所拥有的力量，学会变得更有效率、更协调、动作更平顺流畅
- 想到爆发力就是要把“快”加到力量上，你需要有好的力量基础才能加上“快”
- 想到爆发力就是要把速度加到耐力上，你需要有好的耐力基础才能加上速度
- 不仅运动员需要爆发力，任何人都需要，例如老年人脚底打滑时如果有足够的爆发力就可以防止摔倒

膝上高翻

动作功能：发展全身爆发力，增强全身的力量和耐力。

技术要点：

- 运动基本姿站立，双手以略宽于肩的握距正握杠铃，手臂自然下垂，杠铃杆贴于小腿胫骨前
- 快速有力地伸髋，将杠铃拉至大腿中上部
- 模拟起跳，快速耸肩，身体微微后倾，头部略向后抬起，双肘朝外，将杠铃拉至肩膀高度
- 旋转肘关节，将杠铃翻至其上方，同时屈髋屈膝成半蹲姿势，全脚掌着地

图 5-69a

■ 当手臂位于杠铃正下方时，抬肘使大臂平行于地面
■ 杠铃置于三角肌前部
■ 手肘后撤，还原至起始位置
■ 重复练习，完成规定次数

注意：保持腹部绷紧，腰背挺直，拉起杠铃时尽可能靠近身体，动作一气呵成（图5-69a、图5-69b、图5-69c）。

图 5-69b

图 5-69c

第三节　心肺功能和能量系统

在健康管理时，经常说要加强心肺功能锻炼。实际上，在心和肺没有器质性病变的情况下，心肺功能其实是能量供应系统功能。

一、能量系统

我们的身体活动，需要源源不断的能量，而这些能量需要我们从摄取的食物中获得。身体通过一系列的化学反应，将吃下去的这些美味食物，转化成各种活动所需的直接燃料——ATP。

ATP 是三磷酸腺苷（adenosine triphosphate）的英文缩写，是一种由 1 分子腺嘌呤、1 分子核糖和 3 分子磷酸基团所组成的不稳定的高能化合物，是生物体内最直接的能量来源。

为了给身体在不同的运动中不断地提供能量，我们的身体会采用三种不同的能量代谢系统，用于 ATP 的产生与再生，这三种系统分别为：

■ 磷酸肌酸系统，可以为我们 0～6 秒最高功率的活动提供能量
■ 糖酵解系统，可以为我们 30 秒～2 分钟的高功率活动提供能量，其又可以分为：
  ◎ 无氧糖酵解系统。无氧糖酵解因为不需要被氧化就可以直接给身体提供能量，所以又被称为快速糖酵解系统
  ◎ 有氧糖酵解系统。有氧糖酵解因为需要在氧化作用下才能提供能量，所以又被称为慢速糖酵解系统，属于有氧氧化系统
  ◎ 糖酵解系统。一般用来泛指快速糖酵解
■ 有氧氧化系统，可以为我们所有大于 3 分钟的低功率活动提供能量

身体供能系统的分工

持续时间	运动强度	主要能量系统
0~6 秒	最高	磷酸肌酸
6~30 秒	极高	磷酸肌酸与快速糖酵解
30 秒 ~2 分钟	高	快速糖酵解
2~3 分钟	中等	快速糖酵解与有氧氧化
＞3 分钟	低	有氧氧化

身体一贯遵循的第一原则就是节能。所以，在你平时躺、坐、站、行走的时候，都是以有氧氧化系统为第一供能系统；随着身体活动越来越多且越来越快，动作也越来越剧烈，它会开始逐级启动更加高效的功能系统。

二、训练的类型

（一）训练频率

运动频率一般是指每周运动的天数，而根据美国运动医学会提出的针对成年人的建议，每周进行至少 3 天的中等强度运动是比较合适的。但是在日常生活中，我们经常见到有些人每周仅进行 1~2 次的中等或大强度运动。因为他们的运动通常是在周末进行，所以我们也称其为“周末勇士”。尽管这些运动者可以通过这种方式获得一些益处，但是相应的，由于锻炼不规律和做不习惯的运动，他们发生肌肉骨骼损伤及心血管意外的风险也是高于其他人的。所以我们不向大多数人推荐这种方式，也不提倡采用这样的方式锻炼。

（二）训练强度

训练（运动）强度是指身体在单位时间移动的距离或速度，或指肌肉在单位时间内所做的功。众所周知，训练会使身体产生适应性，就是身体受到训练强度及训练持续时间交互作用所导致的。一般而言，运动强度越高，运动时间持续得越短；运动强度越低，运动时间持续得越长。身体中的适应性就来自于在训练课中的强度及努力程度。运动强度的调节对于每一次训练，甚至对于最终整个训练计划的成功都非常重要。运动强度太低，就无法让身体系统达到超负荷，亦无法诱导出所期望的适应性；而当强度过高时，身体就会产生疲劳而导致训练过早结束。以上任何一种情况发生都会使训练计划以失败告终。

一般来说，最方便也最为常用的确定及监控强度的方法就是将心率和主观运动强度量表进行结合。即先按预测的靶心率范围（有效而安全的心率范围）进行运动，然后在运动中结合主观运动强度量表来掌握负荷强度。这样，在运动中不用停下来测心率便可知道自己的负荷强度是否合理。

主观运动强度量表（RPE）

等级	主观强度	等量说明
1	没有感觉	平躺
2	极度轻松	阅读
3	非常轻松	穿衣
4	轻松	做一整天都可以
5	感觉适度	逛街
6	开始吃力	开始有感觉
7	吃力	感觉强烈
8	很吃力	要努力才能跟上
9	极度吃力	强忍承受
10	最大极限	无法忍受

（三）持续时间

如果是以锻炼心血管功能为目的的话，必要的运动时间至少应持续 15 分钟以上，才能起作用。因为在运动时，人体器官系统的工作效率是在运动开始后的一段时间逐步提高的，再者就是人体通过一段时间的运动，从相对安静状态进入到了适宜强度的运动状态后，并非就达到了运动的目的，而仅是完成了克服生理惰性，激发和动员心脏储备力的工作。所以，科学研究表明，对于健康的成年人，每天累计进行至少 30~60 分钟（每周至少 150 分钟），或每天至少进行 20~60 分钟的较大强度的运动，或中等与较大强度相结合的运动，对于提高心血管系统机能和有氧工作能力是有非常大帮助的。

如果运动的目的是管理体重，那么可能需要更长的运动时间（每天至少 60~90 分钟），尤其是对于那些经常静坐少动的人们来说。

再就是完成正式的运动以后，也应逐渐降低负荷强度继续运动 5 分钟以上，使人体从较紧张的肌肉活动状态逐步过渡到相对放松的状态，以利于身体更好地恢复。

（四）训练类型

持续慢速训练

持续慢速训练，是指采用一种运动形式，一旦达到了制定的训练强度，就一直持续下去，直到心率不能维持在计划范围内才停止的训练方法。持续慢速训练的强度应该比一般的训练小，这样运动时间就能比较长。其目的是提高无氧阈值、发展肌肉的耐力以及增加脂肪的利用。通常训练时间是 30 分钟至 2 小时，每周训练 2 次，防止过度疲劳的发生。

同时需要注意的是，并不是所有的人一开始就都能达到 50%~85% 心率储备的训练强度。水平较低的人应该从较低的起点开始，运动强度和运动时间循序渐进地增加。

配速训练

配速训练又被称为有氧—无氧间歇训练，可以很好地帮助训练者提高最大摄氧量。配速训练通常持续 20~30 分钟，需要训练者在乳酸阈值水平以下运动（4~5 的 RPE 等级可作为乳酸阈值的近似水平），运动可以采用稳定和间歇两种训练形式：

- 稳定性配速训练。是指在等于乳酸阈值的强度上进行训练，间歇性配速训练可以将运动分成 3~5 分钟的小组，中间有 30~90 秒的休息时间，重复进行直到达到最大的步速为止。稳定性配速训练的时间为 20~30 分钟。
- 间歇训练。是指在接近最大摄氧量的强度下进行的训练，时间应该持续 3~5 分钟，最短也应超过 30 秒。在间歇训练过程中，休息的时间应与训练时间为 1∶1 的比例交替进行。间歇训练可以使训练者在接近最大摄氧量的强度下维持更长时间的高强度，这样训练的好处是可以增强身体最大摄氧量以及无氧代谢能力，强化在无氧条件下的能量转化率。

第四节　恢复和再生

> “我们能做的最冒险的事情莫过于维持现状。”　　——鲍勃·艾格

不仅是训练或者比赛，久坐不动也会使身体某些部位承受的张力超过一定范围，造成一定程度的损伤。如果不想让这些微小的损伤累积成更严重的，甚至是不可逆转的伤害，我们需要主动做一些恢复性的训练，让身体保持健康，还可以让身体更健壮。

一、恢复和再生总论

汽车或者电脑的某个零件坏了就只能更换。与汽车、电脑的最大区别是，身体是活体，具有自我修复和更新的能力，我们可以利用身体的这种能力：

- 利用得好，身体不但可以修复小的损伤，复原；还可以通过对训练的适应、修复、改建，使身体变得越来越强壮
- 利用得不好，身体会通过代偿掩盖不良的姿势、错误的动作模式等弱链，失去改正的机会，长期下去会造成诸如
  - ◎ 爱运动一族运动水平提高不快，还很容易受伤
  - ◎ 久坐少运动一族腰酸背痛，心情烦躁；昏昏欲睡，精神不振

训练、比赛或者久坐，会使身体某些部位承受的张力超过一定范围，造成损伤。如果损伤只是酸胀、拉伤，身体可以通过自我修复机制修复损伤，复原。

正确的做法是：

- 放松运动，与热身运动相反，把身体从热的状态中缓慢释放出来
- 拉伸
- 泡沫轴，放松肌筋膜
- 按摩
- 冷热疗法
  - ◎ 超低温冷疗舱利用极度低温让人的大脑产生错误的判断，使得体内的乳酸等尽快化解，从而加快球员身体恢复的速度
  - ◎ 冷热水交替使用
- 营养补充

- 睡眠和休息
- 物理康复，治疗伤病
- 主动恢复，或者又称恢复性训练，即低水平的有氧运动，可以增加血液循环，促进愈合，有以下几种方法可以使用
  - ◎ 静止自行车
  - ◎ 浅水池慢跑
  - ◎ 远足
  - ◎ 蒸桑拿
- 时间是修复、愈合的重要因素
  - ◎ 但不能只靠时间来治愈伤病
  - ◎ 任何方法都不能加速身体愈合的过程，但是正确的方法可以使身体愈合得好，甚至复原，还可以避免或者消除影响修复、愈合的因素

训练后恢复时间的重要性

- 经过几个星期的强化训练和比赛，因为肌肉骨骼系统持续受到高强度的应力，运动员可能会逐渐感到运动表现在下降
- 训练量和训练强度超过身体复原、再生肌肉（匹配力量的增加）的能力时，就有发生过度使用性损伤的危险。过度训练综合征就是因为身体受到的应力和恢复之间的不平衡，应力因素有身体的、心理的和社会的，加上恢复时间短，会损害运动表现
- 为了科学地制订训练计划，明确高强度训练的恢复时间非常重要
- 男性比女性需要更长的恢复时间。在剧烈运动半小时至一小时内，浸泡在 10℃左右的冷水中 10 分钟左右，有助于消除发炎反应，促进代谢废物，加快身体恢复

一些影响愈合的不利因素，值得注意：

- 休息时间太长，影响血液循环，不利于恢复
- 活动不足，减慢恢复过程
- 活动太多，也会影响恢复过程

关于药物的作用需要做一些澄清：

- 有的药物用得合适，可以消除一些影响愈合的因素
- 药物减轻疼痛等症状，并不是促进愈合，完全是两回事

肌肉定律

- 如果肌肉是钢，那吃的食物就是铁矿石，我们的肌肉每天有 1%~2% 的分解和重建，两三个月后就是另外一个身体了

- 运动后 90 分钟内补充碳水化合物、蛋白质，最好是在 30 分钟之内
  - ◎ 摄入过多蛋白质会加重肾脏的负担，尽量吃高质量蛋白质，如瘦肉、鱼、家禽、坚果、豆类、鸡蛋、牛奶等，而不是蛋白质添加剂
  - ◎ 一饮而尽：牛奶是运动后最好的恢复食品之一，含有平衡的蛋白质和碳水化合物，还有乳清蛋白和酪蛋白。乳清蛋白可以被迅速吸收，有助于加速运动后的恢复；酪蛋白消化得慢一些，有助于艰苦运动后的长期恢复。牛奶含钙，对保持骨骼的强壮十分有利
- 咀嚼越细吸收越好
- 在平时不运动情况下吃的食物，更新身体成分就慢
- 常吃鸡肉，尤其是鸡胸肉可以使肌肉富有弹性、耐用
- 蔬菜水果中的矿物质和维生素具有抗氧化作用，可以提高人体免疫力

恢复和再生训练可以放在一堂课的热身部分，也可以放在冷身即放松阶段，也可以作为单独的训练课进行安排，或针对个人进行额外的安排。

二、软组织放松与梳理练习

需要工具：泡沫轴、按摩球。

1. 下肢

（1）足弓

动作功能：梳理、松解足底筋膜。

技术要点：

- 光脚，将按摩球踩在脚下
- 足底在按摩球上来回运动
- 重复练习，完成规定时间

注意：在足底的酸痛点上停留加压，直至酸痛消退 50%~75%，然后再寻找其他痛点位置（图 5-70）。

（2）小腿后侧

动作功能：梳理、松解小腿后侧肌肉。

技术要点：

- 双手撑地，腿部伸直，将小腿后侧压在泡沫轴上
- 双手推地带动小腿后侧在泡沫轴上来回滚动
- 重复练习，完成规定时间

图 5-70

图 5-71

注意：范围掌握在脚踝至腘窝之间，可以分段进行滚动，在肌肉的酸痛点上停留加压，直至酸痛消退 50%~75%，然后再寻找其他痛点位置；也可将一条腿叠于另一条腿上，单侧腿滚动，以增加压力，加强脚部刺激（图 5-71）。

（3）大腿后侧

动作功能：梳理、松解大腿后侧肌肉。

技术要点：

- 双手撑地，腿部伸直，将大腿后侧坐在泡沫轴上
- 双手推地带动大腿后侧在泡沫轴上来回滚动
- 重复练习，完成规定时间

注意：范围掌握在臀部至腘窝之间，在肌肉的酸痛点上停留加压，直至酸痛消退 50%~75%，然后再寻找其他痛点位置；也可将一条腿叠于另一条腿上，单侧腿滚动，以增加压力，加强脚部刺激（图 5-72）。

图 5-72

图 5-73

（4）大腿内侧

动作功能：梳理、松解大腿内侧肌肉。

技术要点：

■ 俯卧，双肘撑地，大腿外展屈曲，将大腿内侧压在泡沫轴上

■ 左右晃动身体带动大腿内侧在泡沫轴上来回滚动，手臂做辅助支撑

■ 重复练习，完成规定时间

注意：范围掌握在腹股沟至膝关节之间，在肌肉的酸痛点上停留加压，直至酸痛消退 50%~75%，然后再寻找其他痛点位置（图 5-73）。

（5）大腿外侧

动作功能：梳理、松解大腿外侧肌肉。

技术要点：

■ 侧卧，上方腿向前迈出，屈膝脚掌着地，下方腿伸直，将大腿外侧压在泡沫轴上，手肘撑地

■ 用手臂屈伸配合上方腿蹬地以带动大腿外侧在泡沫轴上来回滚动

■ 重复练习，完成规定时间

注意：范围掌握在髋部至膝关节之间，在肌肉的酸痛点上停留加压，直至酸痛消退 50%~75%，然后再寻找其他痛点位置（图 5-74）。

图 5-74

图 5-75

（6）大腿前侧

动作功能：梳理、松解大腿前侧肌肉。

技术要点：

■ 俯卧，双肘撑地，将大腿前侧压在泡沫轴上

■ 用手臂屈伸带动大腿在泡沫轴上来回滚动

■ 重复练习，完成规定时间

注意：范围掌握在髋部至膝关节之间，在肌肉的酸痛点上停留加压，直至酸痛消退 50%~75%，然后再寻找其他痛点位置；也可将膝关节屈曲 90° ，将肌肉拉长，增加

刺激（图 5–75）。

（7）臀部

动作功能：梳理、松解臀部肌肉。

技术要点：

■ 屈髋屈膝，臀部坐在泡沫轴上，双手撑地

■ 将需要激活或松解的一侧的腿抬起，盘在另一侧腿上

■ 身体向盘腿一侧倾斜，将泡沫轴压在这一侧臀部下面

■ 用腿部屈伸带动臀部在泡沫轴上来回滚动，手臂做辅助支撑

■ 重复练习，完成规定时间

注意：范围掌握在臀部周围，在肌肉的酸痛点上停留加压，直至酸痛消退 50%~75%，然后再寻找其他痛点位置（图 5–76）。

图 5–76

2. 躯干

（1）下背部

动作功能：梳理、松解下背部肌肉。

技术要点：

■ 屈膝屈髋仰卧，双手后伸撑在地上，下背部躺在泡沫轴上

■ 臀部离地，用腿部屈伸带动下背部在泡沫轴上来回滚动，手臂做辅助支撑

■ 重复练习，完成规定时间

注意：范围掌握在下背部至臀部髂后上棘之间，在肌肉的酸痛点上停留加压，直至酸痛消退 50%~75%，然后再寻找其他痛点位置（图 5–77）。

图 5–77

图 5–78

（2）肩部后侧

动作功能：梳理、松解肩部后侧肌群。

技术要点：

■ 屈膝屈髋，肩胛骨后侧躺于按摩球上

■ 晃动身体滚动按摩球或手臂做水平内外旋动作

■ 重复练习，完成规定时间

注意：范围掌握在肩胛骨后方和三角肌后束周围，在肌肉的酸痛点上停留加压，直至酸痛消退 50%~75%，然后再寻找其他痛点位置（图 5-78）。

（3）背阔肌

动作功能：梳理、松解背阔肌。

技术要点：

■ 屈膝屈髋，身体成侧卧状，泡沫轴放于腋下

■ 下方手臂伸直举过头顶，上方手臂曲肘支撑于地面

■ 用腿部屈伸带动背阔肌在泡沫轴上来回滚动

■ 重复练习，完成规定时间

注意：范围掌握在腋下至下腰背部，在肌肉的酸痛点上停留加压，直至酸痛消退 50%~75%，然后再寻找其他痛点位置（图 5-79）。

图 5-79

图 5-80

（4）上背部

动作功能：梳理、松解上背部肌群。

技术要点：

■ 屈膝屈髋仰卧，双手交叉叠于胸前，上背部躺在泡沫轴上

■ 臀部离地，用腿部屈伸带动上背部在泡沫轴上来回滚动

■ 重复练习，完成规定时间

注意：范围掌握在中背部至肩膀之间，在肌肉的酸痛点上停留加压，直至酸痛消退 50%~75%，然后再寻找其他痛点位置（图 5-80）。

（5）肩部前侧

动作功能：梳理、松解肩部前侧肌肉。

技术要点：

- 站姿靠近墙壁，按摩球放于肩膀前偏外侧的三角肌上，身体向前顶住，将按摩球挤压在墙壁上
- 晃动身体，在按摩球上来回滚动
- 重复练习，完成规定时间

注意：范围掌握在肩膀前部，身体向前顶，在肌肉的酸痛点上停留加压，直至酸痛消退 50%~75%，然后再寻找其他痛点位置（图 5-81）。

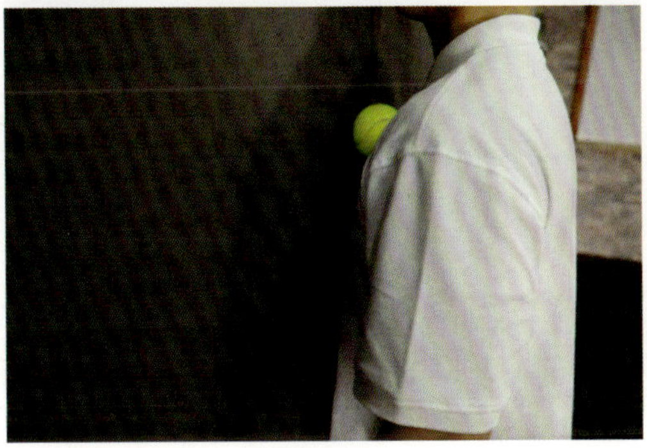

图 5-81

图 5-82

（6）胸部

动作功能：梳理、松解胸部肌肉。

技术要点：

- 俯卧，一侧手臂外展，一侧手臂微微撑地，将按摩球压在胸下靠近腋窝处
- 晃动身体或手臂做外展，上下挥摆
- 重复练习，完成规定时间

注意：范围掌握在胸部，在肌肉的酸痛点上停留加压，直至酸痛消退 50%~75%，然后再寻找其他痛点位置（图 5-82）。

3. 手臂

（1）伸肌

动作功能：梳理、松解手臂伸肌。

技术要点：

■ 侧卧，下方手臂屈肩屈肘，将泡沫轴压在手臂下方

■ 上方手臂撑地，下方腿屈曲平放，上方腿屈曲，脚掌踩地

■ 用腿部屈伸带动手臂在泡沫轴上来回滚动，手臂做辅助支撑

■ 重复练习，完成规定时间

注意：范围掌握在肘关节至腋窝之间，在肌肉的酸痛点上停留加压，直至酸痛消退 50%~75%，然后再寻找其他痛点位置（图 5-83）。

图 5-83

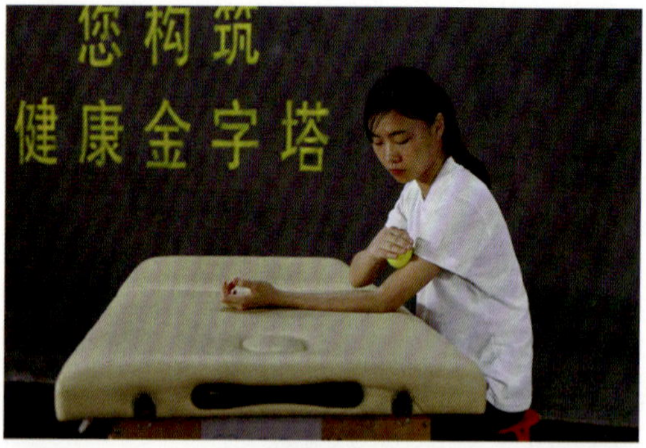

图 5-84

（2）屈肌

动作功能：梳理、松解手臂屈肌。

技术要点：

■ 将手臂放于平台或桌子上，掌心朝上

■ 手持按摩球，在手臂内侧来回滚动

■ 重复练习，完成规定时间

注意：范围掌握在肘关节至腋窝之间，在肌肉的酸痛点上停留加压，直至酸痛消退 50%~75%，然后再寻找其他痛点位置（图 5-84）。

三、拉伸

1. 躯干

（1）颈前屈肌群拉伸

动作功能：伸展颈部前侧屈曲肌群。

主要被伸展肌肉：颈阔肌、胸锁乳突肌、胸骨舌骨肌、肩胛舌骨肌、胸骨甲状肌。

技术要点：

■ 自然站立，双手伸直放置于后背

■ 仰头至颈部前侧屈曲肌群有明显牵拉感

■ 保持自然呼吸，完成规定时间

注意：身体不要后仰。

动作感受：颈部前侧有明显牵拉感（图 5-85）。

图 5-85

图 5-86

（2）颈侧屈肌群拉伸

动作功能：伸展颈部侧面屈曲肌群。

主要被伸展肌肉：肩胛提肌、斜方肌、斜角肌 。

技术要点：

■ 自然站立，双手后背

■ 头向一侧倾斜至颈部侧面屈曲肌群有明显牵拉感

■ 保持自然呼吸，完成规定时间

注意：身体挺直，不要侧屈。

动作感受：颈部侧面有明显牵拉感 （图 5-86）。

（3）颈伸肌群伸展

动作功能：伸展颈部后伸肌群。

主要被伸展肌肉：斜方肌、头半棘肌、颈半棘肌、头夹肌、颈夹肌、头最长肌、颈最长肌、肩胛提肌、多裂肌。

技术要点：

■ 自然站立，一手推住下巴，另一只手抓住头后方，轻轻牵拉

■ 低头至颈部后侧屈曲肌群有明显牵拉感

■ 保持自然呼吸，完成规定时间

注意：身体不要前倾，下巴向后、向上推，头向前、向后拉。

动作感受：颈部后侧有明显牵拉感（图 5-87）。

图 5-87

图 5-88

（4）颈旋转肌群拉伸

动作功能：伸展颈部旋转肌群。

主要被伸展肌肉：胸锁乳突肌、斜方肌、肩胛提肌、头夹肌、头半棘肌、头最长肌。

技术要点：

- 自然站立，双手后背
- 转头至颈部前侧屈曲肌群有明显牵拉感
- 保持自然呼吸，完成规定时间

注意：躯干不要旋转。

动作感受：颈部一侧有明显牵拉感（图 5-88）。

（5）上背部拉伸

动作功能：伸展下斜方肌。

主要被伸展肌肉：下斜方肌、菱形肌。

技术要点：

- 双手拉住一固定物体，屈膝屈髋 90°，保持背部挺直
- 背部微微弓起，肩胛骨前伸，想象肩胛骨像门一样向外张开
- 在保持躯干不后仰的同时整体平移向后靠，臀部微微后坐
- 双手拉住固定物体，至下斜方肌有明显牵拉感
- 保持自然呼吸，完成规定时间

注意：躯干不要后仰。

动作感受：肩胛骨内侧有明显牵拉感（图 5-89）。

（6）背阔肌拉伸

动作功能：伸展背阔肌。

图 5-89

图 5-90

主要被伸展肌肉：背阔肌。

技术要点：

■ 双膝跪姿，脚放平，屁股坐在脚后跟上

■ 俯身前趴，将左侧手臂向右侧 45° 伸出，掌心朝上放在地板上

■ 右手将左手按住固定，并微微向前推出，身体向左侧倾斜旋转，至背阔肌有明显牵拉感

■ 保持自然呼吸，完成规定时间

注意：骨盆保持不动。

动作感受：背部有明显牵拉感（图 5-90）。

（7）胸部拉伸

动作功能：伸展胸部肌群。

主要被伸展肌肉：胸大肌、胸小肌 。

技术要点：

■ 站姿，一侧手臂肩肘屈曲成 90°，并将小臂抵在墙壁上

■ 身体慢慢前倾并旋转，至胸部肌群有明显牵拉感

■ 保持自然呼吸，完成规定时间

注意：保持背部挺直，不要过度后仰。

动作感受：胸部有明显牵拉感（图 5-91）。

（8）腹直肌拉伸

动作功能：伸展腹部肌群。

主要被伸展肌肉：腹直肌、腹斜肌 。

技术要点：

■ 俯卧，双手放于肩部正下方

图 5-91

图 5-92

■ 向上推起上半身，保持骨盆前侧贴近地面不动
■ 想象胸部向前推出，至腹部肌群有明显牵拉感
■ 保持自然呼吸，完成规定时间

注意：骨盆前侧不要离地。

动作感受：腹部有明显牵拉感（图 5-92）。

（9）腰方肌拉伸

动作功能：伸展腰方肌。

主要被伸展肌肉：腰方肌、腹斜肌。

技术要点：

■ 自然坐立，躯干挺直
■ 保持骨盆不动，躯干向一侧倾斜
■ 至腰方肌有明显牵拉感
■ 保持自然呼吸，完成规定时间

注意：骨盆尽量不要歪斜。

动作感受：腰部有明显牵拉感（图 5-93）。

图 5-93

2. 上肢

（1）肩关节外旋肌群拉伸

动作功能：伸展手臂内旋肌群。

主要被伸展肌肉：冈下肌、大圆肌、肩胛下肌。

技术要点：

■ 侧卧，将右手肘关节屈曲呈 90°，左小臂垂直于地面
■ 左手抓住右手手腕，缓慢下压，至手臂内旋肌群有明显牵拉感
■ 保持自然呼吸，完成规定时间

注意：保持被拉伸一侧手臂大臂的位置，不要移动。

动作感受：肩关节与肩胛骨后侧有明显牵拉感（图 5–94）。

图 5–94

图 5–95

（2）肩关节内旋肌群拉伸

动作功能：伸展手臂外旋肌群。

主要被伸展肌肉：冈上肌、小圆肌。

技术要点：

- 自然站立，一手持木棍，肩肘屈曲成 90°，木棍从大臂后方穿过
- 另一侧手从下方慢慢向上拉住木棍，使手臂以肩关节为轴向后旋转
- 至手臂外旋肌群有明显牵拉感
- 保持自然呼吸，完成规定时间

注意：被拉伸的手保持肩肘屈曲成 90°，不要移动。

动作感受：肩关节与肩胛骨后侧有明显牵拉感（图 5–95）。

（3）上臂屈肌拉伸

动作功能：伸展上臂屈肌。

主要被伸展肌肉：三角肌前束、肱二头肌、肱肌、胸小肌。

技术要点：

- 背对横杆站立，双手后伸，与肩同宽，握住横杆，掌心向上，拇指相对
- 缓慢下蹲，至上臂屈肌有明显牵拉感
- 保持自然呼吸，完成规定时间

注意：手臂伸直，肘关节不要屈曲。

动作感受：大臂前侧有明显牵拉感（图 5–96）。

（4）上臂伸肌拉伸

动作功能：拉伸上臂伸肌。

图 5-96

图 5-97

主要被伸展肌肉：三角肌后束、肱三头肌。

技术要点：

■ 自然站立，右侧手臂后伸屈肘举过头顶

■ 左手抓住右肘关节，缓慢向下牵拉至上臂伸肌有明显牵拉感

■ 保持自然呼吸，完成规定时间

注意： 保持脊柱在中立位，不要过度后伸。

动作感受：大臂后侧有明显牵拉感（图 5-97）。

（5）前臂屈肌拉伸

动作功能：伸展前臂屈肌 。

主要被伸展肌肉：肱肌、肱桡肌、指浅屈肌、桡侧腕屈肌、尺侧腕屈肌、旋前圆肌、掌长肌。

技术要点：

■ 跪撑姿势，掌心朝下，双手反向，指尖朝向膝盖

■ 臀部慢慢后坐，至前臂屈肌有明显牵拉感

■ 保持自然呼吸，完成规定时间

注意：手臂伸直，肘关节不要屈曲。

动作感受：小臂内侧有明显牵拉感（图 5-98）。

（6）前臂伸肌拉伸

动作功能：拉伸前臂伸肌。

主要被伸展肌肉：桡侧腕短伸肌、桡侧腕伸肌、尺侧腕伸肌、指伸肌、拇长伸肌、小指伸肌。

技术要点：

■ 跪撑姿势，掌背朝下，掌心朝上，双手反向，指尖朝向膝盖

图 5-98

图 5-99

■ 臀部慢慢后坐，至前臂屈肌有明显牵拉感

■ 保持自然呼吸，完成规定时间

注意：手臂伸直，肘关节不要屈曲。

动作感受：小臂外侧有明显牵拉感（图 5-99）。

（7）前臂外旋肌群拉伸

动作功能：伸展前臂外旋肌群。

主要被伸展肌肉：肱桡肌、尺侧腕伸肌、旋后肌、指伸肌、拇长伸肌、拇短伸肌。

技术要点：

■ 先将一侧手臂向前伸直，掌心向下，然后手腕屈曲，手指向外翻转

■ 然后另一只手拉住手腕使其进一步向上翻转

■ 保持自然呼吸，完成规定时间

注意：手臂伸直，肘关节不要屈曲。

动作感受：小臂外侧有明显牵拉感（图 5-100）。

图 5-100

3. 下肢

（1）梨状肌拉伸

动作功能：伸展臀部梨状肌。

主要被伸展肌肉：梨状肌。

技术要点：

■ 跪撑姿势，一腿后撤伸直

■ 身体前趴，双手撑地，前腿位于胸部正下方

■ 双手缓慢前伸，身体缓慢下压，使胸部靠近腿部

■ 保持自然呼吸，完成规定时间

注意：骨盆摆正不要倾斜，小腿尽可能与肩膀平行。

动作感受：臀部有明显牵拉感（图5-101）。

图 5-101

（2）臀肌拉伸

动作功能：拉伸臀大肌、臀中肌、臀小肌。

主要被拉伸肌肉：臀大肌、臀中肌、臀小肌、阔筋膜张肌。

技术要点：

■ 仰卧，左腿伸直，右腿屈膝从左腿上跨过，右脚掌放于地板上

■ 左手抓住右腿膝盖，将其压向地面

■ 保持自然呼吸，完成规定时间

动作感受：臀部有明显牵拉感（图5-102）。

图 5-102

图 5-103

（3）髋部屈肌拉伸

动作功能：伸展髋部屈肌。

主要被伸展肌肉：髂腰肌、股直肌。

技术要点：

■ 双手持木棍，单膝跪地，木棍一端直立于身体正前方

■ 双手紧握，将木棍一端压向地面

■ 骨盆摆至后倾位后保持不动，然后向前平移推出

■ 至髋部屈肌有明显牵拉感

■ 保持自然呼吸，完成规定时间

注意：动作幅度不宜过大，若动作幅度过大导致无拉伸感，则需重新检查骨盆位置。

动作感受：支撑腿髋部前侧与腹股沟有明显牵拉感（图 5-103）。

（4）股四头肌拉伸

动作功能：拉伸股四头肌。

主要被拉伸肌肉：股四头肌。

技术要点：

■ 侧卧，手向上伸直，将头枕于手臂上

■ 保持骨盆的中立位，上方手从背后抓住对侧腿踝关节处，至股四头肌有明显牵拉感

■ 保持自然呼吸，完成规定时间

注意：保持骨盆中立位，脊柱不要后伸。

动作感受：大腿前侧有明显牵拉感（图 5-104）。

图 5-104

图 5-105

（5）髋关节内收肌拉伸

动作功能：伸展大腿内收肌群。

主要被伸展肌肉：耻骨肌、长收肌、短收肌、大收肌、股薄肌。

技术要点：

■ 单膝跪地，右腿水平外展，右脚与膝夹角成 90°

■ 保持躯干挺直，向右腿脚尖的方向下压，尽可能压低至大腿内收肌群有明显牵拉感

■ 保持自然呼吸，完成规定时间

注意：保持躯干挺直，右腿膝盖朝向右脚脚尖的方向。

动作感受：大腿内侧有明显牵拉感（图 5-105）。

（6）腘绳肌拉伸

动作功能：伸展腘绳肌。

主要被伸展肌肉：腘绳肌、臀大肌、腓肠肌 。

技术要点：

■ 坐姿，一腿伸直，另一侧腿外旋屈曲，并将脚掌抵于膝盖内侧

■ 保持腿部伸直，脚尖勾起，俯身向下，双手抓住脚尖，至腘绳肌有明显牵拉感

■ 保持自然呼吸，完成规定时间

注意：保持腿部伸直，不要弯曲。

动作感受：大腿后侧有明显牵拉感（图 5-106）。

图 5-106

图 5-107

（7）小腿拉伸

动作功能：伸展小腿后侧肌群。

主要被伸展肌肉：腓肠肌、比目鱼肌。

技术要点：

■ 弓步站姿，双手推墙，后腿伸直

■ 后脚保持不动，慢慢屈膝屈肘，使躯干靠近墙壁，至小腿后侧肌群有明显牵拉感

■ 保持自然呼吸，完成规定时间

注意：后脚脚跟不要离地。

动作感受：小腿后侧有明显牵拉感（图 5-107）。

4. 全身

布雷泽式拉伸

动作功能：全身多部位拉伸，发展全身灵活性，高效省时。

主要被伸展肌群：腿部屈肌、腿部伸肌、腿部内收肌、躯干旋转肌群、肩部肌群、手臂肌群等。

技术要点：

- 侧卧，将头枕在软榻上，上方腿屈髋屈膝，放在泡沫轴上，下方腿伸髋屈膝
- 下方手抓住上方大腿外侧，转身用上方手抓住下方腿的踝关节处
- 呼气同时将转头转身，尝试肩部贴地
- 保持自然呼吸，完成规定时间

进阶：

- 可将泡沫轴与软塌去除，增加动作幅度，提高难度及拉伸效果

注意：下方手抓住大腿的同时向地面方向将大腿按住，防止在动作过程中移动，此时骨盆应垂直地面，不要发生偏移。

动作感受：大腿前侧、臀部、大腿内侧、背部、肩部、手臂等多部位有明显牵拉感（图 5-108）。

图 5-108

第六章

整体健康金字塔第五层

——运动表现挑战人体的极限

第一节　动作效率训练

一、速度、敏捷与反应训练

1. 线性速度训练

（1）短跑冲刺训练

技术要点：

- 使用手臂，以肩关节为轴摆臂，使双臂放松
- 身体前倾——身体挺直与地面呈锐角，不是在髋关节前屈
- 不要脚趾着地跑，要前脚掌着地跑
- 脚跟着地，用前脚掌蹬地，使用伸展力量
- 步幅不要太大，脚正好落在重心以下的地面
- 步幅也不要太小，否则速度虽快但是前进距离短
- “增大摆臂幅度和提高摆臂频率”可以解决很多问题

（2）快速换步

动作功能：提高跑动时的脚步频率。

技术要点：

- 站姿，起始姿势将一腿抬起，脚抬至支撑腿膝关节高度
- 模拟腾空腿准备落地前的位置，后续动作皆维持在这个位置
- 当前脚抬到支撑腿小腿中段时，迅速变换支撑腿
- 手臂跟随腿部运动频率摆动
- 反复练习，完成规定次数

注意：保持支撑腿髋、膝、踝的直线排列顺序，腿交换后，新支撑腿前脚掌应落在髋关节正下方。抬脚时高度不应超过小腿中段，目的在于提高双腿快速交换的频率（图 6–1）。

图 6–1

（3）上坡快跑（阻力冲刺）

动作功能：提高跑动时的迈步幅度。

技术要点：

- 在斜坡底部以站立姿势起跑
- 用正确的姿势上坡快跑 30~50 米
- 反复练习，完成规定次数

注意：斜坡角度不要超过 7°，没有维持正确的技术，需要降低坡度。

（4）坐姿摆臂

动作功能：加快跑动时的手臂摆动速度，优化动力链传递。

技术要点：

- 双腿伸直坐下，躯干挺拔，想象头顶可以触碰天花板
- 双手五指张开，曲肘 90°，做好起跑摆臂姿势
- 双臂平行前后快速摆动，想象自己可以飞离地面
- 重复练习，完成规定次数

注意：双臂摆动时保持上身挺直（图 6-2）。

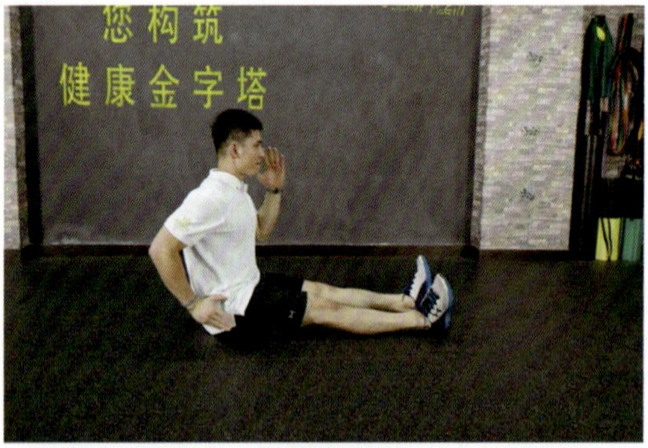

图 6-2

（5）扶墙摆动

动作功能：强化四肢协调能力，优化动力链传递。

技术要点：

- 一侧手扶墙站立，身体挺直，略微向墙面倾斜
- 同侧屈膝屈髋 90°，对侧手臂屈肘呈 90°，进行前后摆动
- 重复练习，完成规定次数

注意：动作过程中保持腹部绷紧，躯干稳定，不要晃动（图 6-3）。

图 6-3

2. 动作敏捷训练

敏捷性，是爆发性改变方向、速度的能力和技能。敏捷性是其他各项能力的基础，如爆发性启动、加速、变向和重新加速，同时还可保持对身体的控制及速度损失最小化。可以这样理解：

- 良好的敏捷性，是抛投、摆动、击打时的精确性和爆发力
- 良好的敏捷性，是跑、跳、内切时的迅速加速、减速、变向
- 快速、有效的运动，强调的是运动的时机和协调
- 放松、时机和协调更能提升人运动时的爆发力，而不是更用力、更大力带来的运动的爆发力

敏捷性训练：

（1）卡里奥卡舞步练习

动作功能：提高动作敏捷性，改善身体移动能力和动觉意识。

技术要点：

- 运动基本姿站立，右腿与左腿交叉侧向移动
- 然后迈出左脚，与右腿交叉，位于右腿后面
- 连续重复以上动作，完成规定距离

注意：身体挺直，手臂随下肢摆动，保持动作的连贯性与流畅性。

（2）绳梯练习

动作功能：提高脚步快速移动能力、身体控制能力和动觉意识。

A.“之”字形移动

技术要点（按图中数字序号所示脚步移动）：

- 练习者站在第一个绳梯右侧
- 左脚迈入第一个绳梯，然后右脚也迈入这个绳梯
- 接着左脚迈出到绳梯左侧，然后右脚迈入第二个格子
- 随后左脚也迈入第二个绳梯，最后右脚迈到绳梯右侧
- 连续重复以上动作至绳梯的另一端

注意：保持动作的连贯性与流畅性（图 6-4）。

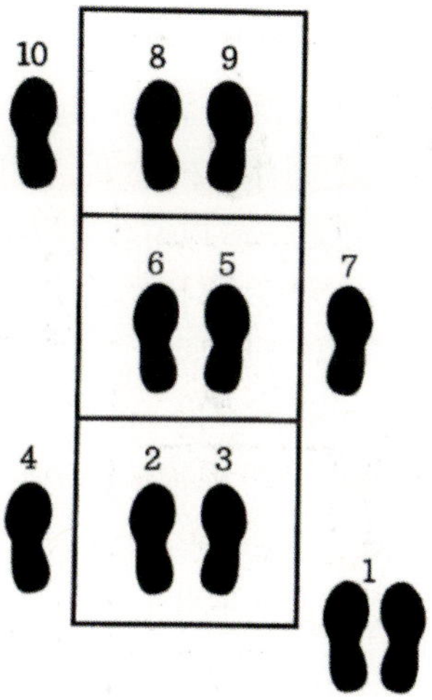

图 6-4

B. 阿里步

技术要点（按图中数字序号所示脚步移动）：

■ 练习者面向绳梯一端，站在第一个格子前

■ 练习者左脚跳进第一个格子，右脚侧向移动

■ 左脚交叉再次跳跃，右脚跳入第二个格子，左脚移到第二个格子前

■ 连续重复以上动作至绳梯的另一端

注意：保持动作的连贯性与流畅性（图 6–5）。

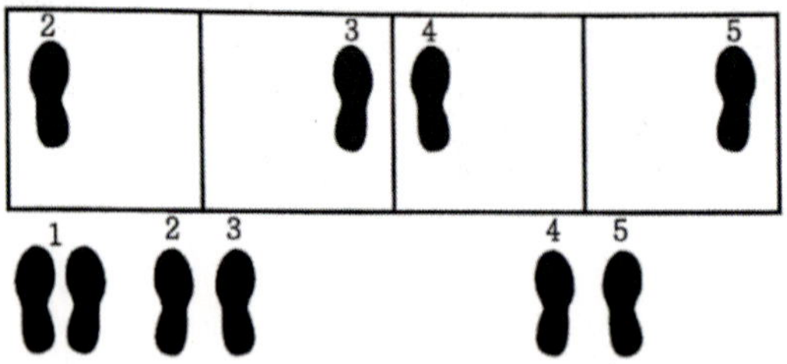

图 6–5

3. 反应灵敏训练

（1）落球冲刺

动作功能：提高身体对视觉刺激的快速反应能力。

技术要点：

■ 同伴距离 5 米左右，手臂伸向一侧，与肩同高，手持一小球，随时准备松手

■ 训练者呈站立起跑姿势

■ 同伴随机松手，训练者冲刺并在球 2 次落地弹起之前抓住

注意：应以好的姿势抓住球，不能以扑向球来弥补反应。

（2）起身快跑

动作功能：提高对听觉刺激的快速反应能力。

技术要点：

■ 将 6 个锥形桶放成 2 列，桶距 10 米左右

■ 每列第一个桶标号为 1，中间为 2，最后一个为 3

■ 训练者俯卧趴在两个锥桶之间

■ 当听到同伴喊出数字后，快速起身跑到相应锥形桶旁并成俯卧撑姿势

■ 重复练习，完成规定次数

注意：不要扑向锥形桶。

（3）影子练习

二、增强式训练

（1）站姿胸前传药球

动作功能：提高上肢的功率输出能力，发展上肢的力量与爆发力。

技术要点：

- 直立站姿，离墙约两臂的距离，双脚打开与肩同宽，双手持药球于胸前
- 准备抛出药球时，手持药球，使药球靠近身体，然后尽力将药球快速从胸前推出，砸向墙壁
- 药球回弹时，抓住药球
- 重复练习，完成规定次数

注意：动作过程中保持腹部绷紧，腰背挺直，强度随药球重量增加而增加，开始时重量以 1 千克为宜（图 6-6a、图 6-6b）。

图 6-6a

图 6-6b

（2）跳箱双腿跳

动作功能：提高上肢的功率输出能力，发展上肢的力量与爆发力。

技术要点：

- 面对跳箱运动基本姿站立
- 双手快速向上摆动，通过快速摆臂增加动力
- 同时带动身体快速伸膝伸髋，双脚蹬地，跳上跳箱
- 跳上跳箱时，屈膝屈髋落地缓冲，同时双手快速后摆至髋部，释放能量
- 结束时呈运动基本姿势
- 反复练习，完成规定次数

注意：动作过程中保持腹部绷紧，腰背挺直，起跳与落地时注意膝关节不要内扣，胸部在膝关节正上方（图 6-7a、图 6-7b、图 6-7c、图 6-7d、图 6-7e、图 6-7f）。

图 6-7a

图 6-7b

图 6-7c

图 6-7d

图 6-7e

图 6-7f

（3）深跳

动作功能：提高上肢的功率输出能力，发展上肢的力量与爆发力。

技术要点：

- 自然站立于跳箱上
- 向前迈脚，自然下落，双脚着地，屈膝屈髋落地缓冲，同时双手快速后摆至髋部，释放能量，做好起跳准备
- 双手快速向上摆动，通过快速摆臂增加动力
- 同时带动身体快速伸膝伸髋，双脚蹬地，尽力向上跳起
- 结束时屈膝屈髋落地缓冲，同时双手快速后摆至髋部，释放能量，呈运动姿势
- 反复练习，完成规定次数

注意：动作过程中保持腹部绷紧，腰背挺直，起跳与落地时注意膝关节不要内扣，胸部在膝关节正上方，跳到地面时尽可能快地再次起跳，减少与地面的接触时间（图 6–8a、图 6–8b、图 6–8c、图 6–8d、图 6–8e）。

图 6–8a

图 6–8b

图 6–8c

图 6-8d

图 6-8e

第二节 神经表现训练

神经表现是研究和操练如何改善脑功能，以提高运动表现。若想运动表现好，脑的功能状态必须处在高水平。

神经表现的主线就是：你是由你的大脑决定的：

- 你的生命中所感、所做的所有事情都来源于脑功能
- 在最基础的层面上，你大脑错综复杂的点火速度和类型决定你是谁，更重要的是，决定你将成为什么样的运动员
- 人的所有改变都代表那个人的神经系统的变化
- 我们所拥有的一切特征都是由大脑决定的
- 每种形式的训练的最终结果，都是我们是否改善脑功能的反映
- 从疼痛到较高的运动表现，你身体经历的一切事情都是你的大脑运转方式导致的直接结果

人的神经系统应有 3 个系统为我们在环境中指引方向。这 3 个神经系统及其层级是：

- 一级——视觉
- 二级——前庭系统
- 三级——本体感觉

一、视觉

人感觉信息的 80% 来自视觉，“看”这个动作包含大脑加工和理解视觉信息。景象是信息，视觉是信息加工。

视觉技巧对人来说习以为常，但是大脑却把它当作认识、理解环境最重要的感知手段。现在我们知道视觉对运动表现至关重要，视觉缺陷会影响下一级系统，进而影响运动表现。

二、前庭系统

前庭系统在运动表现方面也发挥着重要作用，包含一些最快速的反射。视觉和平衡一起工作，而前庭系统是用来保持运动中的清晰视觉，所以平衡功能也依赖前庭系统。甚至前庭系统感到的一小点不一致都会影响运动表现。

三、本体感觉

关节灵活性出色的运动员较少受伤、肌肉恢复较快，即使在高速运动中动作效率也较高、肌肉也较少疲劳和疼痛、身体感知也更好、力量也更大。如果没有关节的灵活性，关节周围附着的肌肉就谈不上柔韧性。关节动作必须锻炼正确，以确保高效的关节活动度，最大程度发挥肌肉的速度和力量潜能。特殊的关节活动度训练可以消除损伤部位的疼痛，甚至是旧伤。身体的训练只能增加本体感觉，旧伤如果没有完全恢复正常的组织结构，通常会影响本体感觉。

一定要记住这个层级结构：视觉缺失影响前庭系统，前庭系统的缺失又会影响本体感觉，最经常的情况是视觉或者前庭的错误被视而不见，直到影响本体感觉，直到发生有疼痛感的损伤。身体的每个问题都是脑袋的问题。

所以要想最大限度地发挥每个运动员的潜力，必须训练这 3 个系统，而且是以整合的方式训练。脑具有可塑性意思是说脑可以改变、适应和学习，你感到身体的所有变化也会在脑袋中发生某种程度的变化。

建造一个好基础，可以更好地发挥已有的运动功能：

- 大脑的信息清晰、准确、快速——速度、力量、决策、运动的特别技巧、敏捷性、视觉、动作的流畅性等所有的一切都会达到一个新高峰

- 研究疼痛和损伤复发，直达问题的根源是运动员康复的精髓，例如，如果没有认识到腘绳肌紧张或者损伤复发的根源可能是小脑的传入信息下降，那么物理康复做得再好，可能腘绳肌损伤也会经常复发
- 小脑激发信号不良可以导致
  - ◎ 同侧伸肌力弱
  - ◎ 踝关节不稳
  - ◎ 活动时，颈部、背部咔咔响
  - ◎ 轻微活动可能就会让背部问题复发
  - ◎ 梨状肌综合征
  - ◎ 头部不稳可能影响视觉和前庭系统的功能
  - ◎ 圆肩，股四头肌紧，腰大肌紧，髋关节伸展差

以上这些问题都有脑源性的根源，当然也有力学和结构上的问题，要拨开这些外表的现象，挖出本质，才能帮助运动员发挥他们的运动潜能。

你的脑袋控制一切，现在每个人都热衷于讨论硬拉的技术、深蹲是否让人跑得快等。如果你拥有最好的医生、教练、治疗师、营养师、心理咨询师、力量训练师等，那当然好，但是你的脑袋起什么作用呢？如果你的大脑不理解所从事的运动、所做的动作的原理和理想的运动表现需要什么东西，那么大脑做事就会很随意。

不是说损伤后做物理康复没有用。但是，造成损伤的原因是什么？创可贴（即暂时、简单、权宜的治疗）又是什么？损伤反复发生一定有一个原因，可能你还不知道是什么。脑袋里造成损伤的问题根源没有解决，那损伤怎么能治疗好呢？大脑皮质、脑桥延髓网状结构有问题，可能会造成以下伤病：

- 肩袖撞击或者肌腱炎
- 胸廓出口综合征
- 网球肘，高尔夫肘
- 正中神经、尺神经、桡神经卡压
- 梨状肌综合征（臀肌紧张或者臀肌力弱）
- 腓总神经病变
- 跖筋膜炎
- 囊肿
- 髂胫束综合征，大转子滑囊炎
- 髌股关节疼痛综合征 （PFPS）
- 头向左或者向右倾斜

■ 脊柱姿势异常，脊柱侧凸

请看：

■ 如果额叶有缺陷，那么这个人的眼部动作就不精确，他的决策就会很差，动作输出下降，他的感觉——运动整合也不会理想

■ 如果顶叶功能不好，那么这个人的损伤可能会复发，空间、位置觉下降，动作输出也会下降

■ 如果顶叶和额叶之间的信号沟通不佳，那么这个人很难达到神经的最大效率

■ 如果额叶有缺陷，这个人的记忆、声音加工就会出现问题，他的运动项目是靠声音发令的那麻烦就大了，运动场上的交流也会很困难

■ 如果小脑不理想，就会影响精确平衡和协调，也会有伸肌相关的问题

■ 小脑是运动表现的主要整合者。小脑虽然只占脑容量的 10%，却包含 50% 以上的脑神经元，是运动枢纽

◎ 你最近针对小脑做了特别训练了吗？没有

我们的身体就是为了生存而建造的。我们的大脑需要视觉和前庭系统传入精确的信息，问题是多数情况下它们并没有得到精确的信息。

你有多少次为你的运动项目去专门、精确地训练你的前庭系统？没有！没有针对性的、特别的训练。

视觉和前庭系统传入的信息级别特别高。为取得较好的运动表现，专门、精确地训练视觉和前庭系统非常重要，因为经过良好训练的视觉和前庭系统传入的信息更值得信赖，是精确的，传入得较快，并且前庭系统通路用得越多，与其相关的通路就越强大。这时候，你运动起来可能会感到更容易，更顺畅，甚至更快，好像时间变慢了一样。你看东西更快，你的平衡就更好。这时你可能会描述为“进入状态”。你一遍又一遍训练大脑加工信息的能力，大脑越来越熟练，这样你就有更多时间、更快地加工所有信息。

对所有运动员都至关重要的视觉需要：

■ 凝视

■ 视觉耐力

■ 会聚

■ 视觉运动技能

■ 动态视觉敏锐度

■ 眼手协调

■ 扫视

- 静态和动态的深度觉
- 中心和周围感知对比
- 目标大小感知
- 视觉记忆
- 追踪
- 适应
- 眼脚协调

神经表现可以让我们应用神经系统的知识建立系统性的测试流程，为用户制订一个蓝图，感觉他们的特殊需要进行训练。理解神经表现的关键是：

- 神经系统控制任何事情
- 所有的问题都是脑的问题

只有很少的人能够采用以大脑为基础的方式来理解训练和康复：

- 大脑是统治、主宰系统
- 没有大脑你什么都不是
- 所有事情都需要整合
- 需要特别训练和悉心照料
- 如果你想表现醒目，这些通路必须醒目
- 你是怎么理解你的身体如何运作的？该换换脑筋，升级你的理解方式了
- 大脑是你所有运动表现的基础

请记住：运动员需要恢复，训练固然重要，但超过身体极限的训练非常有害。

四、快速反应训练

运动员需要跟踪物体，尽可能快速和准确地对物体做出反应。团体运动的运动员需要同时跟踪多个目标，并且要预测下一个动作。阅读比赛就是预判，不是来源于经验，而是来自准确、速度、跟踪、反应和把握时机。

五、练习准确击中移动的小目标

- 运动员都需要对几个目标做出反应，而且每次都需要准确
- 这个技术训练得越好，面对压力时就越放松
- 快速反应和快速放松非常重要

◎ 速度取决于收缩和放松的能力

◎ 张力过大只能让运动员速度慢下来

■ 感知深度对准确性影响非常大

◎ 如果一只眼睛偏了一点，偏离目标角度越大，眼睛偏得越多

◎ 任何不对称都会导致脑的抑制，再导致准确度不足

◎ 眼手协调的影响，意思是运动员需要更长的时间加工目标在哪、距离多远，移动目标就更难了

◎ 会聚可以用来测试和训练两只眼睛一起工作，训练两只眼睛一起运动、聚焦到与眼睛距离不断变化的珠子，增强眼睛和大脑正确判断距离和速度的能力，可以提高对目标反应的准确性

■ 训练手的快速反应和移动反应

◎ 单独一只手

◎ 双手交替

◎ 双手平均使用，常见错误是每天 70% 的时间使用优势手

■ 训练手的快速反应和移动反应

◎ 一只眼睛盖起来

◎ 交替眼睛

◎ 两只眼睛比赛

△ 反应时间

△ 准确性

六、解剖知识

脑桥延髓网状结构（PMRF）。

■ 抑制同侧肢体的疼痛

■ 自调系统，控制同侧肢体的交感神经活动，意思是心率、血压和体温能够被升高，出汗增多，只是升高多少的问题

■ 姿势，抑制同侧身体前面胸 6 以上的肌肉，抑制同侧身体后面胸 6 以下的肌肉

■ 肌肉张力，与同侧小脑合作共同决定大肌肉的张力

如果 PMRF 出现问题就会有以下影响：

■ 引起交感神经兴奋——心率增快、血压升高、出汗增多

■ 这对运动表现不是好消息，恢复、睡眠、食欲和消化都会变差，过度训练综合

征，损伤就更不用说了

- 大脑决定你所有肌肉的张力，它决定肌肉的激活程度保证不损伤你，它总是宁愿犯谨慎之错，也绝不敢让你冒受伤之险。大脑决定什么对你最安全，然后再激活或者抑制多少肌肉。我们的身体就是为了生存而建造的
- 肌肉的能力远远大于大脑允许它们做的，相当于在油门底下加了一块砖——大脑不让肌肉做太多
- PMRF 出现问题不仅导致油门底下加一块砖的问题，也因此导致生物力学问题
  - ◎ 所控制的肌肉的驱动信号发生变化
  - ◎ 肌肉的激活和抑制不平衡，则肌肉就没有理想的神经驱动信号
  - ◎ 交感神经功能升高
  - ◎ 大脑的整合能力不佳
  - ◎ 容易发生损伤
    - △ 经常受伤
    - △ 总是同一侧
    - △ 同侧的脚、膝、腘绳肌的伤痛总是反反复复
- 如果总是受伤，训练进步缓慢，疲劳挥之不去，等等，这时候应该考虑一下脑环路了

七、大脑皮质分区

（一）额叶

- 负责计划和执行动作，对运动员非常重要
- 控制姿势
- 整合来自视觉、前庭系统的信息
- 决策是否通过及怎么样运动
- 眼球扫视运动——把眼睛从一个物体移到另一个物体

（二）顶叶

- 接受、加工、整合感觉信息
- 身体在空间的位置感

（三）颞叶

- 理解、整合声音信号
- 高水平的视觉加工

（四）枕叶

- 主要的视觉皮层

小脑的五大功能：

- 保持平衡和姿势
- 协调自主动作
- 动作学习，即学习新动作
- 认知功能，即思考和理解
- 可以归纳为精确、平衡和协调

如果这些功能存在任何缺陷，都会极其严重地影响运动表现。以深蹲为例，如果在你脑环路中的信息不理想，那么与深蹲相关的所有东西都不会理想。

第三节 预防运动损伤

> “我只想知道将来我会死在什么地方，这样我就不去那儿了。” ——谚语
>
> “因为我总能够防患未然，尤其是勤做伸展，我从来没有受到过伤痛的困扰。”
>
> ——Edwin Moses

不管是运动爱好者还是职业运动员，运动损伤都是他们不愿意看到的，但是损伤又与运动如影随形。减少运动损伤风险，可以注意以下几个方面：

- 循序渐进构建整体健康金字塔，让你配得上健康和冠军，远离伤痛
  - ◎ 建立正确的思维模式，养成良好的生活习惯，为身体供应健康的饮食和充足的氧气
  - ◎ 合理地治疗伤病，消除疼痛，塑造和保持符合生物力学的体态
  - ◎ 身体动力链顺畅和强韧，动作流畅
  - ◎ 科学的运动功能训练，让身体像猎豹一样协调、灵动和有力量

◎ 运动表现训练挑战身体的极限，爆发力、速度和能量为技战术提供坚实的基础

■ 物理康复和运动康复，解除伤痛、复原健康

◎ 改善动力链，临近关节没有“坏邻居”

◎ 去除代偿

◎ 加强运动控制、平衡能力和协调性

■ 预防损伤的训练，Gray Cook 认为运动损伤的主要原因不是肌肉力量不足或者过于紧绷，而是不平衡

◎ 平衡性有 3 层含义

△ 身体做动作时，左右对称

△ 稳定性——运动控制好

△ 身体的灵活性和稳定性之间平衡——平衡身体的灵活性和稳定性是康复和运动表现的基本要素之一

◎ 他推崇的 4 个训练可以训练全身的平衡性和稳定性，可以有效地预防运动损伤

△ 下劈和上拉

△ 土耳其起立

△ 双手单腿硬拉

△ 对侧单腿硬拉

■ 克服疲劳，保证有良好的休息，杜绝疲劳的危害

◎ 降低身体的感知力

◎ 影响反应时间和协调性

◎ 导致代偿——明显降低效率，显著增加身体的应力

■ 培养阅读比赛的能力

◎ 将自身条件和能力边界与运动环境、运动成绩的预期相匹配

◎ 快速判断：不能控制的恶劣环境，不能接的球——路线太过刁钻，位置太远

◎ 泰德·威廉姆斯的 77 格击球区的启示：泰德·威廉姆斯是 70 年来唯一一位单赛季打出 400 个安打的棒球运动员，他的成功秘诀是，把击球区划分为 77 个棒球那么大的格子，只有球落在最佳格子时，他才挥棒击球，否则他宁可三振出局。这样他不但拥有最高的击球成功率，而且能够非常舒适地击球，从而大大降低受伤的风险

举例：膝关节前交叉韧带损伤的预防

膝关节前交叉韧带损伤是常见的运动损伤，会给伤者带来身体、情绪和经济上的巨大负担。其实这种损伤大部分（50%~70%）是可以预防的。

膝关节前交叉韧带断裂的危险因素：

- 韧带横截面积较小
- 跳起落地时膝关节承受了 3 倍以上体重的应力，在短时间内反复受到这种负荷的冲击，就容易疲劳断裂
- 尤其是在以踝关节为支点小腿旋转、膝关节内收的时候
- 髋关节和膝关节肌肉无力，膝关节位置不正
- 女性的危险性比男性高 8 倍

膝关节前交叉韧带损伤的预防：

- 整体健康金字塔是预防所有运动损伤的路线图
- 神经肌肉训练计划改善力量、柔韧性、控制能力、平衡能力和协调能力等一系列运动训练，可以改善上面提到的问题（即膝关节前交叉韧带损伤的危险因素）
- 重要的是制订和实施针对项目运动的训练计划
- 这些训练可以作为热身训练的一部分
- 赛前每周 2 次的加强训练

第七章

整体健康金字塔第六层

——职业运动彰显生命的荣耀

第一节　技战术训练

本书主要目的是构建一套完整的适用于所有人的健康管理体系，技战术并不是本书的重点，也超过了作者的知识和经验。但是，作者有几个观察：

■ 运动技术要以健康为基础，没有健康什么都没有

■ 运动技术应该建立在良好的身体素质之上。一座金字塔由良好的生活习惯和身体素质作为基座和塔身，塔顶是运动技术

■ 战术要以技术为基础，没有技术的战术是无源之水、无本之木

■ 年轻运动员的培养过程中，最好的着眼点是乐趣、身体素质和技术，不要过早加入战术。身体素质和技术可以塑造“运动常青树”，过早使用“田忌赛马”的战术追求比赛的胜利，可能会错过锤炼技术的黄金期

第二节　教练养成训练

运动员接受教练的素养和视野训练，有助于理解训练的精髓、培养阅读比赛的能力。

第八章

整体健康金字塔理论应用

第一节　日常活动是健康快乐的根系

“饥来吃饭倦来眠，只此修行玄更玄。说与世人浑不信，却从身外觅神仙。”

——王阳明

“夫色之变化，以应四时之脉，此上帝之所贵，以合于神明也，所以远死而近生。生道以长，命曰圣王。”

——《黄帝内经·素问》

从早晨起床到晚上上床，合理安排一天的活动是贯彻健康生活方式的主要形式。

一、睡眠及晨间活动

1. 作息规律，早晨睡到自然醒而不是闹钟叫醒

■ 早睡早起，使睡眠时间达到 7.5 个小时，即 5 个睡眠周期

■ 不要少于 5 个小时或者多于 9 个小时

2. 睡醒后在床上拉伸，尽情地“伸懒腰”（图 8–1）

3. 起床的动作模式：翻身，侧卧，然后双手撑床面起床。不要从仰卧姿势起床，也不要“鲤鱼打挺”式起床

4. 喝一杯水

清晨起床后的第一件事是喝一杯 500mL 温水，有几个好处：

■ 稀释血液，一夜睡眠后血液变得黏稠

■ 增强肠道蠕动利于排便，促进清扫体内垃圾

图 8–1

5. 90° /90° /90° 旋转（图 8-2a、图 8-2b）

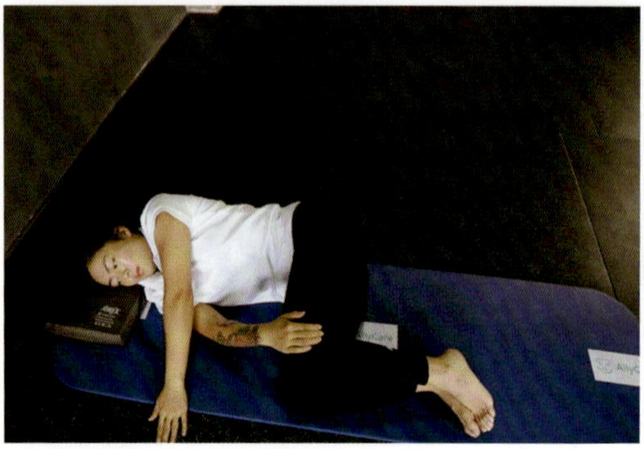

图 8-2a

图 8-2b

6. 核心激活

7. 臀肌激活

二、白天办公室

1. 坐的要领

坐姿的重要性不能低估，直接和生活质量相关。

不良姿势包括：

- 懒散式下垂，双肩向前佝偻
- 驼背、脖子前探，紧盯显示屏

如果不重视坐姿，长期坐姿不良，可能有一天你会突然发现：

- 颈肩部皮肤下有疼痛的小结节
- 产生肌肉问题，如僵硬、不灵活、疼痛等
- 慢性疼痛
  - ◎ 腰痛
  - ◎ 颈部、上背部疼痛
  - ◎ 肩部疼痛
  - ◎ 手臂的放射痛
- 头前引、驼背等畸形的发生

怎么样改善我们的坐姿呢？

- 注意力线和工作台（桌椅）的功效学
  - ◎ 座椅支撑稳固、高度可调

◎ 电脑显示器与眼睛同高

◎ 伸手，手指可以触到显示器，这时眼睛与显示器的距离比较合适

◎ 显示器要在眼睛的正前方

■ 头背部挺直，下颌稍微后收，眼睛目视前方

■ 手臂舒服地放在身体两侧，或者放在膝盖上

■ 胸部稍往上挺，两边的肩关节放松、后拉

■ 腰部稍稍后伸

■ 腹肌收紧，向下拉肋骨缘、向上提骨盆

■ 膝关节屈曲 90° ，自然放置

■ 上半身重量平均分布在两侧坐骨上

■ 尾骨上提，身体进一步拉直

■ 时常训练几次呼吸

身体最受不了保持一个姿势太长时间，每一个姿势都会经常收缩一组肌肉，会造成肌肉不平衡乃至疼痛。因此坐上最多一个小时就要站起来活动一下。

2. 白天要经常关注、训练呼吸

■ 缓慢、深沉呼吸，呼气要充分

◎ 不管身体处在什么姿势，吸气时完全充满胸腔，向下经过腹腔，直到充满盆底

◎ 在站立、蹲下、坐下和躺下不同体位时，练习缓慢、深沉吸气，注意充满从锁骨一直到骨盆底的所有空间，这样自然会增加你的吸气时间

◎ 然后完全、充分呼气，正如吸气时把所有空腔填满一样，呼气时把所有空腔排空

◎ 有力、完全的呼气后，深吸气就很容易了

3. 办公族工间操，可以从下面一些动作中选做

■ 按压两个穴位缓解颈椎疼

◎ 风池穴，位于后颈部，枕骨下两条大筋外缘凹陷中，与耳垂齐平。低头伏案后按揉 5 分钟，可以改善脑部血液循环，消除头晕、头闷等症状

◎ 肩井穴，在乳头正上方与肩线的交接处，用食指和中指并拢按揉，可放松颈椎

■ 头部左右转 10 次，然后左右摆后仰、前屈 10 次（图 8–3a、图 8–3b、图 8–3c、图 8–3d）

■ 收下巴阻力训练

■ 靠墙天使稳定肩胛骨训练

■ 肩关节后拉 10 次，耸肩 10 次

图 8-3a

图 8-3b

图 8-3c

图 8-3d

■ 手臂屈伸 10 次

■ 做几个深蹲

■ 螺旋拉伸

螺旋拉伸是一种特殊的运动，包括肌肉拉伸和力量训练，可以刺激血液循环，改善关节的灵活性和协调性。办公桌前久坐的人，如果不注意锻炼，时间长了就会丧失脊柱和髋关节的灵活性，出现头前引、圆肩、重心前移，为维持直立姿势骨盆要费很大的力。为您推荐下面 3 个动作，做之前和做的过程中如果感到疼痛就不要做了。

◎ 找到你的坐骨。找到平衡的更加挺拔的坐姿：坐在稳固的椅子上，双脚放在地上，与髋同宽；双手手掌向上放在坐骨下，看看左右手是不是一侧比另一侧压得重；感觉双手受压一样，找到平衡的姿势。（图 8–4）

◎ “8”字坐姿。放松骨盆、髋关节和腰背，轻柔拉伸髋关节和腰背，改善坐姿和平衡，这对整天坐在办公桌前的人来说尤其重要。保持脊柱中立位，先前倾躯干，感到坐骨和大腿的前方受力较多；然后把体重转移到右侧坐骨，再转到右后侧坐骨或者右侧臀部肌肉上；接着，让体重回到中心，在左侧重

图 8-4

图 8-5

复。在每个坐骨都画一个圆，两侧就形成一个“8”。（图 8-5）

◎ 座椅上活动脊柱，改善脊柱的灵活性：

△ 拱起 / 卷曲：保持前面的坐姿，向天花板拉起胸部，向前张开手掌，分别向左、向右拱起脊柱；回到中立位，收回下巴，从上背部到下背部卷曲；再回到中立位，向头顶拉长脊柱并保持，收紧腹横肌避免脊柱压缩、驼背或者塌陷。重复 5 次

△ 侧拱：脊柱中立位，手臂放在两侧；缓慢地向左侧弯曲脊柱，手掌向前，不要挤压左侧而是想象左侧弯曲同时也拉长并保持髋关节的间隙；回到中立位，右侧重复。重复 5 次（图 8-6、图 8-7）

图 8-6

图 8-7

△ 螺旋旋转：脊柱中立位，向左侧旋转身体，强调旋转发生在胸廓；回到中立位，换成右侧重复。重复 5 次（图 8-8、图 8-9）

△ 波浪运动：脊柱中立位，双脚分开比髋稍宽；拉起脊柱形成侧突，然后缓慢弯向髋关节，一旦贴近大腿，就开始收起尾骨，弯曲下背部，想象弯曲从背部最下端开始，然后以收下巴结束，像波浪一样，感觉奇妙（图

8-10、图 8-11）

图 8-8

图 8-9

图 8-10

图 8-11

三、下班之后

1. 下班后做拉伸或者运动健身
2. 晚上睡前

■ 放松性拉伸或者恢复性瑜伽

■ 打坐，冥想，回顾一天，安顿心灵

■ 读书到自然困

第二节 5D 健康，五维而治

"没有任何单一的疗法或补充品能完成这一切，人们必须将整个身心奉献出来，对自己的健康负起完全的责任，时时刻刻以觉醒的方式，在生活中实现改变自己的承诺。"

——杨定一

"你必须知道重要学科的重要理论，并且经常使用他们——要全部用上，而不只是用几种。大多数人只使用学过的一个学科的思维模型，比如经济学，试图用一种方法来解决所有问题。你知道谚语是怎么说的：'在手里拿着铁锤的人看来，世界就像一颗钉子。'这是处理问题的一种笨办法。"

——查理·芒格

整体健康包括心灵、精神、心理、身体和智力五个维度的健康，为达到全面的健康，也需要从这五个维度去维护去呵护，即五维而治。

一、心灵健康

有人说："无心只是活着，用心才是生活。"

追求真正的健康，完成人生使命，拥有一颗大心脏是必需的。开朗、同理心、宽阔的心胸，可以让你应对人生道路上的很多艰难困苦，让生命和人性闪亮。有人说过，打开的心胸是一颗充满怜悯的心，而怜悯和慈悲是宇宙中最强的统一力量，可以帮助恢复身心的秩序和人体的低熵状态。

（1）感恩

- 首先要感恩父母亲的养育——为我们付出的爱心、精力、青春、时间、金钱
- 感恩师长的培养，感恩雪中送炭、慧眼识才的恩人，也感谢锦上添花的好人
- 感恩给你造成苦恼、麻烦、阻力的人，是他们让你更加茁壮成长，激发你的潜力，让你变得强大。"跟我们角力的人能培养我们的胆识，磨砺我们的技巧，敌人就是我们的好帮手。"

（2）慈悲

- 是人类能够产生的最强共鸣的感受

■ 你的话语可以压抑、伤害、羞辱一个人，也可以解放、启迪一个人，你应该怎么样用好你的语言？

（3）宽恕

■ 宽恕不但改善心理健康，也会有助身体健康

■ 有人伤害你，尽快完全宽恕他，不要带着心理和情绪的包袱前行

（4）对美好感动

■ 生活中不缺少美，需要你去发现

（5）敞开心扉

■ 参与，不要莫名地排斥你不了解的东西

■ 迎接各种机会和挑战

二、精神健康

每个人要想活得健康、有活力，人生过得精彩，就需要寻找并践行一个有目的、有意义的生活方式，直到发现自己的人生使命即天命。人生使命是一个人在世界上生活工作的统领，赋予生命的意义。

人的精神就是一个人的灵魂，人没有灵魂就是行尸走肉。人在回答了“我从哪里来”和“我是谁”之后，找到了“我往哪里去”的答案就是人生使命。

人生使命一般在50岁发现，即孔子所谓的“五十而知天命”，是对自己50年人生感悟的总结，比较恒定，不会轻易改变。在发现人生使命之前，要给人生和生活找一个意义和目标，根据人生阶段和经验的不同，这个意义和目标也会不断调整。

在发现生命的意义和使命的过程中，格局和视野非常重要。要做自己的主人，避免两个陷阱：

■ 社会奖赏的诱惑及社会架构和阶梯的绑架。困惑时要问自己：必须要晋升局长、当上博导才能实现你的人生使命吗？

■ 基因的操纵。进食的快乐和异性的吸引都是基因在暗地里的布局，人很容易中招。“我们对生活有种种期许，却从未真正生活过。”艾默生这样说

你能够成功避免上面两个陷阱，你就在精神上获得了自由，接着把你的格局——所想和所做，放大10倍。

大多数人甚至是“世界级的人物”都不会把自己的人生操作系统放大10倍。事实上，如果你把自己的思维和信念放大10倍，你可以超过任何人。正如Dan Sullivan（丹・苏利文）所说“把你的想法放大10倍，会自动带你跳出现在的障碍和限制所形

成的牢笼。”会把你拉离正在困扰多数人的难题，为你打开一片崭新的天地，充满无限可能。如果你把年薪目标10万改成100万，你被迫要在另外一套操作系统上运行，有条不紊和传统方式是行不通的，你必须建立在勇敢、创造性之上，必须聪明地工作。

问题是：你愿意完成大事业吗？你愿意坐下来把思维放大10倍、潜心研究自己的思维过程、敞开自己并相信完全不同的可能性，而不是仅仅娱乐自己一两秒钟，而后又回到原来的常规思维模式吗？你能够说服自己拥有10倍的潜能吗？你愿意让心理跃升到另外一个境界，相信整个宇宙都会帮助你得偿所愿吗？

在你体验10倍的想法之前，确实很难揣测。但是你一旦体验了，可能会认识到这个大胆的想法不但可能，甚至还可能保守了。如果你的想法足够大，并且愿意匹配同样足够勇敢和智慧的行动，其实看起来这个大想法可能并没有那么疯狂。

所有的工具和方法已经在这个世界上摆着呢，如果没有，去把它们造出来！很多人就是这样做呢。你没有借口，只是不真心想要，也就不愿意劳心劳力罢了。吉米·罗恩曾说过：“不要希望事情简单，容易完成，要希望自己更能干，更厉害。”

不要万事俱备再开始。多数人在等，他们相信只有拥有了足够的时间、金钱、关系和信誉才开始做事。他们一直在等待安全，这不是势不可当的那一类人。势不可当的那一类人，他们：

- 去年，就开始了
- 在5年前，甚至还不知道自己在做什么的时候就开始了
- 没有钱，就开始了
- 没有答案，就开始了
- 没有人相信他们的时候，就开始了
- 唯一的许可就是内心的声音，在驱动他们行动。然后，他们就行动了

从来也不会有人给你许可去实现你的梦想，如果你需要许可，很可能你不会行动。

没有人关心你的人生有多难，你是你自己人生故事的作者。开始创造你想看到的人生故事吧。

不管是人生意义还是人生使命，最好是简洁凝练的一句话。把这句话写在纸上，做成书签，放在包里、电脑桌面和心里，随处可见，随时提醒自己：

- 起床时，提醒自己今天生活的意义
- 工作时，提醒自己今天工作的意义
- 在遇到困难时，提醒自己人生的意义
- 我们生活工作所有的意义就是这句话

这句话可以在以下几个方面去挖掘和总结、提炼，下面提供了一些可供选择的

词语：

- 体形：精壮，体形好，性感
- 气质：阳光，自信，活力
- 功能：力量，耐力，柔韧性，速度
- 健康：身体健康，体适能好，没有疼痛，恢复能力好，长寿
- 精神：精力充沛，热情，安静，专注
- 家庭：孝悌，幸福，快乐，自由，满足，传承
- 工作：专注，高效，创新，沟通，伟业
- 学习：开放，尝试，挑战，目标，跨界
- 人际关系：参与，联系，承诺，责任感

例如，你可能选择了：身体健康，传承，伟业，开放。就可以凝聚成这样一句话：为了开创一番伟业和传承家族的荣耀，我要保持身体的健康，开放心态，不断学习。

正如罗曼·罗兰说的："世上只有一种英雄主义，就是在认清生活真相之后依然热爱生活。" 不要让生活的真相埋没你的热情，只有热爱生活，你才能发现人生的使命。

不管你的人生使命是什么，如果人生使命不能与天地万物形成共振，而是与自然环境、社会环境或者人际关系构成冲突，那么生命是无序的，人体熵增，就会引发很多所谓的生活方式性疾病（高血压、冠心病、糖尿病、痛风、抑郁症、慢性疼痛、癌症等）。

如果人与大自然和谐共存，把自己有限的生命融入自然，正如苏轼在《前赤壁赋》里所写的"惟江上之清风，与山间之明月，耳得之而为声，目遇之而成色，取之无禁，用之不竭，是造物者之无尽藏也，而吾与子之所共适"。在达到古代智者所说的"天人合一"时，生命的秩序井然，身体熵很低，那么这个生命一定是洒脱、快乐的，也是健康的。

精神是一个人的统领，负责建立内心秩序，外界讯息可以威胁意识中的目标和结构，导致内心失去秩序，这就是精神熵。

伤病的治疗也要遵循这一思路：

- 不要只治疗伤病的局部，恢复身体各个部位的和谐关系，重新让运动链顺畅，恢复人体与自然的共振
- 治疗手段只是药物、手术是不够

的，要身心一起治疗，恢复生命的秩序

■ 人和伤病是一体的，无法分开，很多时候为什么治好的伤病又复发？五维而治，在源头将病因连根拔除，让人体熵和精神熵恢复到一个很低的状态，达到身心的愉悦才是治疗的理想效果

三、心理健康

任何的生理疾病都与心理有关，心理状态好，低调、谦虚、平和，有助于身体方面伤病的恢复。人需要与周围的群体交流，并对群体或者环境做出贡献。

如何保持一直处于激励状态：

1. 保持积极心态

■ “与消极的思维相比，积极的思维能够让你做什么事情都会做得更好。”

——Zig Ziglar（金克拉）

■ “胜利者有一个习惯，在做任何事前先形成一个他们自己的积极的预期。”

——Brian Tracy（博恩・崔西）

■ 专注于当下

◎ 过去已经无法改变，但是专注于当下、最大限度地利用好现在却可以改变未来

◎ 当下最珍贵，不要让现在白白溜掉，减少使用手机、游戏机、电视等让你分心的东西

◎ 远离暴力、凶杀等负面新闻，免得自己陷入坏情绪

■ 给自己制定一个令人兴奋的目标

◎ 没有现实目标，生活会失去方向和意义

◎ 没有梦想，就没有令人激动的事情激励你去做、去行动

◎ 想象一下，实现你的目标可能会造福很多人

■ 忘掉过去

◎ 不要纠缠过去的错误，作为教训避免以后再犯同样错误即可

◎ 坦然接受过去的错误，不要造成负面影响

◎ 开始创造新的机会，面向未来

■ 正能量人的积极影响

◎ 有助于保持良好的情绪状态

◎ 周围有乐观的人也会让你乐观

◎ 尽量找机会和正能量的人相处，他们会启发你，让你情绪激昂

◎ 正能量的人每天都带着兴奋、乐观、激情和鼓舞往前冲

■ 让你充满活力和感受愉快的活动

◎ 在你的日常生活方式中加入至少一种令你快乐的活动或者爱好

◎ 丰盈你的灵魂，给你的精神充电，让你带着热心和快乐追逐你的愿景和梦想

◎ 有规律的运动就是非常好的活动，给你带来健康、活力、积极心态，还可以减轻压力，在面对困难时坚忍不拔

■ 一个新的视角

◎ 如果你过去受累于悲观情绪，现在要改变思维模式、视角和观点，积极思维会对你的生活产生巨大的积极影响

◎ 拥抱正能量的思维模式

◎ 要远离消极思维，更不要专注于生活中的负面事项

2. 保持专注

■ 设置每一天、每一周的优先项，从非常急迫和重要，到不急和不重要

◎ 节省时间

◎ 对最重要的事情保持专注

■ 激励模式

◎ 激励源可以让人保持高度专注和鼓舞

◎ 争取找到一位导师或者榜样，他的人生是你希望达到的

◎ 导师和榜样不一定是现实中的人，电影、书里的人物都可以

■ 组织、安排有序

◎ 你的各项任务安排有序，可以让你的日常生活达到最大效率

◎ 用一个组织有序的系统安排你的工作和生活，可以保持清晰的专注度

3. 管理情绪

在个人的社会交往中，要接受并管理自己的情绪。避免以下毁灭性情绪：

■ 极度的恐惧

◎ 恐惧是对身体影响最大的负面情绪

◎ 是时时刻刻的不安全感，是人成长的最大障碍

◎ 可怕的是，大多数人生活在恐惧中而不自知

大多数人人生最大的遗憾是没有拿出足够的时间跟所爱的人相处，第二大遗憾是恐惧阻止了他们。

不要让恐惧阻止你本应该成为的发明家、医生、企业家或者创业者。有多少人因为恐惧，对梦想绕道而行，却不敢追逐。有多少人宁愿躲在悲催的工作带来的可怜的

"舒适区"，也不敢冒险去追逐梦想，与实现梦想带来的欢乐和满足感绝缘。

大多数生活在恐惧中的人没有意识到克服恐惧其实就是做出一个选择。所有伟大的运动员都是踏着失败而登顶成功，发明家和创业家也一样，都是失败无数次后，才最终改变世界，功成名就。不要让恐惧扼杀了你的梦想！

再多的良性思维都没有用，克服恐惧的终极秘密只能是：

◎ 恐惧不能被掩盖、埋藏，只有迎面解决，否则还是要重来

◎ 拥抱恐惧。想好各种可能性，写下最坏的可能性，接受它并把它作为起点

◎ 定义恐惧。要了解自己，知道你为什么害怕，对自己诚实

◎ 质疑恐惧。问问自己：这个恐惧是好是坏？激发我的斗志还是让我瘫痪？是真的吗？

◎ 行动计划。制定一步一步地行动计划，实现目标。每一步都让你远离最坏的情况。在这个过程中允许自己犯错。不要害怕失败，总结教训、调整思路和方法，继续前进

◎ 采取行动。没有任何事情可以战胜行动，没有。行动可以抹去恐惧，按计划行事，并随时调整计划

■ 压力

◎ 有一项调查发现一般门诊中 75%~90% 的病痛是由压力引起的

◎ 压力导致的死亡率高于癌症、心脏病和吸烟造成的死亡率

◎ 另一方面，压力利用好了可以让自己保持警觉和积极主动

◎ 长期的压力有一个点火效应，如果处理不当会把整个身体烧掉，运动可以控制火势蔓延

压力可以使管道爆破，也可以制造钻石。不要害怕失败，很多人在地面上卑微地匍匐前行，因为这样不会摔疼。如果你选择飞翔，对你来说既没有天花板也没有地板，发生错误甚至失败时，不狡辩，不找借口，坦承责任，反思、调整后继续高飞。

在压力下，你应对得越好你就越成功。一个人经受的最好的锻炼就是心理锻炼。

不断努力提高自己的心理力量。乔希·维茨金说过："心理弹性大概是世界级玩家最关键的品质，而且应该不断地培养。在我能够自行其是的时候，我总是寻找方法让自己心理上固若金汤。在遇到不舒服的情况时，不是躲避而是与之和平相处。我的本能总是寻找挑战而不是回避挑战。"

自信心是一个人最大的财富，因为你的信心决定：

◎ 你能接受的挑战 / 目标的大小

◎ 你能够完成这些目标的可能性

◎ 你从失败中恢复得有多好

■ 愤怒

◎ 对使自己不满意的情景的一种本能反应

◎ 是促使我们说“不”的一种能量

◎ 可以让人失去理智，但是如果能够建设性地利用怒火，可以转变成一种改变世界的力量

■ 抑郁

◎ 和身体的炎症、血清素低有关系

◎ 运动刺激生成血清素和多巴胺，可以振奋情绪、抗抑郁

◎ 素食有助于减轻身体内的炎症、增加 B 族维生素，治疗抑郁

■ 焦虑

◎ 意识系统需要秩序，混乱无序会让人焦虑、烦躁

◎ 解决方法是降低人体熵和精神熵

■ 沮丧

◎ 发生什么事不重要，重要的是你对这件事的反应

◎ 训练自己对不良事件的反应，朝向有利于更好结果的方向

◎ 马可·奥勒留说：“外界事物令你痛苦并不是因为他们打扰你，而是源于你对他们的判断，而你有能力立刻消弭那种判断。”

■ 嫉妒

◎ 永远不要妒忌或者羡慕别人的成就

◎ 你与任何人都不一样，也没有任何一个人能完全复制你的成就

◎ 用你自己独特的能力、超级的能量去开创一番事业，这才是你应该做的

■ 偏执

◎ 过分地偏重于一边的执着。偏执往往容易把人生打成死结，伤害自己，也伤害他人

◎ 固执不同于偏执。适当的固执，体现的是原则美

毁灭性情绪对身体伤害很大，长期存在压力、忧虑等负面情绪会造成几个方面的身体损害：

■ 严重危害心脏的健康，这些负面的情绪导致心脏病的危险性比高胆固醇、抽烟、糖尿病等还高

■ 自主神经系统失调，会造成心脏、呼吸和消化等内脏功能的失常

■ 内分泌系统失调，对身体造成广泛的影响

◎ 心跳加速
◎ 肌肉紧张
◎ 免疫力下降
◎ 葡萄糖利用效率下降
◎ 加速骨质疏松
◎ 肌肉萎缩
◎ 皮肤老化加速
◎ 增加脂肪堆积，变胖
◎ 记忆力和学习能力下降
◎ 最后发生破坏力巨大的“lollapalooza 效应”，身体迅速垮掉，爆发大病

为避免毁灭性的情绪，要处理好理想与现实、个人与家庭、集体和社会的关系，成功的秘诀是调整认知、改进思维模式：

- 我们无法减少可能造成负面情绪的事情，我们的心胸、心态和认知、认识问题的角度却可以减少事情对我们情绪的影响
- 事情本身不会造成负面情绪和身体伤害，而我们对事物的不当反应和认知是导致毁灭性情绪的根源
- 建立正确的思维模式，像查理·芒格一样，尽量多地学习和积累跨专业的思维模式
  ◎ 具有宽广的视野、境界、格局
  ◎ 具有一眼就能看透事物本质的深度
  ◎ 清晰和迅速
  ◎ 冷静和理智
- 更加宽阔的视角去看待生命
- 宽容和善意让生命充满活力
- 利他和多赢的与人相处之道
- 强壮你的身体，增强抗压能力
- 运动可以治疗抑郁和焦虑
- 如同健身训练中的阻力、变化的条件可以让身体功能强大，生活和工作中的变数、困境正是我们成长进步的催化剂，在人生的逆境中学会有价值的东西就是做人的一部分
- 发现你的人生使命，去完成它，让人性闪耀
- 心理咨询师可以帮助你梳理自己的内心，在梳理和清晰化的过程中你就获得了

有序，得到了低熵状态，也就是拥有了高的能量品级

■ 静坐、打坐、修身养性

■ 冥想缓解压力、调整情绪， 掌握简单的冥想方法后就相当于你的身边有了一个治疗师

■ 打太极拳可以排遣抑郁

■ 体育活动不仅可以延缓衰老，还可以全面改善心理功能

■ 活到 100 多岁的人共同特点是处理压力的能力强

■ 调整呼吸

◎ 很多人用胸呼吸，只用了一半的肺

◎ 要用腹式呼吸，学会使用膈肌

△ 给肺脏吸入最大量的氧气

△ 增加血液、肌肉、大脑等各种组织的氧含量

△ 能量充沛，缓解紧张，精神专注，心里平静

4. 正确认识心理学倾向

查理·芒格总结了容易误导人的心理学倾向，正确认识这些心理学倾向让自己更有智慧：

■ 激励和惩罚超级反应倾向

◎ 激励机制是超级有用的

◎ 但是，由激励机制引起的偏见也非常普遍

■ 喜欢 / 热爱倾向

◎ 忽略热爱对象的缺点，爱屋及乌

◎ 为了爱而扭曲其他事实

◎ 偏爱那些能够让自己联想起热爱对象的人、物和行动

■ 讨厌 / 憎恨倾向

◎ 忽略讨厌对象的优点

◎ 为了仇恨而扭曲其他事实

◎ 讨厌那些能够让自己联想起热爱对象的人、物和行动

■ 避免不确定性倾向

◎ 人类天生就有一种尽快做决定、消除不确定性倾向

■ 避免不一致倾向

◎ 人类大脑不愿意做出改变

◎ 维持现状倾向

■ 好奇心倾向

◎ 哺乳动物天生具有好奇心，人类尤甚

◎ 最好的教育机构能够增强人们的好奇心

■ 公平倾向

◎ 要求人们遵守某些行为方式

◎ 期待而没有得到公平分配时，人们往往会表现出不满的情绪

■ 艳羡 / 妒忌倾向

◎ “推动这个世界的不是贪婪，而是妒忌。”——沃伦·巴菲特

■ 回馈倾向

◎ 以德报德、以牙还牙的倾向

■ 受简单联想影响的倾向

◎ 简单的联想引发的条件反射

■ 简单的、避免痛苦的心理否认

◎ 现实太过痛苦，令人无法接受，所以人们扭曲现实

■ 自视过高倾向

◎ 禀赋效应——人们做出决定之后，就会觉得自己的决定很好

◎ 人们不去改变自己，而是为自己的糟糕表现找借口

■ 过度乐观倾向

◎ “一个人想要什么，就会相信什么”

■ 被剥夺超级反应倾向

◎ 失去造成的伤害比得到带来的快乐多得多

◎ 能够保护意识形态和宗教观点

■ 社会认同倾向

◎ 年轻人最尊重的是他们的朋友，而不是父母或者其他成年人

◎ 人们在感到困惑或者压力时，最容易受到社会认同的影响

■ 对比错误反应的倾向

◎ 对正常思维造成很大的伤害

■ 压力影响倾向

◎ 突然的压力会导致体内肾上腺素飙升

◎ 压力会使社会认同倾向变得更加强大

■ 错误衡量易得性倾向

◎ 人类的大脑会高估容易得到的东西的重要性

- 不用就忘倾向
  - ◎ 所有技能都会因为不用而退化
- 化学物质错误影响倾向
- 衰老——错误影响倾向
- 权威——错误影响倾向
  - ◎ 权威犯错或者传达错误，会造成认知错误
- 废话倾向
  - ◎ 让啰里啰唆、喜欢说废话的人远离严肃的工作
- 重视理由倾向
  - ◎ 你必须讲清楚何人、何时、何地、因何故、做何事
- lollapalooza 倾向
  - ◎ 数种心理倾向共同作用，造成极端后果的倾向

我们要通过工作实现生活的满足和丰富，无论从事什么活动，我们都在面对两种挑战：

- 外部挑战，克服外部障碍、实现外部目标
- 内部挑战，克服内心的障碍和干扰，让自己的潜力充分发挥出来
  - ◎ 恐惧、怀疑自我、错误的判断、缺失定力和信念等都是影响潜力发挥的干扰因素
  - ◎ 攻克内部挑战的核心就是主动聚焦，而不是想消灭干扰
    - △ 聚焦在做成事情的关键变量上
    - △ 聚焦内在动机——兴趣、初心、内心的火苗、使命感
    - △ 聚焦阶段性成功，加强积极的信念

马斯洛曾经提出过高峰体验（peak experience），处于高峰体验的人具有最高程度的认同，最接近其真正的自我，达到了自己独一无二的人格或特质的顶点，潜能发挥到最大程度。

米哈伊·奇克森米海伊教授又提出了 flow（心流）的体验，他又称之为最优体验（the optimal experience）。最优体验心理是幸福感和享受人生的最佳法门，心流的本质是一种内心高度有序的状态，一种忘记自我情况下的高度自制，即一个非常特殊的低熵状态。心流的可操作性最强：

- 制定一个具有挑战性的目标
- 全神贯注，把全部心思、精力和资源都聚焦到这个目标上
- 目标明确，即时反馈，随时调整

■ 专心投入，充满乐趣，进入忘我的工作状态，生活中的沮丧忧虑一扫而空

四、身体健康

身体是人的物质载体。如果身体不存在了，那么再慈悲的心灵、再稳定的心理、再高尚的精神、再聪明绝顶的智商都失去了依托，更失去了意义。

维护身体健康的最佳方式就是按照整体健康金字塔的理论生活，选择积极的生活方式，搭建整体健康金字塔：

■ 正确的思维模式，这是做好一切事情的基础

■ 戒除烟酒等不良爱好

■ 保证足够的休息

■ 正确的饮食模式，“吃饭，不要太多，以素食为主，营养均衡”

■ 腹式呼吸模式

■ 健康的消化系统

■ 规律性的日常锻炼。体能是一切的基础，本书既是一部科学运动的指南，也是一部健康生活的指南

当下，运动人群越来越多，很多朋友在运动时几乎不做任何准备活动，更别说体能训练了。看看我们自己，基本都是一到绿茵场就开踢，一到篮球场就拼抢，一到羽毛球场地，漂亮的高远球就满天飞，这几乎是大家的常态。

其实，任何一个运动项目都是非常好的，前提是我们需要有针对性地进行身体素质训练，否则，运动时间一长，伤病不请自来。

运动，在专业化时代的今天，不再是随意而为了，为了健康需要有认真的态度以及请专业人士进行必要的专业指导。

五、智力健康

智力、智慧和创造力是最能展现人性光辉的方面，智力健康最主要的表现是拥有空杯的思维模式并主动学习。这种智力健康和强大的学习能力，也会促进精神、心灵、心理和身体四个方面的健康。

主动学习的人知道人类的智慧和精华都保存在书本里，存在于行业高手、大师的脑袋里。主动学习与消遣阅读不一样，消遣阅读，如看《故事会》是消磨打发时间。主动学习是看最好的书、请教大师或者学习行业大师开的课程，其结果是：

■ 提升自己的专业水平
■ 提高自己的人文素养和艺术修养等
■ 跨界学习、阅读，开阔自己的视野
■ 创新，引领潮流
■ 一个人建立多元的、跨行业的思维模式后，想法会更接近世界的本来面目，这样再看问题就不是扭曲的，不会犯手里拿锤子，看什么都是钉子的错误
◎ 人工智能的算法就是模仿人类的思维模式，人工智能的高低体现在算法上
◎ 人和人之间最大的差别体现在思维模式上
◎ 醍醐灌顶，就是一个人被百思不得其解的问题困扰了很长时间，遇到另外一个人一句话就把问题解决了、把事情的本质看透了。这种情况，通常是两个人的思维模式相差几个维度，两个人的年龄、经历和学识可能也相差很大，被醍醐灌顶的人也一定是悟性极佳

卓越的人具有空杯的思维模式，永远在寻找教育和学习的机会。你给自己武装得越是无人匹敌，你越拥有自信、力量和底气。通过学习就可以做有深度的工作，即那些少见、价值高、不可替代（不容易模仿、代工）的工作。

丹尼尔·科伊尔总结出天才养成的三个条件：

■ 内心的火苗
■ 高水平的老师或教练
■ 深度练习，把过程分解成极小的单元，然后高度专注地重复，从而逐渐在大脑中建立起新的神经通路，能够不假思索地高效完成该项活动

还有，就是不要被成功击倒。

很多人得到了想要的东西后变得懒惰，不再努力，被成功、权威和特权等绑架，因为他们外部的噪音太大了，为此乔布斯说要始终保持饥饿状态。每一时代的精英都抓住了当时的大趋势，成就事业，同时也坚信自己赖以成功的眼光和方法，就形成了路径依赖。如巴菲特和李嘉诚，对稳定、现金流良好传统产业偏爱，驾轻就熟，不会轻易冒着风险去投资科技企业。但是，要知道新势力颠覆旧势力、非主流颠覆主流时，连一声招呼都不打。

主动学习除了有助于你充分发挥潜能，成为大师、创新者之外，也是维护脑健康的有力措施：

■ 花更多的时间读纸质书——这种老式的学习方法，会让你的大脑更加锐利和耐久
■ 玩复杂的需要战略思考的游戏，可以让大脑保持高效

■ 学习可以让自己的语言丰富和机智，而语言能力的下降是阿尔兹海默症的早期迹象

■ 学习的人会持续进步，而让生活习惯做适当的改变可以减小患阿尔兹海默症的概率

学习的终极目的是创新、创造，绝不是成为学究或者亦步亦趋，所以看书学习和与人交流也不能过头，要给自己留下一定的时间独自思考

■ 哲学家列维·斯特劳斯认为，当前真正威胁我们的，也许是所谓“过度交流”

■ 《圣经·新约》上说，“太阳底下，没有任何东西是新的”，不要让重复的东西占用你的宝贵时间

■ 控制你的交流，孤独地思考

◎ 去发现大家不屑去看的东西或者习以为常却忽略的东西，让它重新呈现出来，让人们觉得眼睛一亮。创新就是把已有的东西转换应用场景或者发现其新的价值

◎ 如果发明、创造这些具有原创性的能力是你的终极目标，那么你一定要保持独立、距离，有力地控制过度交流

◎ 培养审美观，美是世界的最高标准。“没有审美力是绝症，知识也解救不了。”审美观会引导你用行动重视健康、塑造美的身材、美的产品、美的体验

第三节　猎豹美可以作为一个小目标

“社会的进步就是人类对美的追求的结晶。”

——马克思

积极心理学奠基人之一米哈伊·奇克森米海伊教授提出了心流体验的概念。

心流体验可大可小，可长可短。举个例子，把做好深蹲定为目标，专注于提高深蹲的技巧训练——去请教、观摩、学习、操练，根据身体的反馈信号不断改善不足和技巧缺陷，最后深蹲日臻完善。通过刻苦的训练获得进步的快乐，这是一个小的、短的心流体验。

如果健身只是为了秀一秀胸肌、三角肌、六块腹肌和臀肌这几块大肌肉的话，未免让人觉得肤浅和虚荣。大多数健身和运动的人初心是健康，那么有比健康更高的境界吗？

比健康更高的境界一定是美，因为美包括健康，健康是美的一个方面。看看猎豹的美，怎么能只是健康可比的?

猎豹美是健康、能量、效率和优雅的化身：

- 整体看，没有一点赘肉，蕴含巨大爆发力的肌肉一点也不臃肿，匀称，柔韧
- 安静时，体态是顺畅的流线型，像一张充满能量的弓，一件完美的艺术品
- 漫步时，步态尽显协调和优雅，对旷野掌控感十足，随时一跃而起
- 奔跑时，像一个射出的箭头，奔目标呼啸而去，勇猛，快速，敏捷，充满了动感的壮美

人也可以做到像猎豹一样的美。不仅仅是年轻时的乔丹还有纳达尔、罗纳尔多这些顶级的运动员能拥有猎豹一样的美感，普通人经过合适的训练一样能拥有猎豹般的身材。但是，猎豹美并不是能一蹴而就的，你可以把猎豹美作为你的运动和健身的目标，为追求猎豹美你要用相当长的一段时间，付出很多的汗水和心思，但是获得的快乐和幸福感也是较为强烈的。这是更高级别的心流体验。

拥有猎豹美的诀窍就是给训练运动赋予功能即做功能训练，而不是呼哧呼哧地举铁。举铁关注的是重量、次数和组数，反馈的信息只在肌肉的维度。而功能训练利用人体运动系统蕴含的丰富感受器反馈身体的感受。功能训练的核心就是运动控制，在时间轴上、在各种训练环境下做出最合适的动作，何其具有挑战性，又何其乐趣无穷!

感受器连接肌肉链与神经系统，训练本体感觉提高感受器的灵敏性，有助于传送信息和神经控制。神经系统在运动过程中，不断进行：

- 感受、接收、理解信息
- 整合信息、作出决策、发出命令
- 反馈目标与动作效果，再做调整

以上所有这一切的神经活动都是在瞬间完成，还有很多是下意识完成的。在身体变得强壮、功能跃升的同时，人也获得了心流体验以及神经系统的功能改善，甚至智商的提高。

把猎豹美作为一个目标，会带给你强烈的心流体验，使你充满魅力。只要你想进步，肯努力，按照整体健康金字塔去训练、改善你的身心，与年龄、惰性及各种分心的事抗争，你会发现你身体的功能和美感没有“天花板”，可以做到持续进阶，能够长期保持年轻猎豹一样的状态，你自己觉得每天都在感受反馈、改善功能，日子并没有什么特殊，身边的人却很可能会感到你处在冻龄状态甚至逆生长。

但是，在追求快乐和心流体验的过程中，如果不能以人生的意义或者使命为主线去连接这些活动，就只能享受到支离破碎的快乐。要让人生的活动相互衔接，生命逐

渐丰盈，一定要发掘人生的意义和使命，这个发现过程颇为曲折、需要不断修正。

一旦发现了人生的主线和天命，就要投入所有的精神力量，补充实现它们所需要的知识，培养实现它们所需要的技巧。这时，所有的想法、行动和反馈就会形成一个和谐的整体。这就是把整个人生当作心流体验的过程。

这并非幻想，而是可以实现的，操作步骤：

- 制定目标：追寻生命的意义或者完成人生的使命
- 心无旁骛，专注于拥有具猎豹美的身材；完全投入，达到忘我的境界
- 倾听身体的声音，感觉身体的变化。根据这些反馈，按照整体健康金字塔改善自己的生活方式，调整思维、呼吸、饮食、作息、运动……
- 专心应对挑战，不把精力浪费在不具有建设性的思想或者活动上，不断获得心流体验的同时，不知不觉就达到了一种连做梦也想不到的境界：
  - ◎ 心胸：开阔、爽朗
  - ◎ 精神：人生的意义或者使命感带来鲜活和动力
  - ◎ 心理：安宁、秩序
  - ◎ 身体：猎豹一样的美感，精力充沛，动静相宜
  - ◎ 智力：用强大的学习动力和能力不断完善多元思维模式，完成人生使命

说这种境界是乌托邦，可以争论；

说这种境界可以实现，不用争论。

更为惊喜的是，你会发现整个生命活动都连在一起，你以前的挫折、磨难，甚至“坏人丑事”， 都像胜利、荣耀一样，具有同样的意义，都是为实现人生的意义和使命服务。

第四节　健康维护检查清单

> “如果说我比他人看得更远，那是因为我站在巨人的肩膀上。”
>
> ——艾萨克·牛顿

一、整体健康检查清单

1. 你理解整体健康金字塔吗？

□ 否，结束检查清单　□ 是

2. 你对健康是认真的吗？

□ 否，结束检查清单　□ 是

3. 认可以下内容，可以证明你对健康是足够认真的

■ 为健康可以取消部分应酬

■ 肯分出一部分日常费用用在健康上面

■ 经常运动，明确分配时间，而不是“挤”不出时间

■ 认真的健康追求者，不是要要嘴皮子，而是行动

■ 认真的运动健身者，不是追求出汗，而是通过运动让身体健康

■ 认真的业余运动员，不是只顾运动，要“赢球”又不受伤

■ 认真的职业运动员，不是只追求运动成绩，要做一个“运动常青树”

4. 学习——最可靠的健康之道

■ 建立多元、跨学科的思维模式，炼就“火眼金睛”，掌握科学的方法论

5. 耐心——健康是一种生活方式

■ 是正确的生活

■ 不是一粒药

■ 是过程，不是今天就要有结果的速效

6. 改变——没有行动，一切都免谈

■ 你周围的世界在改变

■ 主动修正你的观念

7. 你希望自己达到整体健康金字塔第几层？

□一层　□二层　□三层　□四层　□五层　□六层

8. 你的运动模式正确吗？

□ 是，结束检查清单　□ 不知道，继续

二、运动健身检查清单

1. 恭喜你！不运动人会“生锈”，运动是健康的必需品。

2. 运动都是“带电”操作，没有安全措施会受伤。你知道吗？

3. 安全措施就是：

■ 拥有足够的、正确的理论，自我指导

■ 或者，在拥有足够、正确理论的教练指导下运动

4. 知道自己的弱链吗？你的教练知道吗？

5. 运动目的和建议

■ 闲得无聊，想出出汗；休闲运动，为了乐趣

◎ 不可行，不建议只为出汗和找乐子运动，除非你认为受伤无所谓

■ 希望通过运动，达到健身、健康之目的

◎ 建议做到整体健康金字塔第四层，健康是水到渠成

■ 喜欢运动 / 业余运动员

◎ 建议达到整体健康金字塔第五层，这样可以做到“赢球”不受伤

■ 职业运动员

◎ 建议达到整体健康金字塔第六层，这样可以做到

△ 顶级运动员

△ “运动常青树”

6. 正确的运动模式是整体健康金字塔

第五节 减肥的误区

“我们可以提供建议，但无法提供行为。” ——本杰明·富兰克林

亚裔人的身体组成特点是肌肉量低、脂肪储量小。这就使得我们体重不能准确地代表身体脂肪的含量。很多人体重正常并不见得没有过多的脂肪。由于体力劳动的减少和只用饮食控制体重，人的体重正常却有很高的脂肪，也就是患有肌肉缺乏型肥胖。

做运动锻炼不要太在意体重的降低与否。人体倾向于先增加肌肉后减体重，所以即使你的身体从运动中获得了很多好处，但是在体重上未必会有明显下降。我们应该把注意力放在训练的质量和数量上。

一、减肥有很多误区

■ 没有认识到储存在肚子、肝脏、肌肉里面的肥肉才是真正的危险。腹部肥胖会大概率地导致端粒缩短，有研究发现腰臀比例高到一定范围，端粒缩短的概率就会高出 40%

◎ 端粒在染色体的两端，就像鞋带两头的金属帽一样，可以保持我们染色体的完整性
◎ 端粒的长短与细胞寿命的长短有直接的关系，它会影响细胞的分裂周期
◎ 端粒酶可以修复磨损的端粒，但是人体产生的端粒酶数量微乎其微
◎ 长期压力所带来的危机焦虑感，危害着端粒的健康。只要积极面对挑战，将压力转化为动力，消除负面的心理反应，即使面对高压，也不会损害端粒

■ 速效。俗话说“不能一口吃个胖子”，减肥也不能一蹴而就
◎ 正确的做法是：找到正确的路径，形成习惯，持之以恒
■ 单纯靠节食控制体重。规律的运动以及适当的营养补充有助于减少身体脂肪并且可以抵抗与肥胖相关的慢性疾病
■ 吃药减肥
■ 手术减肥
■ 减肥最大误区在于理论上，不管是用户还是教练如果不明白其中的道理，减肥不可能成功：
◎ 简单的能量加减等式，没有个性化
◎ 这是一种典型的线性思维，认为新陈代谢是线性的、可以预测的、稳定的
◎ 认为吃进去的食物热量减去身体消耗的热量，结果是正数身体脂肪就会增加，是负数脂肪就会减少
◎ 想一想这样的场景：老师给学生上课，一个班几十个学生听一样的课，几年下来结果各不相同。减肥虽然买的是一对一课程，但是上的却是一样的课，没有个性化，减肥的结果跟学生的成绩一样各不相同，优秀的只是少数

二、减肥，你要知道的五个代谢规律

1. 新陈代谢的代偿机制

新陈代谢的特性是能够对身体的变化做出适应和反应，一刻不停地寻求平衡和保持内环境稳定。你的每个新陈代谢上的变化，这个机制都会在相反方向做出修正，如同与一个不可战胜的对手在拔河，取胜的唯一方法就是松开绳子。

看看一种流行的建议“少吃，多运动”，如果照做了有什么结果：

■ 少吃的结果是：饥饿，能量耗竭，对食物极度渴望
◎ 节食时人体摄入不到足够糖分，大脑会释放一种叫 CRH（促肾上腺皮质激素释放激素）的物质。这种物质会让人感到非常不安，迫使人去寻找糖或者含

糖食物，并只有得到糖或含糖食物的时候才会满足。而当你终于纵容自己去吃的时候，你很容易放开肚皮，不吃腻决不罢休

- 多运动（运动时间更长、强度更大、更经常）的结果是：饥饿，能量耗竭，对食物极度渴望

信奉“少吃，多运动”的人把人体的新陈代谢当成一个计算器，认为只需要输入合适的数字，就可以达到减重的目的。实际情况远非这样简单。你应该应用新陈代谢的代偿机制跟你的代谢系统斗智斗勇，玩一个比“少吃，多运动”更好的游戏。

不同的人对“少吃，多运动”反应不同，但是时间一长就会产生代偿。不仅反映在饥饿、能量耗竭、对食物的极度渴望方面，而且反映在代谢率减慢即所谓的“适应性产热作用”。新陈代谢明显减慢，减少燃烧热量，一天的能量消耗可以降低 25%。这些变化是由于几种因素的共同作用：

- 肌肉流失。而肌肉对身体健康是非常重要的，要珍惜
- 瘦素、甲状腺素的输出变化
- 非运动相关动作的自发减少

在与新陈代谢拔河比赛中“放手松开绳子”，从而战胜新陈代谢，需要非常用心、在运动和节食上不能走极端、学会读身体代谢的信号，有时可以循环进行少吃少运动和多吃多运动。

2. 新陈代谢的多任务处理机制

合成代谢和分解代谢循环运转，新陈代谢功能不能同时很好地完成多重任务，即身体喜欢要么把所有资源都储存成脂肪和肌肉即合成代谢，要么燃烧脂肪和肌肉即分解代谢。虽然可以做到两者兼顾，但是相当于用一只手又摸脑袋又拍肚子，不太容易做到，也需要时间来掌握这个技术。

这个法则有两个例外：

- 使用合成类固醇的人
- 刚开始节食的人

这两种人似乎能够按照我们的想法对节食和锻炼做最佳反应：他们既能去掉脂肪又能增加肌肉。我们平常经常锻炼的人必须要格外小心，才能避免落入新陈代谢的多重任务机制设计的两个陷阱：

- 皮包骨：你疯狂运动的同时吃得很少，你会燃烧脂肪也会燃烧肌肉，最后体重轻了，但是人变得虚弱，大多数人不希望变成这样
- 肌肉肥：如果你做重量训练增肌，又长了一些脂肪（或者没有减少脂肪），你看起来自然会大块一些

这是新陈代谢的多重任务机制在发挥作用。

这种经历因人而异，因训练类型和节食方式不同而不同。高蛋白饮食和以抓举为主的力量训练可以既减脂又增肌，但很多人没有掌握这两个关键点，产生这样的失误：做快频率的心肺训练而不是大重量训练，放弃碳水化合物并减少蛋白质摄入。

碳水化合物和蛋白质是胰岛素的有效刺激物，而胰岛素主要的作用是合成代谢激素，胰岛素不足会影响增肌。这个机制在训练和节食中要巧妙利用，发现你的最佳区间，不多也不少，二者兼顾。

我们不提倡为了减肥而减肥，更不能因为方法不当而损害身体健康。在减肥早期可以甩一甩肥膘，但随后就不要再过分关注体重，而要按照整体健康金字塔关注饮食、呼吸、弱链和关键链等等，让身体运动功能和健康状况逐级跃升。我们应摆正态度，调整好思维模式，在肌肉围度和基础代谢率增加后，靠滴水穿石的正道去慢慢消耗脂肪。

3. 新陈代谢效率的奥秘

新陈代谢效率：

- 高效新陈代谢指更容易摄取和储存能量，以热能的形式耗散少——所谓喝凉水都长胖
- 低效新陈代谢指不容易摄取和储存能量，而又以热能的形式耗散多——吃多少都是一个瘦子

如果你想减脂，那么你需要低效率的新陈代谢引擎。

- 这种新陈代谢效率是由基因和代谢性激素决定的
  - ◎ 如甲状腺功能正常时产生的代谢性热量多，新陈代谢就是低效的
  - ◎ 如果甲状腺功能减退，产生热量少，新陈代谢就是高效的，所以甲状腺功能减退的人对节食反应较慢

身体的某些部位储脂高效而减脂低效，如臀部、女性的大腿和乳房，这些部位对胰岛素敏感，容易储存脂肪不容易释放脂肪。

新陈代谢效率机制和前面讲的代偿机制有一些重叠。节食会使代谢更高效，是适应性的产热作用所致。

主要营养素、毒素和肠道内的微生物也会影响代谢效率：

- 蛋白质：饱腹感最强，产生热量最多的主要营养素，是“低效燃料”，最难储存成脂肪
- 碳水化合物：饱腹感和产热量次于蛋白质，但是不同的碳水化合物差别很大
  - ◎ 富含纤维素的，属“低效燃料”
  - ◎ 精制的碳水化合物含纤维素少，属“高效燃料”

◎ 在不同状态下，淀粉中的抗性淀粉含量可以不同。如凉的土豆和皮一起吃比热的无皮土豆泥更无效；米饭和可可油烹饪、冷却后以及冷却后再加热，热量可以减少 50%

■ 脂肪：脂肪是你能够吃和储存的最有效的“燃料”，但是和蛋白质一起吃饱腹感会更强，代谢特点变得无效

■ 毒素：指持续器官污染物，这些化合物在环境中集聚（农药残留、塑料浸出、工业污染物等），在动物脂肪组织中浓集，这个过程叫作生物富集效应。它们主要存在于

◎ 你吃的肥肉里，甚至有机的、草食的香格里拉牛排里，这些牛排肯定好一些，但是没有低脂食材好

◎ 还有咖啡（喷洒农药最严重的植物）和黄油

■ 消化道内的菌群：在你消化道里菌群的数量和类型也可以决定你的新陈代谢功能。它们不仅消耗热量，还给你身体发出信号来调节你的代谢

4. 新陈代谢的个性化

每个人的新陈代谢各自都不同

■ 在如何处理、消化食物上，我们每个人可以有很大的不同，如是否对苦的食物敏感、对胰岛素敏感或者抵抗的程度、对疾病的易感性等等

■ 人和人之间，新陈代谢最重要的部分是一样的，但同时也有巨大的不同，这造成了我们在健康、体适能和外观上的差异

■ 我们必须尊重每个人的不同之处，如果你吃一点富含脂肪的食物就胖起来、痤疮爆发或者感到疲乏，那你就应该尽量少吃富含脂肪的食物

5. 精神熵法则

意志力如同电池，既能够耗竭也能够再充电：

■ 思维、“自我编辑（判断、计划、思考）”是耗电的

■ 你有精神储备，这个储备用完了，能控制自己行为的可能性就变小，反而更加可能恢复习惯性的、找乐子的行为

■ 精神熵这个法则在饮食业和健康产业被完全遗忘了，如果你懂得这个代谢法则，你就绝对不会尝试一次改变 10 件事了

■ 意志力不是要么有要么无的东西，而是你可以通过正念和训练发展的东西，要有意识地给你的“电池”充电

■ 不要再整天坐在沙发上看电视、看手机、吃垃圾食品了。开始做功能训练、吃健康食品，这样可以给你的意志力快速“充电”。其他“充电”方法：

◎ 创造新的追求

◎ 训练感恩

◎ 放松活动

◎ 冥想，打坐

■ 看电视、玩电脑看似放松和“充电”，只是很短暂的一会儿，很快就变成耗电了。一个周末都在看电视，你不可能感到放松和精力充沛

■ 紧张压力可以快速消耗“意志力电池”、打开大脑中找乐子的中心、抑制激励中心

精神熵这条法则揭示了需要有意识、主动地追求休息、放松，“充电”和恢复精神能量。

如果谁想认真地追求健康、想把代谢功能维持在高水平上（尤其在逐渐老去的过程中），就必须提高上述这些活动的优先级别，把它们放在中心的位置上。

第六节　运动爱好者应该怎么样进行项目运动

“用在大多数职业运动员身上的大多数原则，对所有人都适用——超越年龄、性别和运动。”

——迈克尔·斯图尔特

热爱运动的人一般都有自己喜欢的运动项目。但不管是篮球、足球、网球、高尔夫爱好者还是游泳、跑步的爱好者，常有两种认识误区：

■ 自然玩法，对技术、运动量没有意识，怎么爽怎么玩

■ 正式一点的玩家，会找技术教练学一些技术

这两种误区的共同特点是没有体能的概念，更不会用整体健康金字塔的理论指导运动，身体的运动素质形成“空中楼阁”（仅有的一点天然体能，不足以支撑熟练的运动技术）或者“倒金字塔”结构（体能有一定的底子，但不足以支撑受过训练的运动技术）。这些情况下，受伤是经常的，运动量少或者运动天赋高还可以有一段时间的安全期。不要认为：

■ 经常运动受伤是难免的，其实是可以避免的

■ 运动时受伤是意外的，其实受伤是有内在原因的

下面以跑步为例，看看每个运动项目的爱好者应该怎么运动，才能达到健身和健

康的目的。

跑步是世界上最为大众化的运动项目之一，但是下肢受伤的概率很高，如膝关节、足踝和髋关节的急慢性伤痛，受伤最重要的原因是身体不够强壮。

一、跑步并没有想象的那样安全

我们先看两个数据：跑步时，你的脚每接触一次地面，就有

- 5 倍体重的力量通过膝关节
- 10 倍体重的力量通过踝关节

所以，跑步时你的脚每次接触地面，都对你的髋关节、膝关节和踝关节提出很高的要求——这些关节的稳定结构既要帮助保持身体姿势，又要推动身体向前跑。跑步不容易！这就是有时我们快跑或者长跑会感到身体快要散架了的原因。

很多人白天在办公桌前工作 10 小时，早晨早早起来跑步追求健康，但是他们是在有裂缝的地基上做健身训练，因为他们的身体条件可能还不适合跑步，例如：

- 双脚触地不对称
- 腿向外张开或者腿向内旋转
- 每次换腿时都摇摇晃晃
- 跑完步再看行走，有人双脚呈外八字，有人呈内八字
- 有人身体向右侧倾斜，有人向左侧倾斜

如果你在一个有裂缝的地基上建造房子会怎么样呢？跑步需要的好基础（地基）是这样的：

- 左右对称
- 良好的姿态
- 良好的力线
- 脚触地方式是前脚掌着地（脚尖、脚跟或者全脚掌着地的跑者需要纠正）

跑步看似简单，其实是对身体很有要求的一项运动。如果你存在姿态、力线、灵活性、稳定性、力量、平衡性、地面反推力等方面问题，跑步一段时间后，可能会出现：

- 髂胫束综合征
- 慢性疼痛，如腰痛、膝关节疼痛
- 髌股关节疼痛综合征
- 肌腱炎，如跟腱炎、跖筋膜炎
- 滑囊炎
- 胫骨内侧应力综合征，严重时发生应力性骨折

二、自己可以做的跑步相关的功能训练和体能训练

享受跑步乐趣的前提是减少跑步对身体的危害。要进行跑步锻炼，你必须训练自己、学习跑步。

1. 拉伸训练

拉伸可以分为动态拉伸和静态拉伸，可以分别用于跑步或者其他运动前热身训练和运动后的放松训练。

训练或者比赛前的动态拉伸：

动态拉伸是通过小的、缓慢的、可控制的冲击性动作，使身体肌肉和其他组织突破原有的活动度和灵活性，被激活的肌肉主要是即将要开始的运动主要使用的肌肉，时间 10~15 分钟。

■ 意义

◎ 改进的是动态的活动度和灵活性，即运动中的活动度和灵活性具有功能性，具有实际意义，不是花架子

◎ 在热身阶段达到灵活性和力量的平衡，让身体为即将开始的训练或者比赛准备好一个理想的状态

◎ 有助于保持核心稳定

◎ 可用在多平面改善关节的活动度

◎ 经年累月的训练可以让身体具有功能性的强壮，有用的强壮，不是貌似强壮，即这种强壮是身体在使用中表现出的强壮、有力，而不是用来看的

■ 动态拉伸训练可以从以下项目中选择

◎ 原地跑

◎ 提踝原地跑

◎ 屈髋抱腿旋转踝关节

◎ 跨栏

◎ 前后摆腿

◎ 前弓步行走

◎ 前弓步行走拉伸

◎ 前弓步行走旋转

◎ 旋转侧向跑

训练或者比赛后的静态拉伸

■ 先放松慢跑和交叉训练

■ 每组静态拉伸持续 30~60 秒钟

◎ 比目鱼肌拉伸

◎ 腓肠肌拉伸

◎ 屈膝腘绳肌拉伸

◎ 鹤姿腘绳肌拉伸

◎ 内收肌拉伸

◎ 股四头肌、髋屈肌、髂胫束、背阔肌联合拉伸

◎ 坐骨神经拉伸

◎ 腰方肌拉伸

◎ 梨状肌拉伸

2. 身体平衡和力线（图 8–12）

人体必须拥有一个牢固、稳定的基础来产生力量驱动肢体做动作，而且要求左右两侧是对称的：

■ 对称性是指灵活性、力量左右平衡

■ 对称性不良，在运动中就会产生扭矩即不平衡的力，使关节位置、稳定性、肌肉肌腱、韧带等出现功能代偿，导致能量泄漏、疲劳、疼痛、损伤等

图 8–12

腹横肌训练

下背部伸展肌训练

对称性治疗和训练

■ 活动度和灵活性

■ 力量

■ 协调性，即动态的对称性

训练灵活性和稳定性首先从脊柱开始：

■ 脊柱的稳定性训练不能在运动中进行

■ 而要在脊柱稳定同时，以脊柱为基地进行肢体运动时训练

力线是指人体的各个部位相对位置，力线对准、合适，在运动、体力活动时有利于产生理想的力量。

力线良好对人体的健康和运动能力很有意义：

- 可以改善身体形态
- 可以使关节达到最大的稳定性
- 做同样的功，可以花最小的力气
- 力线不佳，姿态和对称性也会出问题，使关节位置、稳定性、肌肉肌腱、韧带等出现功能代偿，导致能量泄漏、疲劳、疼痛、损伤等

力线不佳的原因：

- 身体姿态异常
- 肌肉不平衡
- 关节僵硬
- 疤痕组织
- 对称性不佳

如果受伤、长期习惯不良等因素造成姿势力线不佳，需要评估发现问题，然后进行纠正性训练。

恢复良好力线的方法：

- 肌肉再教育，在正确的时机募集正确的肌肉

图 8-13

跑者的核心稳定：（图 8-13）

- 动态的核心稳定性是指在四肢活动时，肌肉提供的平衡性
- 良好的核心稳定对跑者维持合适的姿态和预防损伤非常重要
- 良好的核心稳定，可以使运动员达到较好的平衡感、产生较大的力量
- 在脊柱中立位训练核心稳定性，可以使稳定性和力量达到理想状态

3. 上肢力量训练

上肢的力量训练是跑者重要的训练项目之一，但是常常被忽视。

上肢的力量训练的意义是：

- 增加呼吸效率
- 加强核心稳定
- 促进跑步的经济性，节约能量

常用的上肢力量训练有：

- 背阔肌下拉
- 哑铃胸前交替推举

■ 坐位划船

■ 站立位哑铃肩上交替推举

■ 哑铃体侧外展

■ 哑铃单臂划船

■ 绳索肩关节内旋

■ 绳索肩关节外旋

肌肉力量和耐力训练的意义和目的是：

■ 肌肉具有足够的力量是一切运动的基础

■ 爆发力和耐力也是跑步必需的

■ 充沛的能量供应

■ 改善跑步的经济性，节约能量

■ 预防损伤的发生

  ◎ 增强关节的稳定性

  ◎ 改善肌肉力量不平衡

  ◎ 保持整个跑步过程中正确的姿势

  ◎ 吸收震荡，从而减少骨关节承受的压力

4. 下肢力量训练

下肢力量训练，促进跑步效率。训练方法：

■ 提腿

■ 提小腿

■ 前弓箭步

■ 腘绳肌卷曲

■ 上台阶

■ 足跟行走

■ 脚尖行走

■ 单腿平衡练习

■ 下蹲

■ 仰卧核心稳定练习

■ 消防栓训练

■ 侧桥核心稳定练习

■ 背桥

■ 踩自行车

- 俯卧核心稳定练习
- 足跟下沉
- 单腿膝贴墙
- 脚趾贴墙
- 趾尖跳
- 低跳箱跳

髋关节在跑步时发挥关键的作用。提脚离地时需要髋关节伸展，只有拥有强壮的臀肌才能有强力的髋关节伸展。

有些跑者在跑步时表现髋关节下沉，通常是髋关节外展肌无力造成的。

髋关节下沉会损害身体：

- 增加膝关节外侧的负荷
- 增加脊柱关节的挤压
- 增加腰背部肌肉的活动
- 更多的躯干侧弯、膝关节内扣

臀肌激活和力量训练最好的训练方法是：

- 前弓箭步
- 双侧和单侧背桥
- 消防栓训练
- 深蹲

力量训练对预防损伤非常有意义，但是如果不改掉力学缺陷，光凭力量训练还不足以解决问题。最好是臀肌力量训练和改善力学训练同时进行。

三、跑步的技术训练

1. 为减少跑步对身体的伤害，需要掌握的技术和原则

- 跑步前一定热身到出汗
- 通过核心训练，保证姿态强劲，身体挺拔（从脚踝下肢到髋关节和躯干保持一条直线）、前倾（不是弯腰驼背或者髋关节的前倾）
- 肩膀和面部肌肉放轻松
- 保持胸骨处在高位
- 确保两个脚尖直指前方
- 脚的着地点在身体的正下方，而不是超过身体

- 确保手臂前后摆动，永远不要向侧向摆动
- 手臂在肩关节前后自然摆动，肘关节大约固定在 90° 位，向后摆动的幅度比向前的幅度稍大
- 确保你不是摆动双腿而是提起腿
- 确保蹬地向前推送身体
- 确保前脚掌着地。大多数人跑步时脚后跟着地，这对膝关节震动很大，长时间可以毁坏骨关节肌肉系统
- 提高步频，降低步幅。这样可以降低双腿受到的冲击力，提高跑步效率，减少损伤。步频最好达到每分钟 170 步，优秀的跑者在每分钟 180 步左右
- 臀肌发力，高抬腿，膝关节带动腿向前
- 确保控制你的呼吸慢而稳定
- 吸收震荡的能力强，需要髋、膝、踝关节部位的稳定性和力量足够强
- 掌握好的跑步技术和力学，记住很多跑者步态不稳定是力量、灵活性或者稳定性不足造成的
- 选择合适的跑鞋，及时更换新鞋
- 跑步后用绳子拉伸，不用泡沫轴

避免错误的技术：

- 脚跟先着地
- 身体后倾或者髋关节屈曲、弯腰驼背
- 腰臀的提升不够，依赖股四头肌发力而不是臀肌发力
- 步幅过小、膝关节抬高不够，看上去在直着腿跑，俗称钟摆跑
- 手臂侧摆
- 跑步时腹部没有收紧

2. 改进跑步姿势的生物力学

跑步步幅分期。

- 支撑期
  - ◎ 触地
  - ◎ 站立期
  - ◎ 起步
- 摆腿期

3. 影响生物力学的外部因素

追求有效的跑步姿态。

身体特点：

- 中等或中等以下身高
- 大腿粗，小腿肚子不能粗
- 窄骨盆
- 脚偏小
- 身体重心上下振幅小
- 摆腿时，膝关节角度更锐一些
- 抬脚时，减少踝关节伸展
- 一定程度僵硬的肌肉—肌腱结构，在伸展时增加能量储存
- 手臂姿势不宜过大
- 理想的步幅长度
- 良好的步幅生物力学姿势，训练方法：
  - ◎ 原地跳
  - ◎ 深度跳
  - ◎ 跳箱跳
  - ◎ 跳箱弹跳
  - ◎ 深蹲跳
  - ◎ 台阶跳
  - ◎ 爆发力弹跳

4. 加速换腿，提高速度

步速训练：对于长跑者而言，以最大速度或者接近最大速度奔跑，持续时间< 90秒的训练。

步速训练的好处：

- 增强冲刺能力
- 降低跑步损伤的发生，原因有：
  - ◎ 可以加强跑步用到的大肌肉和肌腱，增加抗损伤能力
  - ◎ 可以加强平时正常步速用不到的小肌肉群，增加关节的稳定性
  - ◎ 可以提高关节活动度，从而改善柔韧性和灵活性

怎样提升步速？

- 技术训练
  - ◎ 后腿提起与臀肌靠得更近
  - ◎ 用脚更加用力**向后**推地，注意**不是向下**用力推地！

◎ 前腿膝关节提得更高

◎ 训练中摸索身体前倾角度、手臂摆的高度

◎ 不要有意识地增加步幅，而应该是后脚扒地力量提高后自然增加

■ 神经肌肉训练

◎ 训练以协同方式募集更多的肌肉纤维，最终提高速度

◎ 快速跑时间＜ 30 秒，期间慢跑 45～90 秒作为恢复时间

■ 乳酸耐力训练

◎ 提高肌肉对乳酸的耐受力，增强身体清除乳酸的能力

◎ 快速跑时间 30～90 秒，不要＞ 90 秒，期间慢跑作为恢复，时间是快速跑的 2～3 倍

四、能量系统的训练

心肺功能其实是能量供应系统的功能。

（1）乳酸阈值

在运动达到一定强度时进入血液的乳酸迅速堆积，即乳酸产生超过身体清除乳酸的能力时，乳酸在血液里大量集聚，发生氧债，这时候运动强度必须降下来，否则会发生慢性酸痛、组织受到腐蚀、运动损伤等。所以知道自己的乳酸阈值非常重要，要小心限制过量乳酸产生的时间。

（2）乳酸阈值速度

也可以大致称作高端有氧速度，跑者达到或者接近乳酸阈值的速度。受到良好训练的跑者可以在乳酸阈值速度跑 20 分钟，在接近乳酸阈值速度跑 1 小时。

如何确定乳酸阈值？

■ 通过跑步的感觉反馈

■ 呼吸模式的改变，呼吸变得更加费劲或更加快速

■ 如果超过乳酸阈值几分钟，就会感到腿、手臂或者肚子变得很紧

延长能够保持高端有氧速度的时间，是心血管功能训练的重要内容

■ 乳酸阈值训练可以在不同时间跨度或者不同速度方面训练

■ 挣扎前的时间积累比难受后的咬牙坚持更能锻炼有氧速度

（3）最大摄氧量

人体摄取和利用氧气的上限。

（4）最大摄氧量速度

最大摄氧量时的跑速，使出全力、匀速跑 9 分钟的速度。

如果想达到运动和训练的效益最大化，必须进行全谱系的训练，使每一种能量系统都在合适的时间工作，并与其他系统的训练达到满意的平衡。

不要比别人或者对手训练得更辛苦，要比谁训练得更聪明！

为关键比赛准备到最佳。

能量训练的 4 个训练区

训练内容	跑步时间	最大耗氧量	作用
有氧训练	30～120 分钟	55 %～75%	——改善跑步中心肌和骨骼肌的氧化能力 ——提高关节和肌腱的强度 ——增强储存能量（碳水化合物、脂肪酸）的能力 ——增加线粒体（细胞的能量房）的数量和大小 ——改进氧气投放和二氧化碳清除能力
无氧训练	15～25 分钟	75%～90%	——提高 IIa 肌纤维利用糖酵解和氧化酶的能力 ——增加泵血量 ——增加毛细血管密度和血量
有氧能力	2～8 分钟	90 %～100%	——提高工作肌肉利用糖酵解和氧化酶的能力 ——提高血液酸碱缓冲能力 ——持续激活快收缩肌纤维
无氧能力	30～120 秒	＞100%	——改善腿部功能力量和整体速度 ——通过增强的血液酸碱缓冲能力，提高耐高乳酸的能力 ——增加血浆能量，改善神经肌肉募集

五、跑步后放松运动和恢复训练

跑步后第一步是减少不必要的损伤：及时补充水分和能量；放松，如果肌肉紧缩成一团，就无法复原和再生；冰敷或者冷水浴。

让你的身体尽可能有效地恢复到休息状态，这样做可以快速和完全复原。温和、持续降低心率，给静脉有足够的时间收缩、给血压足够的时间降下来，防止血液聚集在肢体中。放松练习应该简单轻松，不再产生额外的废物，使心率保持足够的高，给血液循环系统双倍的时间来愈合和恢复——血液清除代谢废物和激素，白细胞和蛋白质修复肌肉的微损伤。

长跑的过程当中，关节的活动度并不充分——没有足够大到消除张力，如果不采取特别的训练来活动开长跑中没有用到的那些部分，就会粘连在一起，下次再跑步的时候就会受伤。

恢复训练投入时间不长，但是效果巨大：

- 对一组肌肉做一个特别训练，就可以把肌肉纤维拉开，相当于用木梳梳头一样
- 打破代偿的怪圈和恶性循环
- 创造更多的动力学感知
- 唤醒那些肌肉，重置肌肉激发模式
- 正性的应力刺激促进肌肉恢复和组织改建

1. 肯尼亚放松训练

每个练习 10~30 秒钟，一共持续 20 分钟，然后是 20 分钟全身的拉伸。保持脚步轻松活泼、核心紧张、四肢放松。

- 开合跳
- 快速跳高。在地面停留时间越短越好
- 直腿剪刀步行走。核心收紧，双腿挺直、锁住膝关节，向前剪刀步踢式快速行走，脚要用力、快速与地面接触
- 高抬腿跑。轻快跑，让膝关节与胸部尽量靠近
- 高抬腿上坡冲刺跑。注意力集中在换腿而不是速度
- 踢臀。把大腿在身体前方提起与地面平行，脚跟与臀部接近
- 快速倒脚。就像蹬一个小轮子一样交替地抬放脚，脚与地面尽量少接触

2. 俄勒冈田径俱乐部放松训练

每一次练习 30 米，然后回到起点，做两个循环。进阶：每次做两个练习行进 60 米。注意前脚掌着地，期间背屈踝关节。

- 腰肌拉伸。双手放在髋部，挺拔站立，尾骨缩拢，做一个宽的弓箭步，保持核心收紧，维持 1 秒钟，保持髋关节向前，先向右然后向左扭腰。向前跨步，交替重复前面动作
- 高抬腿行军走。挺拔站立，左脚尖着地走起，同时向胸部提起右膝，双手向后拉膝关节多增加几度屈曲，注意维持膝关节与肩关节在一条线上，不能向内或者向外成角。放下膝关节向前跨步，交替重复前面动作
- 高抬腿跑。缓慢向前跑，用力弹起，大幅提起膝关节，步幅小，快速和地面接触
- 向上跳跃跑。用力向前跳跃跑，尽量往高跳，前腿抬高，后腿挺直。手臂配合使用，尽量使动作向上而不是向前
- 直腿剪刀步行走。核心收紧，双腿挺直，锁住膝关节，向前剪刀步踢式快速行

走，脚要用力快速与地面接触

长跑运动员和其他规律运动者一样，都是生活在身体破坏和适应的循环中。我们反复把身体推到能力的边缘，比舒服区：

- 更大一些阻力
- 更远一些
- 更快一些
- 更复杂一些

组织受到不同程度的损伤，然后耐心等待损伤愈合、适应。变得更加强壮，这就是训练的真谛。

六、跑步损伤的处理

长跑者的损伤基本都是过度使用性的。处理这种过度使用性损伤需要考虑几种因素：

- 跑龄，是新手还是老手
- 平时是否做力量训练和交叉训练
- 是否具备良好的足—膝—髋力线和生物力学

物理治疗师对治疗跑步损伤拥有足够的经验：

- 在损伤的急性期，要减轻炎症、恢复关节活动度
  - ◎ 冰敷、肌效贴、超声、电刺激等等
  - ◎ 软组织手法松解
  - ◎ 活动关节
  - ◎ 轻柔、渐进性的训练
- 评估动力链中的弱链：肌肉不平衡、力弱和灵活性不足，予以纠正性训练
- 功能训练（跑步相关的力量训练）
- 训练神经肌肉系统的协调性、力量和柔韧性
- 跑步技能训练：速度、爆发力、耐力

跑步的康复治疗目的是打造更有效率、更强大的跑者，能够抵抗跑步相关的使用过渡性损伤。

七、跑步的几个误区

1. 只单纯做跑步一项运动

- 没有体能训练，没有力量训练，更没有按照整体健康金字塔去训练
- 错误地认为跑步就是拔腿就跑，是一种天生的技能，不需要学习
- 其实，跑步既不是简单的运动，也不是要求很低的运动
- 跑步受伤最重要的原因是身体不够强壮，康复师 Dr. Irene Davis 说得对，“你必须很健壮才能跑步，而不应该想通过跑步变得健壮”
- 如果跑步是认真的，想获益最大化，就必须尊重科学，从整体健康金字塔的底层做起

2. 在跑步机上跑步。有人说跑步机没有不平的路面和机动车，最安全，其实不然。因为：

- 不能自然摆臂
- 步态不自然——双脚平行，与走步类似
  - ◎ 走路两只脚平行，留下的脚印是两条线
  - ◎ 而地面跑步是一条线，符合身体的生物力学
- 比自然跑步快，强化错误的生物力学，增加受伤风险
- 不能模仿自然的跑步和山地跑
- 条件太过恒定，即使身体没有错误和代偿（几乎不可能），身体承受应力的部位也会受到重复的、一成不变的应力——陷入最为可怕的“水滴石穿”陷阱
- 最可怕的是对膝盖、髋关节和腰背这种“无声无息”的损伤

3. 为什么很多人跑步减肥效果不理想？

- 多数人在 30 多岁开始发福的原因是：
  - ◎ 年龄增加，运动减少，肌肉萎缩变多了，基础代谢率下降了
  - ◎ 而饭量却没有随之减少，多余的热量变成脂肪
- 消耗 0.5kg 的脂肪，足可以为 60kg 重的女性在目标心率范围内持续运动 15 小时提供能量，所以跑步 1 小时消耗的脂肪很少
- 有氧运动让你胃口大增，足已抵消运动消耗的卡路里
- 有氧训练实际上会消耗掉肌肉，坚持有氧运动一段时间后，最有可能是 5kg 肌肉被消耗掉了，因为：
  - ◎ 长时间低强度有氧训练只需要小的、弱的、慢收缩肌肉纤维
  - ◎ 而不需要大的、强的、快收缩肌肉纤维
  - ◎ 快收缩肌肉纤维反而会被燃烧掉

跑步机上 45 分钟，可能只比坐在电脑前多消耗不到 100 卡路里，而半杯可乐或者运动饮料也不止 100 卡路里，这就是全世界数以百万计的人们在健身房的跑步机上呼

哧呼哧做着所谓的有氧训练，而健康状况并没有实质改变的原因，认真、坚持，却不见效果

- 不管是跑步还是骑自行车，规律地运动一段时间后，你感觉越来越轻松的主要原因：
  - ◎ 不是你的心肺功能提高了
  - ◎ 而是你的动作更加经济节能了
    - △ 需要更小的力量
    - △ 更少的氧气
    - △ 非必要的动作没有了
    - △ 需要的动作优化了
    - △ 为了节能自行减负，不动用的肌肉萎缩了
- 低强度有氧训练，脂肪燃烧随着运动停止而停止
- 而身体如果增加 1 磅（约 0.45kg）肌肉（瘦体重），1 天需要额外消耗 11 卡路里（完全不活动）的情况下，1 年就会多消耗 5 磅（约 2.27kg）的脂肪

三种肌纤维在跑步中的作用：

- 慢收缩肌纤维 (I 型)，产生力量最小的肌纤维，有氧工作，很长时间才疲劳，最适合耐力项目运动
- 中等快速收缩肌纤维 (IIa 型)，产生力量比慢收缩肌纤维多，产生长而有力的步幅，最适合中距离跑步
- 快速收缩肌纤维 (IIb 型)，产生力量最大，无氧工作，只适合冲刺短跑

八、推荐的跑步类型

1. 山地跑步训练

- 上坡跑是好的运动
  - ◎ 要强迫膝关节抬高，是跑者最需要的训练
  - ◎ 可训练步幅的速度和长度
- 山地长跑（图 8-14）有几个好处：
  - ◎ 比平地跑对身体冲击力小
  - ◎ 增加慢收缩肌纤维募集的百分比
  - ◎ 增加额外阻力，强壮肌纤维，生长肌纤维，增强力量

◎ 增加踝关节柔韧性，改善步幅

◎ 减轻神经抑制，改善肌群之间的协调性

◎ 募集中等快速肌纤维，改善各种类型肌纤维之间的协调性

注意事项：山地训练明显增加力量需求，训练后恢复时间也要相应增加；每周训练不应超过 1~2 次

■ 山地跳跃

是发展力量和提高步伐效率的好方法。

◎ 垂直跳跃：着地脚从脚趾发力，对侧腿膝盖尽量抬高，强调的是垂直高度；对侧脚落地，重复

◎ 水平跳跃：技术与垂直跳跃相同，强调的是距离

◎ 垫脚跳跃：着地脚从脚趾发力，向高空弹起，对侧腿膝盖尽量抬高，发力脚落地，然后向前迈一小步对侧脚落地，重复

图 8-14

■ 下坡大步跑

通过离心收缩锻炼股四头肌力量，这种情况下股四头肌同时收缩、变短又放松、拉长，这样的拉锯战产生的效果是：

◎ 离心收缩募集较少的肌肉纤维，增强这些激活肌肉纤维的力量

◎ 增加的肌肉力量会造成募集的肌肉纤维更多的损伤

◎ 肌肉纤维募集少、损伤大，会导致更大的训练适应

△ 股四头肌变得更加强壮

△ 膝关节更灵活

△ 对股四头肌酸痛抵抗力更强

2. 越野跑、野地跑（图 8-15）的益处

■ 加强核心稳定。提高左右侧平衡能力和身体抗旋转能力。大步跨越障碍通过更加复合的方式增加核心稳定

■ 打造不只是性感的翘臀。在颠簸的运动中锻炼出的强大臀肌，可以很好地保护腰、髋、膝，远不止好看

■ 使小腿肌肉结实无比。在崎岖的路上，尤其是上坡跑，小腿肌肉在提供强大的推动力过程中变得结实
■ 锻炼平时很少用到的肌肉。不平的路面强化踝关节的稳定肌肉，尤其是胫骨周围的肌肉

3. 高强度间歇训练法（HIIT）的优点是，运动时消耗糖原，运动停止后燃烧脂肪补充糖原，代谢升高持续 48h：

■ 脂肪减少
■ 肌肉增加
■ 骨骼密度增加
■ 强壮肌腱和韧带
■ 运动控制增强
■ 运动模式改善

图 8-15

认真的跑步爱好者并不是只跑步，还要做一些功能训练和体能、技术训练。如果再正式一些，要从整体健康金字塔底部做起（最好是在专业人士的指导下进行）：先是调整思维模式、呼吸模式、饮食模式、休息模式，接着排除或者治疗伤病、解除疼痛以及纠正不良的姿态，然后是发现和解决弱链、加强关键链、改善动作模式，接着再进行体能和技术训练。

不管是以健康和乐趣为目的的群众健身运动，还是以赢得比赛为目的的职业运动，遵循整体健康金字塔训练，运动员都能准确、有效率地控制身体，完成任务。

九、常见体育运动中的功能性训练

1. 跑步

■ 扶墙摆动 (图 8–16)
■ Boyle 单腿深蹲（图 8–17）
■ 坐姿摆臂（图 8–18）
■ 库克挺髋（图 8–19）
■ 单脚武士式（图 8–20）

图 8-16

图 8-17

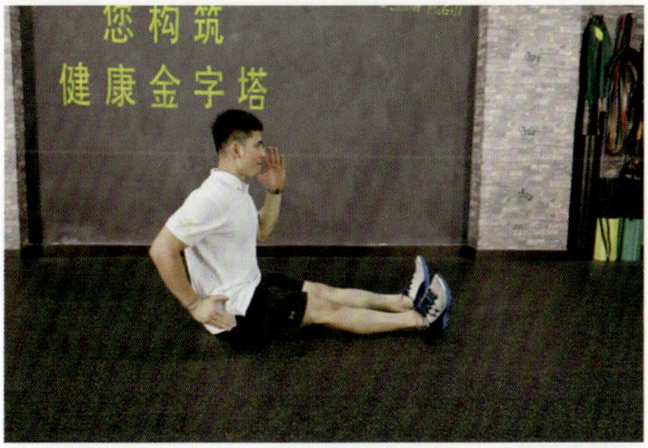

图 8-18

图 8-19

图 8-20

2. 篮球

■ 壶铃分腿蹲（图 8–21）

■ 药球单腿旋转推举（图 8–22）

■ 膝上高翻（图 8–23）

■ 壶铃深蹲推举（图 8–24）

■ 硬拉旋转推举（图 8-25）

图 8-21

图 8-22

图 8-23

图 8-24

图 8-25

3. 游泳

■ 肩胛骨俯卧撑（图 8-26）

■ 平板拉锯式（图 8-27）

■ 仰卧夹球屈髋(图 8-28)

■ 鸟与狗（8–29）

■ 悬吊带 T/Y（图 8–30）

图 8–26

图 8–27

图 8–28

图 8–29

图 8–30

4. 足球

■ 壶铃抬高单腿蹲（图 8–31）

■ 跪姿体前倾（图 8–32）

■ Boyle 单腿深蹲（图 8–33）

■ 膝上高翻（图 8–34）

■ 仰卧挺髋（图 8–35）

图 8–31

图 8–32

图 8–33

图 8–34

图 8–35

5. 羽毛球

■ 肩关节环绕（图 8–36）

- 格雷弓步矩阵（图 8-37）
- 药球旋转推举（图 8-38）
- 药球球上旋转（图 8-39）
- 壶铃抬高单腿蹲（图 8-40）

图 8-36

图 8-37

图 8-38

图 8-39

图 8-40

6. 网球

- 悬吊带划船（图 8–41）
- 俯卧撑（图 8–42）
- 单腿硬拉（图 8–43）
- 平板拉锯式（图 8–44）
- 侧桥行军步（图 8–45）

图 8-41

图 8-42

图 8-43

图 8-44

图 8-45

7. 高尔夫

■ 壶铃硬拉（图 8–46）

■ 杠铃炮筒架转体（图 8–47）

■ 单脚武士式（图 8–48）

■ 绳索下劈（图 8–49）

■ 绳索上拉（图 8–50）

图 8−46

图 8−47

图 8−48

图 8−49

图 8−50

第七节　我们该怎么健身呢？功能训练 vs 传统力量训练

“世界上没有比结实的肌肉和新鲜的皮肤更美丽的衣服。”——马雅可夫斯基

不运动的危害堪比吸烟；运动需要有科学指导，可以遵循整体健康金字塔原则，在健身运动中提倡做功能训练。

功能训练是对人类生存必需的身体功能的锻炼，直接关系到人的生存质量。

C. Liebenson 说，功能训练不是专项运动训练，也不是在不稳的平面上模仿真实世界的不可预测性训练。功能训练是有目标的训练，只有明确了目标才能做到以用户（客人、病人、运动员）为中心。而功能训练也因人而异，要考虑年龄、运动项目、损伤史、康复的阶段、目标等等。

G. Cook 说，传统的康复方式不能纠正错误的动作模式，而传统的训练方式在基本的动作模式中可能会产生或者允许功能障碍。功能训练就是康复与运动训练之间的桥梁。

所有人，不管是否去运动场做运动，都应该进行功能训练。既不针对身体的某一部位，也不针对活动和每项运动的特点，使身体达到一个总体的功能基础，或者叫准备和适应状态。在这个功能基础（像一片最肥沃的土地）之上，可以造就你的专项运动表现，也使你的身体用得长久。这就是某些运动员是“常青树”的秘密，对普通人更是健康之匙。

全面提高运动能力、实现通过运动来健身的目的，其核心内容是克服弱项，让身体运动系统各个部分之间协调发展，而不是单纯地追求力量。

其实，健身房里很多人的弱链反而就是力量！在关节活动度不充分的情况下，拥有大块肌肉和力量会有很多潜在危害：

- 降低爆发力、速度和敏捷性
- 损害身体的感知力
- 降低身体的做功效率
- 降低耐力
- 妨碍学习新技术和运动技能

我们要改变思路，运动健身的目的：

■ 不要单纯停留在改变形象上，不要只聚焦个别部位，如大块的胸肌、马甲线、六块腹肌和性感的翘臀

■ 而是要通过运动锻炼使身心健康、功能良好，这时候

◎ 肌肉会有的，而且是根据功能需要而生长出来的，没有一点赘肉

◎ 还会有动态美的身材，优雅、舒畅的流线型

◎ 会性感超群，充满了美感

◎ 会像猎豹一样健康，勇猛，快速，敏捷，有力量

两种健身训练的比较

比较内容	功能训练	传统力量训练
哲学	道法自然，本质	人定胜天，功利
目的	让身体变得好用	让身体变得好看
关注	动作，功能，表现	肌肉，外形，大块
思路	功能思路，身体的整体	解剖思路，身体的部分
训练	更关注深层、小肌肉	更关注表面、大肌肉
	运动链	单块肌肉
	少用机器、对场地依赖性低 轨迹不固定、多平面、复合动作	用复杂机器、对场地依赖性强 固定轨迹、单平面、单一动作
	耐力，进阶，运动控制	力量，力竭，力量训练
	动态、意外、特情下训练	静态、稳定情况下训练
	本体感觉刺激丰富	本体感觉刺激较单纯
	全面体能（力量、爆发力、柔韧性、速度、平衡性、协调性、核心力量、心肺功能等）	增肌，力量
强调	姿态的正确性、动作的稳定性 进阶、退阶	阻力的重量、力竭 重复次数、组数
结果	结实匀称，流线型美 体能提高，运动功能增强	肌肉块，雕塑型美 运动功能差
副产品	功能锻炼引导下肌肉平衡发育，核心和上下肢力量协调发展 启动组织自愈，通过适应变得强壮 体形匀称流畅，步态自然协调 增强记忆力，精神集中、大脑锐利	肌肉和力量不平衡，如下肢比核心强壮，前侧比背侧强壮 可能导致疼痛、伤病 体形健硕，步态不协调 太多肌肉会和大脑竞争氧气和能量

我们运动和健身的最主要目的是健康，只有把整个运动系统打造成协调运转的动力链，才能不受伤完成运动和健身的初心。下面再用系统的理论说明一下功能训练和传统力量训练的区别。

系统是能够完成一种或者几种生理功能的多个器官按照一定的次序组合在一起的结构，有组成元素、连接方式和功能或者目标三个部分。我们看看运动系统：

- 组成要素（骨骼、关节和韧带、肌肉肌腱、神经等）
  - ◎ 单个要素的改变或替换并不能让系统发生很大变化。锻炼三角肌、胸大肌、背阔肌、六块腹肌和翘臀并不能让运动系统的功能发生大的变化
  - ◎ 如果改变一个要素能导致连接或目标的改变，那么系统也会发生改变。弱链纠正和关键链的加强非常重要
- 连接方式
  - ◎ 改变要素之间的关系，或者说是改变它们之间的连接，通常会改变系统的行为。公司扁平化管理，改变了企业内部连接方式，如果能有效实施要比引进几个高管有效得多
  - ◎ 功能训练以及专项训练就是让骨骼、关节和韧带、肌肉肌腱、神经等建立有功能的连接，让身体在复杂的日常活动和竞技体育中高效地完成任务
- 功能或目标
  - ◎ 不容易看到、不明显的部分，是系统行为最关键的决定因素
  - ◎ 必须赋予训练高级的目标，而不仅仅是为了出汗、消遣、肌肉块。通过复杂的运动环境打造运动功能，在外界的有限冲击下自我调整和修正，才能通过身体的自组织，提高身体的适应能力和平衡性，打造强大的体适能和跃升健康级别

如果想接受功能训练，需要专业指导，聘请教练是应该的。我们要树立尊重别的（自己专业以外的）专业和为别的专业埋单的观念，这是社会正常运转的可持续基础，专业化并尊重专业化是高质量和匠人精神的前提。

附 1：体育运动的演变过程

1. 中国古代用来强身健体的体育运动有射箭、驾车、使用各种兵器的武术、徒手的拳术（包括太极拳）、骑术、扛鼎、举石锁、摔跤、相扑，还有气功，导引养生如五禽戏、八段锦等。其中，只有太极拳得到较好传承和发扬，目前全球练习太极拳的人数达到了 3 亿以上。

2. 西方体育运动普及广泛，一直在演化和研究、进步中：

- 古希腊人追求卓越的体育和竞技运动，希腊著名的医生 Galen（129—199）被认为是最早推荐抗阻训练的医生之一。他当时与格斗士合作，提倡手持重物训练
  - ◎ 最著名的大力士 Milo of Croton，是首位在抗阻训练中使用渐进负荷方法的人。据传说 Milo 每天都扛起一头小牛走一段，直到小牛完全长大，最终他能扛 4 岁的母牛在奥林匹亚体育场上走约 200 米

◎ Charles Atlas，“从 97 磅（约 44 千克）的柔弱者开始，发展成为世界上最完美的男人”

■ 20 世纪，抗阻训练日益普及，有几个方向的发展：

◎ 健美，以训练出具有雕塑美的肌肉块为目标

◎ 健力，以训练力量为目标

◎ 美国体能协会（NSCA）把体能定义为“Strength and Conditioning”，即肌力与身体适应，NSCA 认为肌力是其他身体素质的基石。在休赛季、季前赛和赛季中，几乎所有的运动员都遵循体能训练计划，各种比赛级别的体能教练职位都大大增加（NSCA 侧重运动员竞技体能训练暨运动表现训练）

◎ 美国运动医学会（ACSM）1998 年声明：“为发展和维护健康成年人的心肺功能、肌肉适能以及灵敏性提出训练建议。”（ACSM 侧重运动医学和大众健身层面）

■ 功能训练，是最近发展起来的概念，以神经—肌肉系统激活、募集、控制为主线，目的是弥补伤病的康复和运动表现训练之间的鸿沟。功能训练包括：

◎ 弱链矫正训练

◎ 动作模式训练，动作模式是竞技运动训练的基石

◎ 加强动力链训练

◎ 核心柱稳定训练

◎ 心肺功能和能量训练，训练身体利用能源的能力

◎ 肌肉表现——力量、耐力、爆发力

◎ 平衡能力、姿势平衡

◎ 柔韧性、灵活性

◎ 稳定性，动作不稳定是影响动力传递和能量浪费的根源

◎ 肌肉控制，即协调性、本体感觉训练，动作完成能力即动作控制能力，而动作控制又可细分为自身控制和外物控制

◎ 损伤预防训练

◎ 恢复与再生训练

◎ 康复训练

单独训练一块肌肉，确实会使肌肉发育；而身体的功能表现是整合，要所有的软硬件一起工作，需要的是动作发展，而不是肌肉发育。

训练肌肉不能完整地发展动作，而训练动作却可以发育肌肉；大脑不识别单个肌肉的活动，而会认识动作模式，并把该动作模式涉及的所有肌肉协调起来。再明白一

点说：做功能训练，提高运动功能的同时可以长出性感的六块腹肌，训练肌肉虽然可以有大块肌肉，但是运动功能没有因为这些堆起的肌肉块相应地提高，甚至还有退化和容易受伤。正如有人做的一个比喻一样，“一千辆马车连在一起也不能成为一列火车。一千辆马车简单地拼凑在一起构不成一个系统，而一列火车却是个完善的系统”。

附 2：2018 健身训练趋势（网文转载，由作者翻译、编辑）

全球健身行业的一个主要转变是朝着人性化和省时高效的训练方向发展。这里介绍几种流汗又酷的健身趋势。

1. 思维模式训练：

- 正念：压力状态对人体的免疫系统伤害巨大，好消息是大脑具有可塑性，通过训练能够调节压力对身心的影响
- 专注力：即思维觉察力，对思想、感受、态度、行为等的觉察力，它能够让人们打破既有的思维定势，以开放的视野和敞开的心扉面对世界
- 内观：是一种专注在当下体验的技巧，不带偏见，也不试图掌控周围的事物，彻底感受当下

2. 如果嫌 HIIT（高强度间歇训练法）太火爆，那么降低强度做 LIIT（低强度间歇训练法）

15~20 分钟的 HIIT（包括波比跳、格斗甩绳和冲刺跑）是燃脂的高效的全身训练，但是强度大，大多数中年人做不了。

燃烧同样多卡路里、燃脂效果差不多的 LIIT 是 2018 年的新趋势。30~40 分钟的走步几乎所有人都可以完成，只需要每 4~5 分钟改变方向和速度，产生间歇、让身体摸不透你的心思。

3. 自我完善的动作

自我完善的动作就是组合那些没有正确的姿势就不能完成的动作，如单腿硬拉、高脚杯弓箭步和引体向上，目的是改善肌肉不平衡、不良姿势，抓握力量、平衡性和正确的姿势是骨骼肌肉健康的基础

4. 聪明的身心恢复方法

被动恢复能达到更快速的愈合，现在越来越火。冷疗和红外桑拿虽然不是新技术，但是改进了很多，现在很多健身会员可以在健身馆享受这些技术。

- 冷疗是让人置身于 –150℃水雾中 1~3 分钟，原理是降低细胞代谢，炎症，提高细胞生存力。
- 红外桑拿从里到外加热身体，可以消毒、净化、愈合身体，还可以减体重、缓解压力和促进免疫系统。

5. 虚拟现实的锻炼

The Omni 是一个连接到游戏机上的 360° 小跑步机，你可以跑、旋转、跳和蹲伏，你的鞋底和跑步机上的感应器互动，可以计算步数、卡路里，在你大脑忙于追逐坏蛋的时候，可以记录你身体的活动量。虚拟健身运动意味着你不用离开卧室，就可以在美丽的景色里奔跑，在世界旅行，在全球性项目中比赛。

6. 食物记录 2.0

邮寄口水标本进行 DNA 测序，下载手机软件客户端记录 6~8 周的饮食。

一旦 DNA 测序结果出来了，软件就会根据你输入的信息和目标来告诉你饮食哪里合适哪里需要改进。软件还会记录最新进展和行业洞察，让你保持专注，助你达成目标。

7. 非常火爆的 Fitness First（小团课）

刚去健身房一头雾水摸不着头脑？还需要基本的健身训练入门课？这就是 Fitness First 小团课闪光的地方，小团课是 6 周的小组训练，加入后既可以得到个人的关注也有团队的支持。

- 小组最多 8 人，每周 2 次
- 每次训练为改善全身的健康状况而设计，教所有健身训练的知识
- 制订个人的营养计划
- 有一个教练在旁边指导、支持和训练，让组员打下坚实的健身基础，让会员走出健身房后在生活中能够使用好身体
- 小团课学到足够的健身理论和方法后，就可以在健身房一个人独自训练了

Fitness First 小组训练课设计的理念，是通过快速达到最大的效果，来认真地提高你的健康状况，可以选择：

- Pro Cycling，有三种：The Keirin（凯林赛）、个人冲刺赛和团队冲刺赛。快骑 30 分钟，通过正确的技术和强度保证改善你的骑车技巧、体适能和耐力
- 小团课 HIIT 爆发力训练，释放你的内在运动潜力。有增强式训练、循环训练、力量训练，练到极限，效果显著
- 几种 Fitness First 的改进型瑜伽，一节课的时间里就可以显著提高你身体的灵活性

拥有 Fitness First 会员卡或者体验卡，你就可以参加所有这些小团课！

第八节　健康管理需要知道的方程式

“宇宙是能够理解的，因为她由科学规律主宰。那就是说，她的行为可以建成模型。”

——Stephen Hawking

太多的健康信息让人眼花缭乱，无所适从。本书为您揭示了生命之道，如果能够不断琢磨，灵活运用，那么你就能掌握健康的操作系统：

■ 熵变方程式：dS=diS+deS

系统内的总熵变等于内部熵变与熵流之和，其值可以大于零（熵增）、等于零（熵不变）、小于零（熵减），你要哪一个？应该做什么？

■ 健康管理推荐模式＝构建整体健康金字塔

埃及金字塔数千年威严屹立，整体健康金字塔可以让你的身体做到历久弥坚。

■ 生理年龄方程式：生理年龄＝实际年龄＋自然老化＋更新改建

你可以让自然老化慢一点，更可以利用更新改建规律达到逆生长，所以在一定程度上你可以掌控自己的生理年龄。

■ 健康预测方程式：健康程度＝思维模式＋行动＋迭代进步

明天是否身心健康，尽在掌控，你可以做到“不占而已矣”。

■ 动作模式方程式：动作模式＝起始姿势＋过程＋结束姿势

动作模式决定你使用身体的方式，做一个身体使用的好“司机”！让身体好用，耐用。

■ 我的年龄方程式：50=20+30

希望你也一样拥有，跟我一样健康，强壮

书读至此，关于健康管理你已经是“火眼金睛”了。从今以后，健康维护就不光是专业人士提供的专业服务了，你应该也有能力起主导作用了。

明天，是健康，还是伤病，可以追溯和认定责任人了，可以庆幸，可以反思，但是不许后悔。

第九节　案例介绍

> “未来的医生不开药，而是让病人对关爱人体架构、饮食以及疾病的起因和预防感兴趣。”
>
> ——托马斯·爱迪生

生活中，我们总希望拥有的益处越多越好，弊处越少越好；而实际情况却是，生活充满了矛盾。比如，我们久坐不运动的结果是日益发福、腰酸背痛、未老先衰，而运动又容易受伤。

好消息是：方法得当，掌握并且践行科学的运动原则可以做到健康又不容易受伤。

还有一个好消息是：很多颈椎疼痛、腰骶疼痛、肩关节伤痛、膝关节伤痛以及驼背圆肩等等，这些慢性的劳损和运动损伤都可以通过运动疗法得到康复治疗。

■ 用绿色的方法解决局部的伤痛

■ 用功能训练的策略更能够调校、保养、维护全身的骨关节、肌肉、神经

你寻求的可能只是解决伤痛，功能训练专家送给你的却是整体健康金字塔和猎豹一样美的身体。

本章以跑步爱好者常见的小腿内侧疼痛为例，介绍如何通过功能训练来治疗这个在跑者中常见的伤痛。

病例介绍：

■ 王先生，已人到中年，平时喜欢长跑，最近 1 个月跑步时小腿内侧疼痛

■ 疼痛特点：日常生活不疼，跑步的前 40 分钟也不疼，如果超过 40 分钟小腿内侧就开始疼痛，不舒服

■ 求诊目的：已经跟健身教练训练了，每周 3 次，感觉还可以，但是没有解决问题。现在想要完全恢复正常的跑步状态，不再有这些疼痛症状

■ 评估发现：比目鱼肌、臀中肌和后链无力，中等程度；左右腿的单腿平衡和单腿下蹲控制能力还可以

■ 这是一例典型的胫骨内侧应力综合征

■ 康复目标

◎ 改善小腿后侧肌群承载负荷的能力

◎ 改善动力链中的承载负荷的能力，尤其是关键肌肉的承载负荷能力

◎ 改善骨承载负荷的能力

■ 运动处方：

◎ 蹬阶训练：简单有效地激活臀大肌和臀中肌，训练本体感觉（图 8-51a、图 8-51b）

△ 跑步的脚支撑期，臀肌在吸收负荷方面起关键作用

△ 在控制髋和膝的情况下锻炼臀肌

图 8-51a

图 8-51b

◎ 比目鱼肌深蹲：这个等长收缩可以训练比目鱼肌和股四头肌（图 8-52）

△ 这两个肌肉也在吸收负荷方面起关键作用

△ 股四头肌对支撑的贡献最大

图 8-52

◎ 屈膝小腿上推：训练小腿后侧肌群，尤其是比目鱼肌（图 8-53a、图 8-53b）

图 8-53a

图 8-53b

图 8-54

△ 在脚与地面接触形成撞击时，胫骨会承受弯曲的力量，这是导致胫骨应力损伤的关键。比目鱼肌可以减小这个弯曲力

◎ 单腿比目鱼肌背桥（图 8-54）：注意前足蹬在台阶上

△ 加长力臂锻炼后链

△ 锻炼比目鱼肌——负荷可能非常低，但是可以锻炼臀大肌和腘绳肌。腘绳肌在摆腿期最活跃，在负荷期也通过与股四头肌共收缩发挥作用

◎ 髋关节侧拉：这是训练王先生的臀中肌无力的，可以减轻负荷期的骨盆下掉（图 8-55a、图 8-55b）

△ 对侧手加重物可以做简单的进阶

△ 在控制骨盆运动的情况下锻炼臀肌

图 8-55a

图 8-55b

◎ 直膝小腿上推：加强对腓肠肌和比目鱼肌的训练，减轻胫骨的应力。若跑步时用前足触地，对小腿肚的负荷更大

△ 加强小腿肚力量，可以应对增加的负荷（图 8-56a、图 8-56b）

◎ 侧卧抬腿：是锻炼臀中肌的简单方法，此时髋关节前屈肌处在最低的激活状态

△ 单独训练臀中肌，通过训练到疲劳来加强臀中肌的力量（前面已经在控制髋、膝以及骨盆运动的情况下锻炼臀肌）

△ 8~15 次重复只是大概数，建议每组都锻炼到疲劳状态或者通过增加负荷（增加幅度或者时间）来增加难度

图 8-56a

图 8-56b

△ 交替腿，一腿疲劳后换另一条腿接着做（图 8-57）

图 8-57

有几点需要说明：

- 沟通很重要，和王先生的体能教练、跑步教练合作，进行整合康复训练
- 这个不是普遍适用的训练计划，而只是针对王先生的（根据评估结果），并且需要不断进阶
- 这只是综合治疗的一部分，综合治疗还包括
  - ◎ 患者再教育
  - ◎ 整体健康金字塔的完整构建
  - ◎ 步态等技术训练，逐渐过渡到跑步技术训练
- 运动处方并无对错之分，但是要有推理过程，而且要在训练中不断接受反馈信息
- 不是非要训练到疲劳才能强壮，应考虑疲劳对跑步和其他方面训练的影响
- 肌肉疲劳被认为是导致胫骨应力损伤的关键因素
  - ◎ 在疲劳状态下训练本体感觉或者加强臀肌的力量
  - ◎ 模拟长跑中的负荷特点
- 可以增加冲击作为进阶训练，改善骨的承载负荷能力，提高小腿肚主动强硬的能力
- 在跑步和康复训练之间建立平衡
- 王先生最近增加了超等长力量训练
- 王先生在康复训练这儿的钱花得值，现在已经感受到明显的效果了

结束语：

- ■ 运动处方需要个性化，应考虑患者什么时候、在哪里、怎么样做康复训练
- ■ 非常重要的是：患者要知道为什么这样做，怎么样帮助他们达成目标
- ■ 不是每个患者都需要复杂的训练计划，一般只需要 3~4 个训练就够了
- ■ 最关键的一点：运动处方在乎的是个性定制，而不是像菜谱一样千篇一律

第十节　这 15 个词语成为流行语时，健康就是家常便饭了

> “我们老得太快，聪明得太迟。” ——德国谚语

40 多年运动爱好者 +30 年骨科医生 +15 年康复研究者 +5 年运动训练研究者 +200 多本书 +1000 多篇文献 + 跨界创新 + 多元思维模式 = 整体健康金字塔理论体系。

整体健康金字塔理论体系 + 无数个日日夜夜和周末无休的写作 =《整体健康金字塔》这本书。

这不是一本只用来阅读的书，而是一本要一边阅读一边实践、操作的书，读完此书你的身心都会变得舒畅。

下面以一种独特的形式对本书做一个小结，我希望读者朋友读完此书后能够记住几个词，并且在以后的生活中践行，使其成为一种生活方式，永葆健康。

- ■ 整体健康
  - ◎ 是全面的健康
  - ◎ 更是指达到全面健康的努力过程
- ■ 整体健康金字塔
  - ◎ 是健康追求者的护佑宝塔，助你战胜时间
  - ◎ 是为健康引航的灯塔
  - ◎ 让你拥有健康
  - ◎ 让你“赢球”又不受伤
  - ◎ 让你成为“冠军常青树”
- ■ 猎豹美
  - ◎ 是健康、能量、效率和优雅的化身
- ■ 五维而治

◎ 5D 健康，五维而治

■ 人体熵

◎ 人体熵增是自然趋势，维护健康的秘诀就是减少人体熵增或者增加负熵

■ 功能训练

◎ 科学的、定制化的运动功能训练，让你的肌肉围度、关节灵活性和稳定性、神经控制与身体功能同步进阶

◎ 让你的身体拥有猎豹美

■ 运动链 / 动力链

◎ 人体是一个完整的运动 / 动力链条，一个环节出问题，如果不理不问或者处理不合适，邻近的部位就会遭殃。如髋关节出问题会波及腰和膝关节。在门诊经常听到这样的主诉：先是脖子疼，然后是肩关节、上臂、肘关节、手腕一路下来

■ 弱链和关键链

◎ 需要重点关注的部位

■ 运动康复

◎ 不是跑步、踢球、游泳，也不是挥汗如雨的举铁，而是在康复师一对一指导下的运动

■ 不战而屈人伤病

◎ 良好的生活方式和合理的运动是健康管理和预防伤病的核心和精髓

■ 健康商数

◎ HQ 高低，反映对自己身体负责的程度

◎ 健康商数低是反智，危及的是身心健康

■ 多元思维模式

◎ 用多元思维模式建立自己的智慧系统，炼就“火眼金睛”

◎ 希望整体健康金字塔成为医疗保健行业最佳的思维模式

■ AllyCare，这是杜撰的一个词，既可以用作专有名词 AllyCare，也可以演变用作动词 allycare

◎ 健康工作者和健康追求者形成联盟，共同管理和维护健康

◎ 也含有这样的理念：健康工作者（包括医生、护士、治疗师、运动教练、心理治疗师、营养师等等）联合起来形成一个团队，为健康追求者提供最合适的、最完整的服务

我希望以后无需解释这些词的含义，人们就可以进行无障碍沟通，那时候强壮

是大多数人的形容词，医院有可能变成一个生僻的词，或者医院亦不再是今天这样的医院了。

也希望我们一起践行三种强大的健康管理模式：

■ 构建整体健康金字塔。金字塔是历久弥坚的建筑

■ 降低人体熵。熵是宇宙第一定律！

■ 5D 健康，五维而治

有了健康的身心，才能享受生活，追逐梦想。

有了健康这个坚实可靠的后盾，才能海阔凭鱼跃，天高任鸟飞。

第十一节　常见问题解答

1. 问：说本书为“喜欢运动的人和追求健康的人而作”，前者容易理解，但是追求健康的人多了，难道七八十岁的老人家也适合吗？

答：好问题！如果一个教练在和一位 80 岁的老奶奶第一次见面时就说“我们今天训练一下爆发力、内切和转体”，肯定会让旁边的儿子和孙子感觉有些“不靠谱”。但是，摔倒对老年人而言是灾难性的，有的老人甚至因摔倒而丧命，老人家摔倒的原因就是短时间内产生力量、离心控制、多组肌肉的协调能力和平衡控制能力等不足，和“爆发力、内切和转体”是一回事，只是说法不同而已。

如果教练通过合适的训练步骤，让这位老奶奶在 81 岁时能够有足够的能力协调自己的肌肉、控制身体的平衡、可以短时间内产生一定的力量控制自己的重心下移，那么她摔倒的可能性就小很多，独立生活能力也会强很多。

其实，消除伤病、缓解疼痛，使自己的身体灵活自如，即拥有一座身体的健康金字塔是一件幸福的事，不管年龄、性别、职业是什么。普通人获得的是健康，运动员获得的是成绩。

2. 问：一定要在教练指导下每周去几次健身房，才能构筑整体健康金字塔吗？

答：追求自由是人的天性，按时上班是为了挣钱，而按时去健身房花钱似乎有点违反人性，只有少数人才可以做到。加上忙于工作、家庭、应酬、看手机，还有交通耗费时间等因素，长年累月按时去健身房操作起来确实难度不小。

但是，找高手给自己评估一下，制订一个阶段的运动处方，或者利用 3 个月左右时间集中解决疼痛及弱链还是非常必要的，也是值得在百忙之中抽时间来做的。

3. 问：为什么说中年最需要维护健康？

答：有人说青春是用来挥霍的，那么到了中年健康就经不起挥霍了，需要精心维护。连运动天才、篮球之神迈克尔·乔丹都曾说："以前，有青春可以依靠，现在大不一样了。当你增长了一些年岁的时候，身体给你的一些信号你必须听从，要开始做正确的事情。我必须尽可能达到最好的状态才能完成我的工作。"

中年人是家庭的中流砥柱，上有老下有小。中年时期是发现天命，启程去完成人生使命的时期。我们应该在此时奏出人生最华丽的乐章，而健康是人生和事业的基石。

如果年轻时亏空太厉害，中年的时候更应该亡羊补牢了。在家庭、单位、社会的重压之下，中年人群体是过劳的重灾区，身边有太多的英年早逝、壮志未酬身先走的事例。

4. 问：为什么身体疼痛的部位经常是多发的？比如一开始可能是脖子、颈椎疼痛，过一段时间可能肩背部、手肘也开始疼痛；开始是腰痛，然后臀部、膝关节也一起疼痛。

答：目前国内外学者取得共识：身体是一个整体的运动链条，如果这个链条的各个关节部位各司其职，则链条连贯、顺畅，运转良好；如果链条上任何一点出现了问题（比如颈椎），相邻的部位（肩胛骨、肩关节）就会出现代偿，早期身体通过代偿还可以完成任务，但如果问题长期得不到解决（不去寻求治疗或者没有找到合适的疗愈者），出现新的代偿（手肘、胸腰椎），就会形成恶性循环，最后甚至会导致整个链条的瘫痪（全身疼痛、精神萎靡、烦躁、抑郁等等）。

做一个通俗的比喻：工作中有一个 10 人团队，每个人负责一个重要岗位，如果 C 岗位的人罢工或者不称职，为完成任务这个岗位的上下游的 B、D 就会代为其劳，如果老板不解决 C 岗位的问题，则 B、D 出现过劳，就会累及 A、E，从而发生连锁反应。

5. 问：为什么颈椎、腰椎和膝关节最容易发生骨质增生？应该如何预防？

答：人体作为一个运动的链条，整体上要求运转顺畅，每个部位既要灵活，又要稳定。但是每个部位也有侧重，例如肩关节、腕关节、胸椎、髋关节、踝关节和第一跖趾关节等需要灵活性多一些，颈椎、肩胛骨、肘关节、腰椎、膝关节和足弓等更强调稳定性。当该灵活的不灵活、该稳定的不稳定时就会出现疼痛、损伤，最常见的是颈椎、腰椎和膝关节在生活、工作、运动中用得太灵活而稳定性不够，从而出现骨质增生。这是身体通过疼痛、不适这些抗议无效后，做出的反应，目的是通过增生的骨质来提高这些部位的稳定性以对抗过多的灵活性。

预防的方法就是要明白身体的这些部位既要灵活又要稳定，也要明白哪些部位更需要灵活性，哪些部位更需要稳定性，根据这些特点来正确使用。在保健锻炼、健身锻炼和运动训练中，要运用功能锻炼的理念和方法使身体各个部位协调一致，运动链运转顺畅，运动训练要强调：

- 本体感觉丰富的环境——对身体内在平衡和稳定机制要求高的运动环境
- 多种肌肉收缩方式
- 多平面
- 多方向
- 多关节
- 进阶和退阶，而不是重量和力竭
- 姿态和动作模式的正确，而不是次数、组数
- 倾听身体的声音（运动感受情况、疼痛），及时做出合适的处理

6. 问：我的膝关节有一些伤痛，医生跟我说平时不要做下蹲的动作，避免膝关节伤痛加重，这个说法正确吗？

答：在平时观察和门诊中，我经常见到两种错误做法：

- 膝关节有疼痛时，还坚持运动
- 膝关节已经不疼了，还是不敢做下蹲屈曲膝关节的动作，怕损伤膝关节，伤痛复发

正确的做法是：

- 膝关节疼痛时，不要忍痛运动，包括做深蹲的动作，要找到病因，采取合适的措施解除疼痛
- 如果膝关节已经不疼了，可以做下蹲屈曲膝关节的动作。因为使用马桶的关系，有的人已经常年没有做过下蹲了，膝关节失去了屈曲的能力，这对膝关节的健康不利。

下蹲动作正确不会伤膝关节，但是在公园里有时候会见到有人反复、不停地深蹲—起立—深蹲，一次连续做一两百个，而且运动不标准，这样肯定会损伤膝关节，必须要避免

要明确：

好的身体、好的膝关节是通过合理的使用、正确的锻炼得来的，不是通过被动的保护得来的。

7. 问：为什么年龄越大步行下楼梯越困难？应该怎么训练才能轻松下楼？

答：下楼时，臀肌离心收缩（即收缩同时延长）才能稳住身体，大腿前面的肌肉（股四头肌）也做离心收缩，小腿肌肉和大腿内侧肌肉也要帮忙减速。因为离心收缩比向心收缩难，所以年纪大时肌肉萎缩、力量下降，就会感到下楼困难。除了下楼时

要手扶栏杆，老人家还可以做以下训练：

■ 骑室内单车锻炼臀肌

■ 选合适的方法锻炼臀肌和核心肌群

8. 问：怎样用人体熵的理论解释“生命在于运动”？

答：我们要阻止熵增，促进熵减，需要让系统内部存在较大的能量差异，让系统远离静态平衡，处于一种不平衡状态或动态平衡状态。人体也一样：

■ 静止久坐、长期低头、伏案工作

◎ 使身体后侧肌肉拉长、紧张、纤维化和筋膜变硬来维持稳定

◎ 使身体趋于静态平衡——一种僵硬的稳定，人体熵增，导致腰酸背痛、疲乏萎靡

■ 运动产生左右肢体的交替活动，使身体处于动态平衡状态，有利于人体熵减

9. 问：为什么常常说的“少吃，多运动”是不正确的？

答：这是一个典型的简单又有整体观的建议，因省掉了最重要的细节，所以很容易造成误解。

■ “少吃，多运动”在有限定条件下，才可以说是准确或者不错的：

◎ 对久坐不动的人适用

◎ 短时间内有效

■ 这是一种典型的线性思维，认为新陈代谢是线性的、可以预测的、稳定的。信奉“少吃，多运动”的人把人体的新陈代谢当成一个计算器， 只需要输入正确的数字，就可以达到减重的目的。实际情况远非这样简单

■ 这句话的意思千万不能理解成：尽量少吃，尽量多运动！

■ 这句广泛传播的建议其实作用有限，如果真坚持这个原则，从长远来说对多数人是无效的，也是危害健康的

■ 少吃又多运动很容易打破代谢平衡，造成一个人的代谢紊乱——体重降了升，升了降，对健康十分不利

■ 关于健康管理、运动、饮食，在不同场合很多人经常让我给一个简单的、一两句话的建议，我常常让他们失望：或者说没有过于简单的建议，或者说了一堆话。在此我一并表示歉意，因为对一个严肃的专业人士和认真的健康追求者来说，这类问题实在不是一两句话就能够说清楚的，如同“少吃，多运动”这样的建议一样，有很多限定条件才成立。这次通过一本书、几百组图片和视频才感觉说明白了一点。

致 谢

首先感谢在骨科和运动医学上给我教导的老师：第四军医大学西京医院全军骨科研究所的黄耀添教授和王全平教授以及其他诸多教授和老师，香港大学玛丽医院周肇平教授，哈佛大学医学院麻省总医院 Jessie Jupiter 教授和 Jon Warner 教授。

除了在主要参考文献标注外，我还想在此特别感谢在运动康复和功能训练以及思维模式方面给我指导和启发的讲师和作者：Craig Liebenson、Jeffrey Tucker、Greg Rose、杨定一、Gray Cook、Stuart McGill、戴英子、Mark Verstegen、Clayton Christensen、Charlie Monge、Mihaly Csikszentmihaly、 Kevine Beck、张旭、余亮、常喜、路琳、Thomas Colin Campbell、Frans Bosch、Grant Hayes、Peter Drucker、Toby Cosgrove、Eric Topol、不一而足。

感谢南方医科大学南方医院创伤骨科余斌主任在本书编写中给予的指导和支持，感谢南方医科大学南方医院宣传处宁习源处长和李晓姗女士给予的热情支持。

感谢 AllyCare 团队提供场地和教练，尤其是马梁教练在挑选动作、拍摄编辑图片和视频以及作为首席模特的过程中，所做的出色工作、付出的辛苦和奉献的聪明才智。

感谢五维而治团队曹丽协助拍摄部分照片和视频，感谢南方医科大学南方医院创伤骨科梁双武在编辑视频方面所贡献的专业技巧和辛苦劳动。感谢钟国红和黄华东两位好朋友在拍摄过程中给予的帮助和指导。

感谢轻健身创始人周承和杨青以及教练赵甜甜、林荣峰、陈思哲作为模特，热心参与拍摄照片和视频；积极参与拍摄的模特还有林敏贤、刘媛、容伟斌、张旭、王杰明、万秉风，一并表示感谢。

感谢以下朋友在功能训练方面中给我的指导和启发（以姓名的汉语拼音为序）：蔡斌、蔡忠宪、范光军、韩春远、李娅抒、林科宇、万秉风、王川、王杰明、王明义、肖勇、玉龙、袁庆娜、张卫、朱猛。感谢以下老师和朋友在我建立多元思维模式方面给我的指导和启发（以姓名的汉语拼音为序）：毕波、陈盛怀、丁晓光、胡志勇、梁苒苒、吕亚玲、马芝泓、邱玮、宋辉、宋子、孙俊、王景平、徐骏晖、薛家琪、阳立明、于浩天、俞开平、张雅洁、周志轩、朱建平、朱迎新等等不一而足。

感谢广州出版社的领导杨斌，杨朋云、张申申编辑及其他编辑在本书编写过程中给予的指导和帮助。

感谢一直给我温暖和激励的老同学：第四军医大学八三级的老同学，哈尔滨第一中学和第三十三中学的老同学。

感谢父母、太太、儿子、妹妹和弟弟，是他们的理解和全力支持使我能够专心写作。

后　记

——我把健康送给你

年轻时追求手术技术的极致，完全是战术层面的；随着阅历的增长和临床经验的积累，治疗理念也逐渐进化到战略层面。这种由术上升到道的渐变过程，在天命之年发生了质的改变——真正的武者力求不战而屈人之兵，高明的医者是否应该不战而屈人伤病？预防远胜于治疗。

信息浩瀚，以讹传讹容易，但是真正要筛选有用的知识，需要巨大的时间成本和专业知识储备，不是一般人能够胜任的。我真正掌握预防伤病和功能训练的核心和真谛也颇费一番周折，看看自己书架上近几年看的两三百本跟健康维护有关的书（包括健康维护和保健、运动医学、物理康复、功能训练、健身运动、营养等），可以给这些书这样分类、贴标签：

- 错误的理论基础，就跟建立在沙子上的建筑一样，很危险，不能住人，这样的书指导运动健身百害无一益。可怕的是，这类书不少
- 部分错误，一般读者即使是运动爱好者也不能区分对错
- 以前盛行过，现在过时了，也是一种错误
- 没有明显的错误，但是通篇废话，二百几页的书，不用 5 句话就能概括
- 限于作者的专业，关起门来是对的，但是放到广阔的现实中未免有一些不妥
- 专业性太强，只讲一个领域，只针对特定的读者群，例如给外科医生看的运动医学专著，讲的是手术技巧
- 很好的一本书，翻译得晦涩难懂，越是关键点越是讲得不清不楚
- 大师级的书，醍醐灌顶，却没有人翻译

为避免误读、错误指导、浪费时间，减少选书的难度，节约时间成本，提高阅读效率，很愿意编著一本书与大家分享我的读书所得。

其实，您手里的这本书也不单纯是我阅读这几百本书的精华摘录，而是根据自己的行医，以及研究健康管理、运动康复和运动健身的经验，去芜存菁，建立了一套理论体系，所以这是一本介绍模式的书。通过这个模式，希望帮助读者：

■ 按照这套完整的体系做健康保健，可以少走弯路，事半功倍，降低机会、时间成本，产生正的健康“lollapalooza 效应”，让你拥有猎豹美

■ 掌握这个健康管理模式背后的逻辑，就有了识别好坏真假的“火眼金睛”

■ 带上这本欢乐自驾游指南，和家人朋友开往健康王国

这还是一本细述方法论的宝典，希望可以让读者：

■ 学会使用自己的身体，有效抵抗和减缓岁月侵蚀以及现代生活方式对身体的伤害，不再腰酸背痛膝打软

■ 学会到底该怎么安排运动，才能享受运动带来的快乐、健康和荣誉

■ 减少运动损伤，远离手术室

不要再担心手术的危险性和效果的不可预测性了，不要再抱怨医疗费的昂贵了，不要在伤病的时候再苦求后悔药了。现在就开始践行健康的生活方式，科学地运动，配上合理的饮食和足够的休息，健康是可以预知的。你在每天早晨洗漱时，看到镜子里的人身材健美，赏心悦目，可以高兴一天。

行动和坚持是打开宝库的钥匙。你可以掌握自己的健康！登上健康金字塔，享受当今的太平盛世和生活的丰盈。

微信里看了一个段子，大意是“停车场 5 元嫌贵，在路边停车。当拿到 200 元罚单扣 3 分时，后悔道：‘如果当初知道会这样，停车场要 20 元也不贵啊。’”

不在停车场停车被罚款没有后悔药，健康何尝不如此呢？愿这本书成为读者的健康停车场，永远不要在接到来自医院的“罚单”时才感到后悔。

一般的作者投入的是经验、知识、时间、热情，为使本书和所建立的理论发挥最大的作用，作者投入资金——租场地、请摄影团队、定制公众号等。即使这样，仍然觉得还有很多值得改进的地方，尤其是动作的挑选、示范和拍摄方面有很大的提升空间。

在写书的过程中，经常有人打击我的积极性，说：现在谁还会看书啊？开始我感到错愕甚至还有一点懊恼，不知道说些什么来回答。经过几次，后来有人再质疑，我都是这样回答：我喜欢读书，也感激读书这件事，因为读书改变了我的命运，所以不管现在有多少人在读书，我都希望给读书人送一些福利：

■ 一本健康“秘籍”，可以随身携带，受用终生

■ 性价比高的物品，让这本百多元的书把健康送到您身边（任何人的健康都远远超过书价，您给自己的健康定价多少？）

■ 除了健康问题，这本书也谈普世的智慧和哲学

■ 体面拿得出手、能代表敬意和关心的礼物

我希望平时读书的人都有一本《整体健康金字塔》，然后把书的精华分享给不读书的人。健康不只是个人的问题，也是家庭的问题，更是国家的和民族的问题，所以古人说“上医医国”。

欢迎讨论、批评和指正，共同进步。未来，我们一起努力让这本书和我们的身体都升级到更好的版本！